Kay Müller · Franz Walter

Graue Eminenzen der Macht

Kay Müller · Franz Walter

Graue Eminenzen der Macht

Küchenkabinette in der deutschen Kanzlerdemokratie. Von Adenauer bis Schröder

VS VERLAG FÜR SOZIALWISSENSCHAFTEN

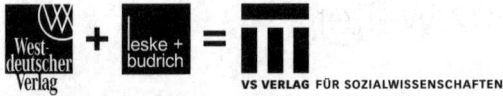

VS Verlag für Sozialwissenschaften
Entstanden mit Beginn des Jahres 2004 aus den beiden Häusern
Leske+Budrich und Westdeutscher Verlag.
Die breite Basis für sozialwissenschaftliches Publizieren

Bibliografische Information Der Deutschen Bibliothek
Die Deutsche Bibliothek verzeichnet diese Publikation in der Deutschen Nationalbibliografie;
detaillierte bibliografische Daten sind im Internet über <http://dnb.ddb.de> abrufbar.

1. Auflage September 2004

Der VS Verlag für Sozialwissenschaften ist ein Unternehmen von Springer Science+Business Media.
www.vs-verlag.de

Umschlaggestaltung: KünkelLopka Medienentwicklung, Heidelberg
Druck und buchbinderische Verarbeitung: MercedesDruck, Berlin
Gedruckt auf säurefreiem und chlorfrei gebleichtem Papier
Printed in Germany

ISBN 3-531-14348-4

Inhalt

I Einleitung

Alle kennen sie. Nur die Verfassung nicht. In den Gesetzbüchern der Bundesrepublik Deutschland findet sich kein Wort über die Küchenkabinette. Formal sind sie nicht legitimiert.[1] Und doch bestimmen sie zu einem Gutteil unseren Regierungsalltag. „Es hat zu allen Zeiten Menschen gegeben, die nicht im Vordergrund geschichtlicher Ereignisse gestanden, sie indessen in ganz bestimmten Augenblicken und in ganz bestimmten Situationen entschieden beeinflusst haben.“[2] So sind die großen politischen Entscheidungen in der Geschichte der Bundesrepublik ohne die Arbeit von Küchenkabinetten wohl nicht zu erklären. Die Soziale Marktwirtschaft wird zwar heute mit Ludwig Erhard verbunden, wurde aber eben vorwiegend von den Wirtschaftswissenschaftlern der „Freiburger Schule" erdacht und konzipiert. Ohne die Person von Alfred Müller-Armack wäre sie jedenfalls in dieser Form nicht in Politik übersetzt worden. Die Westbindung der Regierung Adenauer wäre vermutlich nicht in der uns bekannten Form vollzogen worden, hätten dem Kanzler nicht Berater wie Herbert Blankenhorn und Walter Hallstein zur Seite gestanden. Die Ostpolitik in der Ära Brandt ist ohne Egon Bahr schlechthin undenkbar, ebenso wie die Deutsche Einheit ohne Horst Teltschik.

Und auch für die Innenpolitik der Bundesrepublik spielen informelle Beraterzirkel eine zentrale Rolle. Küchenkabinette organisieren, treffen Entscheidungen, stellen Weichen, diskutieren strategisch. Sie sind die Beratungszirkel der Macht. Gerade in komplexer werdenden politischen

---

[1] Rudzio etwa betrachtete das Küchenkabinett in der Großen Koalition als „beunruhigendes Phänomen" (Rudzio, Wolfgang, Die Regierung der informellen Gremien. Zum Bonner Koalitionsmanagement der sechziger Jahre, in: Wildenmann, Rudolf (Hg.), Sozialwissenschaftliches Jahrbuch für Politik, München 1972, S. 350) und auch Helmut Schmidt wendet sich gegen diesen Begriff (vgl. Schmidt, Helmut, Weggefährten. Erinnerungen und Reflexionen, Berlin 1998, S. 490).
[2] Alex Natan, Graue Eminenzen. Geheime Berater im Schatten der Macht, München 1971, S. 7.

Systemen versuchen die Regierungschefs die politische Entscheidungsfindung bekanntlich immer weiter aus den dafür vorgesehenen Institutionen auszulagern und in kleinere, dem Blick der Öffentlichkeit entzogene
Zirkel zu verlegen. Aus dem Regierungsalltag moderner Demokratien
sind Küchenkabinette infolgedessen nicht mehr fortzudenken.

Umso erstaunlicher, dass sich Politikwissenschaftler, im Unterschied
zu vielen Journalisten, noch kaum mit diesem Gegenstand auseinanderge-
setzt haben.[3] Schließlich bilden Küchenkabinette den Kern des gouver-
nementalen Alltags in der Bundesrepublik Deutschland. Die Berater der
Bundeskanzler bieten dem Regierungschef Entscheidungshilfen, diskutieren Gesetzesvorlagen, entwickeln langfristige Konzepte, agieren oft als
Feuerwehrleute in Krisen, als Prellböcke gegen Angriffe der Opposition;
und sie bilden eine Schnittstelle zu anderen Machtzentren, sorgen
schließlich, wenn sie denn tatsächlich effizient funktionieren, für einen
reibungslosen Ablauf der politischen Geschäfte.

Die nachfolgenden Studien sind nicht mehr als ein erster, bewusst
auch etwas nonchalant angelegter, erzählerischer Zugang zu den Küchenkabinetten, zu den „Grauen Eminenzen" in der deutschen Kanzlerdemokratie. Im Grunde ist es ganz unmöglich, eine verbindliche Historie der
Küchenkabinette zu schreiben, da es eben offen ist, unvermeidlich auch
offen bleiben muss, wer aus dem Umfeld der Kanzler eigentlich zu diesem erlauchten Kreis zu rechnen ist. Kein Kanzler hat jemals scharf definiert und unmissverständlich fixiert, wen er zum inneren Zirkel seiner
Berater zählte. Küchenkabinette besitzen mithin eine fluide, zeitgebunde-
ne, wechselhafte Struktur und Zusammensetzung. Das amorphe, vage
Beziehungsgeflecht zwischen dem Kanzler und seinen Beratern ist natürlich auch ein probates Machtmittel der Regierungschefs. Das macht es
dem Historiker von Küchenkabinetten auf der einen Seite schwer. Er
kann präzise Definitionen und exakte Auswahlkriterien für das Personal-
gefüge eines Küchenkabinetts nicht zuverlässig liefern. Aber das gibt ihm
auf der anderen Seite den Raum, gewissermaßen frei zu entscheiden,

---

[3] „In der Beschäftigung mit dem Thema Politikberatung sowie in der politikwissenschaftlichen
Forschung werden die Büroleiter als die vielleicht wichtigsten Berater des politischen Spitzenperso-
nals bislang weitgehend ignoriert." (Thomas Saretzki, Ratlose Politiker, hilflose Berater? Zum Stand
der Politikberatung in Deutschland, in: Forschungsjournal Neue Soziale Bewegungen 12 (1999), H.
3, S. 2-7.) Einige allgemeine Hinweise finden sich bei Werner Filmer / Heribert Schwan, Helmut
Kohl, Düsseldorf / Wien 1985, S. 224 ff.

selbst zu gewichten, auch subjektiv zu deuten, wen er nun in den Kreis der „eminences grises" einbezieht – und wen nicht. Wir haben uns bei unserer Annäherung zunächst allein auf die pragmatische Formel geeinigt: Zu einem Küchenkabinett auf Bundesebene gehören Berater des Kanzlers, die den Regierungschef in mehr oder weniger regelmäßigen Treffen informieren, konsultieren und in Kooperation mit anderen Mitarbeitern zentrale Aufgaben des Regierungsalltages, in welcher Weise und wie informell auch immer, vorbereiten oder ausführen (helfen).

In dieser Perspektive wird vor allem auch auf die Interaktion der Mitarbeiter mit ihrem Chef geachtet. Und weiter: Woher kamen die politischen Berater? Was waren ihre Ausbildungswege, worin bestanden ihre Fähigkeiten, welche Schwächen und Defizite führten sie mit sich? Wie groß war der Einfluss der einzelnen Mitarbeiter innerhalb des Küchenkabinetts? Konnte der Kanzler noch eigenständige Entscheidungen treffen? Wie verteilte sich die Macht im engeren Regierungszirkel? Wie kamen die Küchenkabinettler miteinander aus? Arbeiteten sie eng zusammen, rivalisierten sie miteinander, intrigierten sie gegeneinander? Welche Kanzler nutzten besonders stark ihre Küchenkabinette, welche weniger – und warum war das so?

Dabei wird die Darstellung nicht nach einer puristischen, mechanischen Systematik erfolgen. Beide Autoren haben ihren je eigenen Stil, setzen hier und da auch die Schwerpunkte und Interpretationen anders. Doch wird in dieser Studie durchweg nach dem Kern eines Küchenkabinetts gesucht, werden die engsten Mitarbeiter charakterisiert, ihre Arbeitsmethoden und -techniken beleuchtet. Und um diese Fragen geht es regelmäßig: Welche Berater waren wann und weshalb wichtig? Welche Funktionen waren dafür nötig? Gab es Positionen im Regierungssystem der Bundesrepublik, die zwingend von Mitgliedern aus dem inneren Beratungszirkel des Kanzlers besetzt werden mussten? Wie nahe sollten sich Kanzler und ihre Berater vom Temperament und Wesen her stehen? War starke Affinität ein Vorzug; oder sprach mehr für eine komplementäre, kompensatorische Beziehung eher unterschiedlicher, gar gegensätzlicher Charaktere? Schließlich: Ließen sich Küchenkabinette personell beliebig erneuern, umgestalten, also reproduzieren? Was eigentlich passierte, wenn die Mitglieder von Küchenkabinetten sich zurückzogen, ausschieden, erschöpft, entkräftet oder frustriert den Abschied einreichten? Was bedeutete das für Macht und Kreativität der jeweiligen Kanzler?

Kurzum: Wie wichtig, wie prägend, wie einflussreich sind Küchenkabinette für die Regierungschefs in der Geschichte der Bundesrepublik nun tatsächlich gewesen?

Davon sollen die folgenden Studien zu den „Grauen Eminenzen" in der deutschen Kanzlerdemokratie handeln.

*

Ohne Hilfe hätten wir diese Studien nicht verfassen können. Wieder einmal müssen wir besonders Peter Munkelt und Astrid Stroh danken, die uns gewohnt verlässlich mit Materialien und guten Ratschlägen versorgt haben. Profitiert haben wir überdies von der außerordentlichen Leistungs- und Kooperationsfähigkeit der Göttinger „Arbeitsgruppe Parteienforschung". Dort haben Ina Brandes, Felix Butzlaff, Daniela Forkmann, Stephan Klecha, Robert Lorenz, Torben Lütjen, Katharina Rahlfs, Saskia Richter, Michael Schlieben das Manuskript gelesen, kritische Einwände formuliert, haben mit uns über „Küchenkabinette" viele Diskussionen geführt. Wigbert Löer hat noch einmal kritisch gegengelesen. Ihnen allen – und natürlich unserem umsichtigen Lektor Frank Schindler – sind wir außerordentlich dankbar.

II Berater beim „Alten": Die Herrenrunde im Palais Schaumburg

Der Architekt der Westpolitik: Herbert Blankenhorn

Am Anfang war Blankenhorn. Er war der Souffleur, Chefberater, ja Intimus von Konrad Adenauer schlechthin. Jedenfalls bis etwa 1950. Das waren sicherlich die wunderbarsten Jahre im Leben des Herbert Blankenhorn, der in dieser Zeit, als in Westdeutschland viele alte Strukturen nicht mehr existierten, neue indessen noch nicht recht ausgebildet waren, Geschichte machte. Präziser: außenpolitische Geschichte. Blankenhorn dachte in diesen Jahren vor, was später dann als Adenauersche Westpolitik bekannt und anhaltend gerühmt wurde. Blankenhorn lieferte dafür die konzeptionellen Ideen, rekrutierte bald dafür auch das diplomatische Personal, schuf schließlich dazu die institutionellen Plateaus. Ohne Zweifel: Blankenhorn, dessen Name heute selbst politisch überdurchschnittlich interessierten und informierten Menschen dieser Republik wohl kaum mehr etwas sagt, war ein ganz maßgeblicher Architekt der frühen deutschen Westpolitik.[4]

Westorientiert war Blankenhorn gleichsam schon von Geburt. Das Licht der Welt erblickte er 1904 im elsässischen Grenzland, in der Stadt Mühlhausen.[5] Diese weite Distanz von den altpreußischen Kernlanden sollte ihn ebenso wie seinen politischen Herrn und Meister, Konrad Adenauer, zeitlebens prägen. Blankenhorn studierte in Heidelberg, Freiburg,

---

[4] Vgl. hierzu und im folgenden Herbert Blankenhorn, Verständnis und Verständigung, Blätter eines politischen Tagebuchs, 1949 bis 1979, Frankfurt/M. 1980; Henning Köhler, Adenauer: Eine politische Biographie, Frankfurt/M. 1994, S. 724 ff.; Hans-Peter Schwarz, Adenauer: Der Aufstieg. 1876-1952, S. 567 ff.; Jost Küpper, Die Kanzlerdemokratie. Voraussetzungen, Strukturen und Änderungen des Regierungsstils in der Ära Adenauer, Frankfurt am Main 1985, S. 108 ff.
[5] Vgl. Hans-Edgar Jahn, An Adenauers Seite: Sein Berater erinnert sich, München 1987, S. 82.

München und Paris Rechtswissenschaften, schloss 1929 seine Prüfungen ab und trat sodann in den diplomatischen Dienst des Auswärtigen Amtes ein. Mit 25 Jahren also wurde er Attaché. Mit 28 Jahren gehörte er dem Tross der Völkerbunddelegation in Genf an. Danach arbeitete er an den Botschaften des Deutschen Reiches in Athen, Washington, Helsinki und Bern. 1945 aber lag das Deutsche Reich in Trümmern, und Blankenhorn brauchte eine neue Beschäftigung.

So kamen Blankenhorn und Adenauer zusammen. Und es fügte sich zunächst trefflich. Blankenhorn besaß das, was Adenauer fehlte: diplomatische Kenntnisse, Auslandserfahrungen, personelle Drähte und Netzwerke zu vielen Spezialisten auswärtiger Angelegenheiten. Adenauer war bis dahin im Grunde lediglich Kommunalpolitiker gewesen, Lokalpatriot und Oberbürgermeister in Köln. Wohl hatte er in den Weimarer Jahren als Präsident des preußischen Staatsrates amtiert; auch wurde er hin und wieder als Reichskanzlerkandidat des Zentrums gehandelt. Aber die Außenpolitik war eine Bühne, auf der Adenauer in seiner politischen Biographie nicht gestanden hatte, die ihm daher eher fremd war. Doch war Adenauer schon in den Kölner Kommunalpolitikjahren sehr dezidiert westlich orientiert. Auch war er bereits damals gegen jeden Mittel- und Sonderweg Deutschlands. Und erst recht war er nach 1945, nach dem Desaster des Nationalsozialismus von dieser außenpolitischen Grundeinstellung überzeugt. Die Außenpolitik wurde für Adenauer zum Primat, zur Weichenstellung für das Schicksal der Deutschen. Indes fehlte es Adenauer in den Jahren der westdeutschen Zusammenbruchs- und Aufbaugesellschaft noch an operativen Detailkenntnissen auf diesem Feld; und es fehlte ganz und gar ein Apparat, der ihn damit hätte versorgen können. Denn ein Auswärtiges Amt war bekanntermaßen nicht mehr da.

Zur Stelle aber war Herbert Blankenhorn. Er ersetzte Adenauer in der zweiten Hälfte der 1940er Jahre das Auswärtige Amt. Adenauer und Blankenhorn begegneten sich erstmals Anfang März 1946 auf einer Zonenbeiratssitzung. Dort fanden sie rasch heraus, dass sie in den Grundzügen einer künftigen deutschen Außenpolitik ganz ähnlich dachten. Adenauer war der führungsstarke Politiker, der Blankenhorn nicht sein konnte. Blankenhorn wiederum war der außenpolitische Fachmann, zu dem Adenauer erst werden musste. Das führte sie erfolgreich zueinander.

Im März 1948 machte Adenauer Blankenhorn zum Generalsekretär der CDU in der Britischen Zone.[6] Blankenhorn, der über eine parteipolitische Vergangenheit durchaus nicht verfügte, war für Aufbau und Organisation der Christdemokratischen Union zuständig. Wenig später avancierte er zum persönlichen Referenten Adenauers in dessen Eigenschaft als Präsident des Parlamentarischen Rates.[7] Als Adenauer 1949 Regierungschef wurde und ins Palais Schaumburg einzog, organisierte ihm Blankenhorn das Kanzleramt. Blankenhorn war omnipräsent, gänzlich unentbehrlich für Adenauer, stand gleichsam Tag und Nacht seinem Chef zur Verfügung, übertraf in diesen ersten Monaten der neuen Republik alle anderen in der Schaltstelle der Macht an Fleiß und Arbeitsstunden, ertrug auch die Launen und Ungerechtigkeiten seines bekanntlich keineswegs einfachen Chef. Er litt darunter psychisch, reagierte somatisch darauf, aber er hielt die ersten Jahre durch.[8]

Denn seine Stellung verschaffte ihm ja enormen, zunächst einzigartigen Einfluss. Blankenhorn leitete die Verbindungsstelle zur Hohen Kommission der Besatzungsmächte. Er war es, der ständig mit den Herren McCloy, Robertson und Francois-Poncet im Gespräch war, der alles Wichtige exklusiv erfuhr und einiges auch anstoßen, auf den Weg bringen konnte. Er hatte die besten Kontakte zu den meinungsbildenden ausländischen Pressevertretern. Er machte dem Kanzler immer wieder Vorschläge, wie wohl zusätzlicher außenpolitischer Spielraum zu gewinnen wäre. Und Blankenhorn gestaltete die Personalpolitik in dieser Zeit, da die Grundlagen der Republik – eben auch die personellen in den Ämtern und Behörden – gelegt wurden. Das war nicht nach jedermanns Geschmack. Denn Blankenhorn erinnerte sich bei etlichen Personalentscheidungen zuallererst an seine alten Kameraden aus der Reichsministerialbürokratie, vor allem an die Angehörigen der nach 1945 vorübergehend arbeitslos gewordenen Crew aus der Wilhelmstraße.[9] Blankenhorn ging dabei allerdings derart robust und unsensibel vor, dass es allmählich die

---

[6] Vgl. hierzu und im folgenden Arnulf Baring, Außenpolitik in Adenauers Kanzlerdemokratie. Bonns Beitrag zur Europäischen Verteidigungsgemeinschaft, München und Wien 1969, S. 15 ff.
[7] Evelyn Schmidtke, Der Bundeskanzler im Spannungsfeld zwischen Kanzlerdemokratie und Parteiendemokratie. Ein Vergleich der Regierungsstile Konrad Adenauers und Helmut Kohls, Marburg 2001, S. 79.
[8] Vgl. auch Wilhelm von Sternburg, Adenauer – eine deutsche Legende, Berlin 2001, S. 147.
[9] Köhler, S. 732 ff.

Presse und die parlamentarische Opposition in Aufruhr brachte. Denn schließlich handelte es sich ganz überwiegend um ehemalige NSDAP-Mitglieder, die Blankenhorn – vor 1945 ebenfalls im Besitz eines NSDAP-Parteibuches – ziemlich unbekümmert in die neuen bundesdeutschen Ministerien beförderte.

Indes kühlte sich dadurch das Verhältnis des Kanzlers Adenauer zu seinem bisherigen Intimus ab. Zwar war Adenauer kein prinzipieller Gegner einer beruflichen Rehabilitation der alten Reichsministerialbürokratie, zumal ihm in seiner Zeit als Präsident des Parlamentarischen Rats die Inkompetenz der nichtverbeamteten Neulinge in den Frankfurter Zentralämtern gehörig auf die Nerven gegangen war. Aber Adenauer wollte keinen negativen Presserummel, wollte keine empörten Schlagzeilen über die Rückkehr der Nazis in den Staatsapparat lesen. Adenauer nahm es Blankenhorn übel, mit so wenig Fingerspitzengefühl seine Personalaktion in Gang gebracht zu haben. So setzte Adenauer ihm, der offiziell lediglich Ministerialdirektor war, im Sommer 1950 Walter Hallstein als Staatssekretär vor die Nase.

Doch wollte und konnte Adenauer in den frühen 1950er Jahren noch keineswegs auf Blankenhorn verzichten. Im Unterschied zu Hallstein war Blankenhorn ein außerordentlich beweglicher Denker und wendiger Konzeptionalist.[10] Unablässig feilte er an Ideen, dachte ganz unorthodox und undogmatisch über Auswege aus misslichen außenpolitischen Lagen nach. Blankenhorn war politisch weder Ideologe noch Pedant, war kein Paragraphenreiter und kein Doktrinär. Darin war er Adenauer, dem auch keine Rochade und kein Winkelzug fremd waren, ähnlich; und deshalb kamen sie insgesamt in den ersten Jahren der Republik gut miteinander aus. So konnte Blankenhorn ein wichtiger, anfangs wohl der wichtigste Berater im Küchenkabinett des Kanzlers Adenauer werden. Erst als das Auswärtige Amt 1955 an Heinrich von Brentano fiel, hatte Blankenhorn genug von Bonn. Mitte der fünfziger Jahre ging er als Botschafter zur NATO, tauchte zwar zunächst auch da noch einmal wöchentlich im Kanzleramt zum Meinungsaustausch auf. Aber der Kontakt ging dann doch stetig zurück. Die Bonner Außenpolitik verlor nach dem Abgang Blankenhorns an Elastizität und Konsequenz zugleich. Die beste Zeit der

---

[10] Vgl. Baring, Außenpolitik, S. 16; Hans-Peter Schwarz, Adenauer: Der Staatsmann. 1952-1967, Stuttgart 1991, S. 196; Küpper, S. 106.

Adenauerschen Westpolitik fiel zweifelsohne mit der Ära informeller außenpolitischer Einflussnahme von Herbert Blankenhorn zusammen. Erst mit Egon Bahr rückte ein ähnliches Kaliber später wieder in das Kanzleramt, um, ebenfalls aus dem Schatten der Kanzlermacht, nun eine Politik nach Osten vorzudenken und mitzuprägen.

Sekretär und Sphinx: Hans Globke

Im Zentrum der Regierungsmacht aber stand Hans Globke, der Staatssekretär des Kanzleramtes. An Globke reichte zumindest in den letzten zehn Jahren der Kanzlerschaft Adenauers niemand heran. Er war der alles entscheidende Mann im Palais Schaumburg, auf den sich der erste deutsche Bundeskanzler operativ nahezu vorbehaltlos stützte. Globke wurde seither zum Maßstab, wahrscheinlich selbst für seine sozialdemokratischen Nachfolger – und auch wenn die das offen wohl nicht zugegeben hätten – zum Vorbild eines idealen Kanzleramtschefs. Sein Einfluss auf Personal und Administration in der Bonner Politik war immens. Wilhelm Hennis schrieb daher schon in den 1960er Jahren von der „Ära Adenauer/Globke".[11] Auch Hans-Peter Schwarz charakterisierte Globkes Position in der Kanzlerdemokratie Adenauers als „fast allmächtig"[12]. In der zeitgenössischen Tagespublizistik firmierte Globke zuweilen gar als der „eigentliche Staatslenker"[13]. Jedenfalls bewegte Globke heftig die Phantasie der politischen Beobachter jener bundesrepublikanischen Aufbaujahre unter Adenauer. Globke war für sie eine moderne Ausformung des Kapuzinerpaters Père Joseph, jenes legendären, geheimnisumwitterten Beraters von Kardinal Richelieu im zweiten Viertel des 17. Jahrhunderts. Globke war die Sphinx vom Rhein.[14] Man hörte nichts von ihm; man sah ihn kaum einmal in der Öffentlichkeit. Er agierte in den Dunkelkammern,

---

[11] Wilhelm Hennis, Richtlinienkompetenz und Regierungstechnik, in: ders., Politik als praktische Wissenschaft, München 1968, S. 173.

[12] Hans-Peter Schwarz, Adenauers Kanzlerdemokratie und Regierungstechnik, in: Aus Politik und Zeitgeschichte, B 1-2, 1989, S. 17.

[13] Vgl. Frank Bösch, Die Adenauer-CDU: Gründung, Aufstieg und Krise einer Erfolgspartei 1945-1969, Stuttgart 2001, S. 257.

[14] Vgl. Karlheinz Niclauß, Kanzlerdemokratie. Bonner Regierungspraxis von Konrad Adenauer bis Helmut Kohl, Stuttgart 1988, S. 38; Walter Henkels, Lokaltermin in Bonn, Stuttgart 1968, S. 190.

präziser: im Arkanum der politischen Macht, diskret und geräuschlos. Globke war kein Mann des Rampenlichtes, des prunkvollen Premierenabends, des glamourösen Presseballs. Aber er galt als der Mann, der alle wichtigen Fäden der politischen Macht in seinen Händen hielt, der über die wichtigen Karrieren entschied, der mehr als jeder andere das Ohr des Kanzlers hatte. Kurzum: Das Bonner Pressekorps raunte von der „grauen Eminenz", wenn es um die Rolle des Staatssekretärs im Bonner Kanzleramt ging.[15]

Doch viele solcher Etiketten, die man Globke anhing, waren weit übertrieben. Globke war weder „allmächtig", noch ein „Staatslenker"; und im Grunde agierte er auch nicht als „graue Eminenz". Das alles war ihm ganz wesensfremd. Mehr noch: Es hätte die Voraussetzungen seines zweifelsohne beträchtlichen Einflusses unterminiert. Denn Globkes Einfluss bei Adenauer hing daran, dass er sich Schranken auferlegte, dass er eben nicht Macht aus eigenem Anspruch und mit eigenen politischen Ambitionen anstrebte, dass er seine eigene Bedeutung zurücknahm, dass er sich und seine Fähigkeiten lediglich einem anderen zur Verfügung stellte.[16] Globke selbst hätte wahrscheinlich vom „Dienen im Staatsinteresse" gesprochen, hätte dies wohl auch ganz ernsthaft so gemeint. Globke war in der Tat Beamter, nicht Politiker; er war der erste Gehilfe des ersten Mannes der Republik, nicht selber Lenker oder gar Herrscher. Der Staatssekretär im Kanzleramt war nicht der eigentliche Weichensteller, nicht der Richtungsgeber in der Ära Adenauer; insofern war er eben nicht „graue Eminenz". Es gab keinen Globkismus in der westdeutschen Politik. Hätte Globke einen solchen Ehrgeiz besessen, dann hätte er seine bevorzugte Stellung bei Adenauer sofort untergraben. Adenauer war bekanntlich ein zutiefst misstrauischer Mann, der sich potenzieller Konkurrenten und Rivalen hart und gnadenlos entledigte.

Globke hingegen gehörte zu den wenigen Menschen, denen Adenauer vertraute. Denn Globke wäre nie auf die Idee gekommen, Politik auf

---

[15] Vgl. vor allem Ulrich von Hehl, Hans Globke (1898-1973), in: Jürgen Aretz u.a. (Hrsg.), Zeitgeschichte in Lebensbildern. Aus dem deutschen Katholizismus des 19. und 20. Jahrhunderts, Bd. 3, Mainz 1979, S. 247 ff.; Terence Prittie, Adenauer. Der Staatsmann, der die Bundesrepublik prägte und Europa den Weg bereitete, München 1987, S. 309 f.; Hans-Peter Schwarz, Adenauer. Der Aufstieg: 1876-1952, Stuttgart 1986, S. 659 ff.
[16] Franz Walter / Kay Müller, Die Chefs des Kanzleramtes: Stille Elite in der Schaltzentrale des parlamentarischen Systems, in: Zeitschrift für Parlamentsfragen 33. 2002, H.3, S. 474 ff.

eigene Faust machen zu wollen. Globke wusste von seinen Grenzen, die gleichsam doppelt gezogen wurden. Zum einen war Globke schon von Temperament und Persönlichkeitszug her kein Politiker, der in die vorderste Reihe drängte. Dafür war Globke zu gehemmt, zu timide, zu introvertiert, zu uneitel, auch: zu bürokratisch und zu pedantisch[17]. Hinzu aber kam, zum anderen und natürlich, seine mindestens verstörende, belastende Biographie in den 12 Jahren nach 1933. Das brandmarkte ihn, haftete ihm an wie ein Stigma. Globke war und blieb für die linke Opposition in der jungen westdeutschen Republik der Kommentator der Nürnberger Rassengesetze. In ihm inkarnierte sich gleichsam die politische Restauration, der laxe Umgang der Adenauer-Regierung mit den Verantwortlichen für die Gräuel unter dem NS-Regime. Sozialdemokraten, Gewerkschaften und Linksintellektuelle, die Opfer des Nationalsozialismus reagierten bitter, wenn sie den Namen Globke hörten. Immer wieder hagelte es zwischen 1953 und 1963 Vorwürfe und Angriffe gegen den Chef des Kanzleramtes. Selbst der kühle Globke steckte das nicht einfach weg, er wankte und zog sich noch mehr in sich selbst zurück. Politisch hielt er sich nur, weil ihn Adenauer ungerührt stützte. Globkes Stellung hing allein an Adenauer. Kein anderes Fundament sonst trug den Staatssekretär im Palais Schaumburg. Eben das machte ihn für Adenauer so wertvoll, so berechenbar, so risikolos. Globke war, auch diesseits seines tief verankerten Dienstethos, zur Loyalität gegenüber seinem Kanzler gezwungen. Dadurch konnte Adenauer seinem Globke großen Raum geben, ihn machen lassen, ohne je eigenmächtige Handlungen fürchten zu müssen.

Tatsächlich war die Bürde riesig, die auf Globke drückte und sein Wesen prägte. Globke gehörte seit 1929 als Beamter dem preußischen Innenministerium an; 1933 avancierte er zum Oberregierungsrat, 1938 zum Ministerialrat. Den offiziellen Kommentar zu den Nürnberger Gesetzen schrieb er 1936 als Leiter des Personenstandsreferats im Ministerium.[18] Auch bei der juristischen Kommentierung der Zwangsänderung jüdischer Vornamen führte er die Feder. Insofern gehörte Globke zu den vielen Fachleuten, Experten, Administratoren aus der bürgerlichen Elite vor 1933, ohne die das nationalsozialistische Regime nach 1933 kaum

---

[17] Vgl. Bösch, Adenauer-CDU, S. 261; Köhler, S. 730.
[18] Vgl. Norbert Jacobs, Der Streit um Dr. Hans Globke in der öffentlichen Meinung der Bundesrepublik Deutschland 1949-1973, Diss. Bonn 1992, S. 29 ff.

funktionsfähig gewesen wäre. Darin, in der bürokratischen und juristischen Unterkellerung der nationalsozialistischen Despotie, lag die Schuld des Hans Globke, die er auch nach 1945 nicht abstreifen konnte.

Dabei hatte er selbst während der Hitlerdiktatur zweifelsohne in einem furchtbaren, nicht ganz freiwilligen Zwiespalt gelebt. Globke war weder nationalsozialistischer Überzeugungstäter noch auch nur wendiger Opportunist.[19] Er war seinerzeit, wie durchweg in seinem Leben, Diener und Ausführer von dem, was höhere Mächte und Menschen von ihm zu verlangen schienen. Globke war auch nach 1933 gehorsamer Diener seines katholischen Glaubens und seiner katholischen Kirche. Er blieb auf seinem Regierungsposten, er schrieb seine heillosen amtlichen Kommentare, verfasste seine ministeriellen Ausführungsbestimmungen, weil ihn sein Berliner Bischof, Konrad Graf von Preysing, dazu ermahnte. Globke arbeitete gewissermaßen als Agent der katholischen Kirche im Reichsinnenministerium. Er informierte seinen Bischof bis zum katastrophalen Ende des Nationalsozialismus über innere Vorgänge im Ministerium, über Gesetzesvorlagen, über Personalangelegenheiten. In den 1940er Jahren stand Globke überdies im Kontakt mit Widerstandskreisen, die er ebenfalls mit Nachrichten versorgte. Ein ganzes Konvolut von Ehrenerklärungen davongekommener Nazigegner konnte das nach 1945 überzeugend belegen. Seine schwierige Doppelexistenz aber verhärtete Globkes zuvor schon außerordentlich verschlossenes Wesen. Er hatte sich während all dieser Jahre noch mehr verpuppt, hatte noch schweigsamer werden, noch zurückhaltender, noch vorsichtiger, noch diskreter, noch misstrauischer selbst gegenüber Freunden agieren müssen. Das wurde ihm zur zweiten Natur. Aber das wurde dann, makabererweise, auch zu seinem entscheidenden Vorteil für das Kanzleramt. Er reüssierte dort, weil er so verschwiegen war, so hintergründig auftrat, die Öffentlichkeit mied, den Mund nicht zu weit aufmachte. Globke trug die Last seiner ambivalenten, fast unerträglichen Existenz in den NS-Jahren, aber sie vermittelte ihm zugleich die Eigenschaften, mit denen er im Kanzleramt, mit denen er bei Adenauer Erfolg hatte.

Nun waren Verschwiegenheit, Geräuschlosigkeit und Diskretion gewiss wichtige Tugenden für einen Kanzleramtschef, aber sie waren doch

---

[19] Vgl. Schwarz, Adenauer (Aufstieg), S. 659; Bösch, Adenauer-CDUS. 260; Köhler, S. 727 f.

mehr Voraussetzung, nicht schon der Kern überzeugenden Managements in der Regierungszentrale. An diskreten Menschen gab es wohl selbst im politischen Bonn noch einige mehr als nur Globke. Aber an Globkes weitere Fähigkeiten kamen sie nicht heran. Am stärksten stachen bei Globke seine außerordentlichen Personalkenntnisse heraus.[20] Globke wusste fast alles über das politische und administrative Personal in Bonn und noch darüber hinaus. Er war da ein wandelndes Lexikon; er wusste über die Lebensgeschichten Bescheid, über schulische und berufliche Qualifikationen und oft genug auch über persönliche Faibles und Verfehlungen. Immer wieder wurde in jenen Jahren gemunkelt, aber nie ganz überzeugend belegt, dass der Kanzleramtschef üppige Dossiers, wenn nötig auch mit Hilfe geheimdienstlicher Recherchen, über alle möglichen Politiker zusammengestellt habe. Die Zeitgenossen jedenfalls fürchteten die Personalkenntnisse des undurchsichtigen Globke. Der Kanzler nutzte sie bei Bedarf, gezielt und brutal. Im Übrigen ließ er seinen Amtschef zum eigenen Vorteil gewähren.[21]

Globke war der souveräne Chef der Personalpolitik in Bonn. Und er war der große Protektor seiner alten katholischen Verbandsfreunde aus dem Cartell-Verband. Deren Karriere förderte er massiv; sie schleuste er gezielt in die Verwaltungen und Ministerien; von ihnen erhielt er als Äquivalent regelmäßig alle entscheidenden Informationen auch über die Köpfe der verantwortlichen Minister hinweg. Globke wurde so zum Begründer des informellen Regierens in der Bonner Republik. Der Kanzleramtschef hatte frühzeitig – und schärfer als Adenauer selbst – begriffen, dass der Kanzler und sein Amt trotz aller Richtlinienkompetenz die Ressorts und die übrigen Verfassungsorgane nicht dirigieren und erst recht nicht kommandieren konnten, dass die Effizienz des Regierens daher in erster Linie von informellen Vor- und Nebenabsprachen, von vertraulichen und rechtzeitigen Informationen, von wirksamen Freundschaften und verlässlichen Loyalitäten abhing.[22] Globke verfügte dazu über einen

---

[20] Vgl. Küpper, S. 104 ff.

[21] Vgl. Franz Josef Bach, Konrad Adenauer und Hans Globke, in: Dieter Blumwitz u.a. (Hrsg.), Konrad Adenauer und seine Zeit, Stuttgart 1976, S. 177 ff.

[22] Zur Bedeutung von Wissen und Informationen in diesem Kontext vgl. Günter Winands, Ist Wissen Macht? – Wert und Unwert des Staatsgeheimnisses (1). Erfahrungen aus dem Leistungsbereich des Bundeskanzleramtes, in: Otto Depenheuer (Hrsg.), Öffentlichkeit und Vertraulichkeit. Theorie und Praxis der politischen Kommunikation, Wiesbaden 2001, S. 111-124.

beträchtlichen Reptilienfond, von dem der Bundestag kaum etwas wusste und über den er nicht entschied.[23] Globke machte Politik über sein fein gesponnenes personelles Netzwerk. Und Globke war ein Meister des Telefonats, mit dem er politisch sondierte, moderierte und koordinierte.[24]

So tüchtig Globke in seinem Dienst für Kanzler Adenauer auch war, er hatte, wie Herbert Blankenhorn auf dem Feld des Auswärtigen, das besondere Glück des Neuanfangs. Er hatte auch das Glück einer nur geringen institutionellen Komplexität in der Regierungszentrale. Und er hatte schließlich das Glück der politischen Intransparenz in den Zeiten, als die Mediengesellschaft noch nicht recht fortgeschritten war. Globke konnte die Fäden seiner Personalpolitik wie die Spinne im Netz ziehen, weil der staatliche Neuanfang noch den personellen Neuaufbau der Behörden und Ministerien zuließ. Seine Nachfolger hatten es da in der Regel weit schwieriger, da sie übernehmen mussten, was andere vor ihnen geschaffen und hinterlassen hatten. Im Übrigen brauchte Globke für seine informellen und formellen Kontakte noch keine weiten Wege zu gehen. Das Kanzleramt selbst war damals ein größeres Büro, war noch nicht die überdimensionierte Regierungszentrale, wie sie sich seit den sozialliberalen Zeiten herausbilden sollte. Die Koordination war dadurch längst nicht so aufwendig und komplex wie in den späteren Jahren. Und Politik entzog sich noch stärker der Öffentlichkeit, stand noch kaum im Scheinwerferlicht der Medien, war noch nicht Adressat massenhafter Partizipation. Für Politik existierten so noch Refugien sorgfältiger und stiller Vorbereitung; sie spielte sich noch im ziemlich ungefährdeten Arkanbereich ab. Das war die Arena von Globke; er war der Meister des Neuanfangs, der kurzen Wege, wenn man so will: der Politik in nichtöffentlichen, demokratischen Beteiligungsansprüchen entzogenen Sphären.

Das machte ihn zur wichtigsten Figur Adenauers. Ohne Globke wäre die Politik Adenauers erheblich störanfälliger, weit weniger erfolgreich gewesen. Und Globke war der Spezialist für alle kniffligen Fälle. Wann immer sich ein Problem ergab, dann ging Adenauer damit zu Globke und lud es – zum Ende seiner Amtszeit in der frühen 1960er Jahren gar noch

---

[23] Vgl. Ulrich Echtler, Einfluss und Macht in der Politik, München 1973, S. 214.
[24] Vgl. Hans Buchheim, Hans Globke – oder die Kunst des Möglichen im Verfassungsstaat und unter einer totalitären Herrschaft, in: Karl Graf Ballestrem (Hrsg.), Sozialethik und politische Bildung, Paderborn u.a. 1995.

mehr – auf dessen Schultern ab. Globke ertrug das alles gleichmütig, ohne den geringsten Protest, eben dienend, wenngleich in den letzten Jahren der Ära Adenauer nur noch unter größten Kraftanstrengungen, mehr krank schon als gesund. So wurde Globke unter Adenauer zum mächtigen Mann in Bonn; er übertraf an Einfluss alle Minister. Politisch gab es in jenen Jahren keinen besser informierten Menschen in Deutschland. Und doch musste Adenauer ihn deshalb nicht beargwöhnen. Globke verfügte über Macht und Einfluss nur so lange, wie er sich in aller Stille damit ganz und gar undemonstrativ begnügte und sie allein zum Nutzen seines Kanzlers anwandte. Globke kannte seine Grenzen, und das machte ihn mächtig; hätte er mehr gewollt, wäre ihm der Einfluss entglitten. Aber Globke wollte nicht mehr, konnte nicht mehr sein als das, was er war – und deshalb wurde er zum Maßstab des idealen, effizienten und loyalen Kanzleramtschefs in der zweiten deutschen Republik.

Der Troubleshooter: Otto Lenz

Dabei hatte Globke in den ersten vier Jahren der Bundesrepublik das Amt des Staatssekretärs im Kanzleramt formal gar nicht inne. Konrad Adenauer hatte ihn im September 1949 von seinem eher beschaulichen Posten als Vizepräsident des Rechnungshofes in Nordrhein-Westfalen in das neue Kanzleramt geholt. Doch wagte er zunächst nicht, den Kommentator der Rassengesetze ganz offiziell zum Chef seines Amtes zu machen. Globke selbst riet entschieden davon ab, da die Außenwirkung einer solchen Personalentscheidung 1949 auch und gerade bei den westlichen Alliierten wahrscheinlich noch ziemlich verheerend ausgefallen wäre. So behalf sich Adenauer anfangs mit provisorischen Lösungen. In den ersten Monaten des neuen westdeutschen Staates trug der Bundestagsabgeordnete Franz-Josef Würmeling den Titel des Staatssekretärs, aber dessen Passion gehörte dem Parlament, nicht dem Amt. Ihn ersetzte, für einige Monate, dann Walter Hallstein, doch der kümmerte sich in erster Linie um die auswärtigen Angelegenheiten, hatte weder Zeit noch großes Interesse für die Innenpolitik. Hier lag von Beginn an das Feld von Hans Globke, der zwar lediglich im Rang eines Ministerialdirektors stand, aber

– von allen im Palais Schaumburg ganz unangezweifelt – als kommissarischer Chef des Kanzleramts die Geschäfte führte.[25]

Doch vollauf befriedigend war ein solches Provisorium, war die Konstruktion eines faktischen Staatssekretärs, der das aber offiziell nicht sein durfte, natürlich nicht. Insofern war der Bundeskanzler 1950 sehr ernsthaft auf der Suche nach einem Mann (und ausschließlich ein Mann wäre auch nur denkbar gewesen), der den Staatssekretärsposten veritabel ausfüllen konnte. So kam er auf Otto Lenz. Globke selbst hatte Lenz immer wieder ins Spiel gebracht. Dabei waren die beiden grundverschiedene, nahezu gegensätzliche Typen, die aber doch einander vertrauten, seit sie als junge Leute in Berlin dem gleichen katholischen Studentenverband (CV) angehörten, sich immer wieder in ähnlichen Freundeskreisen und politischen Zusammenhängen getroffen hatten. Anfangs sträubte sich Adenauer noch gegen Lenz. Doch seit Ende 1950 dämmerte dem Kanzler, dass er in seinem Amt nicht nur den leisen und effizienten Administrator brauchte, sondern auch den Troubleshooter, der in die öffentliche Meinung hineinwirkte.[26]

Denn die öffentliche Meinung fiel keineswegs gut aus für die Bundesregierung, ein Jahr nach ihrem Amtsantritt. Im Gegenteil, die demoskopischen Werte für das Kabinett Adenauer waren verheerend. Der Motor des großen Wirtschaftswunders war noch nicht recht angesprungen, lief keineswegs schon harmonisch. Mit den Gewerkschaften gab es heftige Dispute über die Unternehmensmitbestimmung. Und in der kriegsmüden Bevölkerung betrachtete man misstrauisch die Pläne Adenauers zur Wiederbewaffnung. Die Christliche Union wankte; die oppositionellen Sozialdemokraten schienen zu triumphieren. Das jedenfalls war die Bilanz aus den Landtagswahlen in Schleswig-Holstein, Hessen, Württemberg-Baden und Bayern, wo CDU bzw. CSU überall schlimm verloren, so dass selbst der erfahrene Fuchs an der Spitze der Bundesregierung allmählich nervös wurde.

Dadurch nun war er bereit, die Kröte Otto Lenz als Staatssekretär im Kanzleramt zu schlucken.[27] Im Grunde war das eine Lösung, die ihm

---

[25] Vgl. Schmidtke, S. 81 ff.
[26] Vgl. Köhler, S. 736.
[27] Vgl. hierzu und für dieses ganze Kapitel Günter Buchstab, Otto Lenz – Chef des Kanzleramtes 1951-1953, in: Zeitschrift für Parlamentsfragen 34.2003, H.2, S. 414 ff.

contre coeur ging. Lenz war ihm nicht geheuer. Lenz hatte in der ersten Hälfte der 1940er Jahre zum Widerstandskreis von Jakob Kaiser gehört. Und nach 1945 arbeitete er in der Münchner Anwaltssozietät von Josef Müller, dem Ochsen-Sepp und ersten CSU-Vorsitzenden. Müller und Kaiser – das waren für Adenauer die Gegner in der Christlichen Union.[28] Im Übrigen war Lenz ein ganz unabhängiger Mann, der mit seiner Meinung nicht hinter dem Berg hielt, der dem Kanzler frei heraus sagte, was er dachte, selbst wenn es der Auffassung Adenauers widersprach. Damit allerdings kam der Alte aus Rhöndorf chronisch schlecht zurecht. Überdies hatte Lenz immer auch eigene politische Ambitionen, was Adenauer ebenfalls überaus missfiel. Auch Adenauers wohl bester und vielleicht einziger intimer Freund, der Bankier Robert Pferdmenges, war ein Gegner des ruppigen Lenz und strich das häufig genug heraus.[29] Und schließlich waren da noch die beiden außenpolitischen Chefberater im Kanzleramt, Blankenhorn und Hallstein, denen der neue Staatssekretär – der sich ganz unbekümmert in ihre Belange einmischte – gehörig auf die Nerven ging; auch sie machten aus ihrer Antipathie keinen Hehl.[30]

So stand es mit Otto Lenz. Allein Globke blieb ein guter Freund, an dessen Rang als eigentlicher Verwaltungschef in der Regierungszentrale sich auch in der Ägide Lenz nichts änderte. Ansonsten indessen hatte Lenz viele Gegner und Neider. Aber Adenauer brauchte ihn in der Krise der Regierung und seiner Partei. Denn Lenz war ein political animal, ein ungeheures Energiebündel, ein wahrer Wirbelwind des Politischen, gleichsam als Feuerwehrmann an allen Krisenherden der Republik und auch darüber hinaus rund um die Uhr einsetzbar. Er war ein unermüdlicher Telefonierer, rastloser Verhandler, phantasiereicher Initiator. Und er kannte keine Skrupel, Journalisten und Medienmenschen aus durchaus dubiosen Reptilienfonds für Interpretationen und Meinungsmache ganz im Sinne der Bonner Regierung gefällig zu machen. In den frühen 50er Jahren kam Otto Lenz damit noch unbehelligt durch, drei oder vier Jahrzehnte später wäre der forsche Staatssekretär wohl ein Dauerkandidat für parlamentarische Untersuchungsausschüsse und unnachsichtigen investigativen Journalismus geworden.

---

[28] Vgl. Baring, S. 6 ff; Schwarz, Adenauer (Aufstieg), S. 661.
[29] Vgl. Schwarz, Adenauer (Staatsmann), S. 29.
[30] Vgl. Köhler, S. 792.

Aber eben das war die Aufgabe des hemdsärmeligen Staatssekretärs im Kanzleramt, eben darum hatte ihn Adenauer in seiner Not auserkoren: Er sollte die öffentliche Meinung umdrehen, sollte zum Chefpropagandisten der Bundesregierung werden, gewissermaßen zum „demokratischen Goebbels"[31], wie es Adenauer einmal in seltsamer Unbefangenheit ausgedrückt hatte. Lenz ging dabei beherzt zur Sache.[32] Er schickte einige junge Menschen in die Vereinigten Staaten von Amerika, damit sie dort die neuen und modernen Wahlkampfmethoden der amerikanischen Parteien und Präsidentschaftskandidaten studieren konnten. Er knüpfte einige – und seither für die Union stabile – Kontakte zum Allensbacher Meinungsforschungsinstitut und tüftelte mit dessen Experten griffige, mitunter auch durchaus demagogische Wahlkampfslogans aus.[33] Und er ging dabei die sozialdemokratische Opposition mit harten Bandagen an. Unter der Verantwortung von Lenz entstand das berüchtigte Plakat, auf dem man Rotarmisten vor dem Kölner Dom sah, ebenso die reichlich deftige Unterstellung, dass alle Wege des Sozialismus nach Moskau führten. Kurzum, Lenz erwies sich als der zupackende Öffentlichkeitsarbeiter, heute würde man sagen: der effiziente und knallharte Kommunikationsmanager, den Adenauer 1950 so dringend gesucht hatte. Die Baisse der Union war rasch überwunden. 1953 siegte die Adenauer-Partei bekanntlich triumphal, da sie ihre Wählerquote um 14,2 Prozentpunkte steigerte. Der Anteil von Otto Lenz an diesem Erfolg war keineswegs gering.

Doch stolze Siege und bittere Niederlagen liegen oft eng beieinander. Auf Lenz jedenfalls traf das zu. Seine Propagandafertigkeiten katapultierten ihn weit nach oben – und ließen ihn dann jäh tief abstürzen. Die Siegesfeiern der Unionsparteien waren kaum beendet, da stand der Organisator des Wahlsieges urplötzlich am Pranger der Medienkommentatoren. Denen war – ganz offenkundig von einem der vielen Feinde des Staatssekretärs aus dem Zentrum der Bonner Regierungsmacht – eine Planskizze aus der Feder von Otto Lenz zum Aufbau eines Informationsministeriums zugespielt worden. Die nationale und internationale Presse reagierte empört. Die Hamburger „Zeit" titelte: „Des Dr. Goebbels

---

[31] Vgl. Johannes Hoffmann, „Vorsicht und keine Indiskretionen", Zur Informationspolitik und Öffentlichkeitsarbeit der Bundesregierung 1949-1955, Aachen 1995, S. 63.
[32] Vgl. Schwarz, Adenauer (Aufstieg), S. 663.
[33] Vgl. Köhler, S. 782.

Überministerium"[34]. Schließlich kamen auch in der Bundestagsfraktion der CDU/CSU die Lenz-Gegner aus ihrer Deckung. Und das nutzte der Kanzler, der ursprünglich durchaus die wärmsten Sympathien für ein neues Informationsministerium hatte, um seinen Staatssekretär wie eine heiße Kartoffel fallen zu lassen. Adenauer hatte Lenz einiges zu verdanken. Aber über den Weg getraut hatte er ihm nie. Spätestens als Lenz 1952 zu denjenigen gehörte, die Adenauer den Rückzug aus dem Außenministerium anempfohlen hatten, war er für den Bundeskanzler ein unsicherer, ja illoyaler Kantonist, dessen man sich bei nächst günstiger Gelegenheit wieder entledigen musste.

Dennoch: Zuweilen brauchen Kanzler den Typus Lenz. Zuweilen genügen nicht allein die absolut loyalen, diskreten, unauffällig im Hintergrund agierenden Organisatoren und Administratoren der Macht. Zuweilen benötigen Bundeskanzler die Hilfe jener extrovertierten Selbstdarsteller, um in der Öffentlichkeit einigen nützlichen Budenzauber zu entfesseln. Aber in aller Regel mögen Kanzler diesen Typus nicht sonderlich. Sie sind ihnen zu selbstgefällig, zu eitel, zu unberechenbar, zu ehrgeizig, zu stark mit eigenen Interessen und Plänen unterwegs. Man kann auch sagen: Sie sind den Kanzlern zu ähnlich. Jedenfalls hält sich dieser Typus meist nicht sehr lange in den Küchenkabinetten der Macht. Er wird rasch und unsentimental entsorgt, wenn er seine Funktion erfüllt hat. Oft ist er allerdings der Letzte, der merkt, wie eisig und leer es schon zuvor um ihn geworden war.

Komödiant und Pressechef: Felix von Eckardt

Konrad Adenauer war bei der Auswahl seiner engsten Berater keineswegs ausschließlich auf den Typus des bürokratisch effizienten Administrators festgelegt. Dafür war der Kanzler auch in dieser Hinsicht zu lebensklug, zu instinktsicher, zu realistisch, um nicht zu wissen, dass es auf die richtige Mischung aus Begabung und Lebenserfahrung in seinem näheren Umfeld ankam. Und so hielt sich Adenauer auch einen Bonvivant, einen bunten Vogel in seinem Hofstaat, der so ganz anders war als

---

[34] Zit. bei ebd., S. 792.

die Herren Globke, Hallstein oder Krone, welche unzweifelhaft im Mittelpunkt des Küchenkabinetts des ersten bundesdeutschen Kanzlers standen. Felix von Eckardt, der Pressesprecher seines Herrn, hatte nichts Beamtenhaftes, nichts Bürokratisches, nichts Pedantisches an sich. Im eher kleinbürgerlich-spießigen Bonn der 1950er Jahre wirkte er, jedenfalls ein bisschen, exzentrisch.[35] Berühmt war sein peinlich gepflegter Schnurrbart, charakteristisch seine stets modisch geschnittenen, oft gewagt farbigen Westen, von denen er, so hatte es zumindest die „Bild"-Zeitung ermittelt, nahezu 30 Exemplare in seinem Kleiderschrank hängen haben sollte. Und große Aufmerksamkeit hatte von Eckart dadurch erregt, dass er Pferderennen im Sulky fuhr und auch einen Preis gewann. Für einen leibhaftigen Staatssekretär der Bundesregierung war das schon recht ungewöhnlich. Überhaupt war seine Lebensgeschichte recht schillernd, da er in den nationalsozialistischen Jahren etliche Drehbücher für durchaus erfolgreiche Kinofilme geschrieben hatte. Kassenschlager wie „Peter Voss der Millionendieb" oder „Der Stern von Rio" stammten aus seiner Feder.[36] Im ehrpusseligen Bonn der frühen Republikjahre rümpften daher anfangs nicht wenige Beobachter die Nase, als der Lebenskünstler von Eckardt – auch in Pferdezucht hatte sich der gelernte Journalist zwischenzeitlich versucht – im Februar 1952 zum Bundespressechef der Regierung avancierte. Und bemerkenswert, ja verwunderlich war schon, dass ausgerechnet der doch eher förmliche, etwas altbürgerlich-steife Adenauer an diesem bohemehaften Komödianten, einem durchaus berüchtigten Partylöwen, einen Narren gefressen hatte.

Verwunderlich war das auch deshalb, weil Adenauer gerade und besonders an der Amtsführung seiner Pressesprecher zuvor ständig etwas auszusetzen gehabt hatte. Pressechef unter Adenauer – das galt bis 1952 als höchst riskanter Schleudersitz.[37] Vier Herren hatten sich bis dahin bemüht, doch niemand konnte es Adenauer recht machen. Nach jeweils nur wenigen Monaten wurden sie entlassen, oder sie dankten resigniert ab. Adenauer hatte einen wachen Sinn, ein lebhaftes Interesse für Öffentlichkeitsarbeit. Aber er war über die öffentliche Resonanz seiner Politik

---

[35] Vgl. Anneliese Poppinga, „Das wichtigste ist der Mut": Konrad Adenauer – die letzten fünf Kanzlerjahre, Bergisch Gladbach 1997, S. 71; Walter Henkels, Die leisen Diener und ihre Herren. Regierungssprecher von Adenauer bis Kohl, Düsseldorf 1985, S. 83 ff.
[36] Vgl. Jahn, S. 109.
[37] Vgl. Hoffmann, S. 63.

chronisch verdrossen, ja nachgerade nörgelig. Stets und immer sah er die Leistung seines Kabinetts von den Presseleuten seiner Regierung nicht hinreichend gut „verkauft". Überall sah er sich von einem widrigen, feindlichen liberalen Zeitgeist umstellt. Insbesondere mit den überregionalen Zeitungserzeugnissen haderte er. Und am liebsten hätte er es infolgedessen gesehen, wenn sein oberster Pressechef die störrischen Medienvertreter auf Linie gebracht hätte. Eben das war die Ausgangslage für sein zwischenzeitliches Arrangement mit Otto Lenz.

Aber für den Chef des Bundespresse- und Informationsamtes war das, was Adenauer wollte, schlechterdings nicht zu machen. Ein Regierungssprecher steht gewissermaßen zwischen den Stühlen. Er muss mit dem Kanzler harmonieren, natürlich auch mit den Bundesministern; doch auch die freien Pressevertreter sollten ihm vertrauen, ihn jedenfalls respektieren. Ist der Presseamtschef zu nah und ausschließlich bei der einen Seite, dann hat er es sich schnell mit der anderen Seite verscherzt – und wird scheitern. Eben das war mit den Herren Böx, Bourdin, Brand und Twardowski geschehen, die bis 1951 als Regierungssprecher amtierten, aber nicht reüssierten.[38]

Ausgerechnet der Paradiesvogel von Eckardt brachte dann Konstanz und Kontinuität ins Amt. Zehn Jahre lang hielten er und Adenauer es – bei einer kurzen Unterbrechung 1955/56, als von Eckardt für einige Monate als Botschafter zur UNO nach New York ging – miteinander aus. Und auch das Bonner Mediencorps verstand sich bestens mit dem Bundespressesprecher. Eben das war das Kunststück, worauf es ankam, und was von Eckardt vorzüglich gelang: Vertrauter beider Parteien im Kräfteparallelogramm von Politik und Medien zu sein. Doch war der Gewinner dabei unzweifelhaft Konrad Adenauer. Denn oft genug wusste sein Regierungssprecher keineswegs, was der Kanzler im Einzelnen im Schilde führte. Überhaupt war von Eckardt kein Freund des ihm oft langweiligen politischen Details. Aber er war ein Virtuose darin, seine Wissenslücken durch brillante Formulierungen zu camouflieren. Auch wenn von Eckardt über wenig Informationen verfügte, so versorgte er die lauschende Journalistenschar auf den Pressekonferenzen doch mit launigen Apercus, farbigen Pointen, druckfähigen Schlagzeilen.[39] Von Eckhardt konnte

---

[38] Vgl. Eduard Neumaier, Bonn, das provisorische Herz, Oldenburg und Hamburg 1969, S. 117.
[39] Vgl. Niclauß, S. 40.

rhetorische Girlanden winden wie nur Wenige sonst in Bonn. Und immer sprühte er vor Charme, Witz und Schlagfertigkeit.[40] Er hatte ein überaus gewinnendes Wesen. Nur wenige Journalisten störten sich an seinem oft leeren rhetorischen Feuerwerk. Nur wenige Berichterstatter, wie etwa Alfred Rapp von der „FAZ“, waren es bald Leid mit der informationsarmen Schönrednerei des Adenauer-Intimus und machten fortan einen weiten Bogen um das Palaver auf den Bundespressekonferenzen.[41] Das Gros der Bonner Journalisten liebte seinen Eckhardt, ließ sich von ihm und seinem moussierenden Esprit offenkundig nur zu gerne um den Finger wickeln. Deshalb schätzte Adenauer den Chef des Bundespresseamtes. Der hielt ihm die lästigen Journalisten vom Leibe, verbreitete unter diesen sonst so quengelnden Menschen gute Laune. Was konnte es Besseres geben für die Regierung?

Doch sah Adenauer in von Eckhardt nicht nur den nützlichen Entertainer für die Pressemenschen. Der Kanzler schätzte seinen Regierungssprecher auch als einfallsreichen Berater. Von Eckhardt hatte ein unabhängiges Urteil, er war kein Schmeichler, aber auch kein ruppiger, grantiger Querulant. So, in dieser Mischung, hatte es Adenauer gern. Überdies verfügte von Eckhardt über einen sicheren politischen Instinkt. Er war ideenreich, originell, dachte und argumentierte in Optionen und Alternativen. Er und Blankenhorn, die sich gern die Bälle zuspielten, waren die kreativen beweglichen Köpfe im Kanzleramt, gerade was die Außenpolitik anbetraf.[42] Auch das, in Maßen betrieben, war nach Adenauers Geschmack. Im Übrigen hatte von Eckhardt gute Nerven. In Krisensituationen geriet er nicht so schnell aus der Fassung, reagierte nicht hektisch oder überstürzt. Das fand ebenfalls das Wohlwollen des Kanzlers. Und wahrscheinlich war es mit Adenauer so wie mit vielen Mächtigen der Politik: Ein bisschen Farbe wünschten sie sich schon bei Hof. Und für Couleur sorgte von Eckhardt. Zwar wetterte Adenauer hin und wieder über den bohemehaften Lebensstil seines Sprechers, schimpfte mürrisch über die vielen Feste, auf denen von Eckhardt munter tanzte. Aber wahrscheinlich war auch Adenauer stolz darauf, wenigstens Einen zu haben,

---

[40] Vgl. Arnulf Baring, Außenpolitik in Adenauers Kanzlerdemokratie. Bonns Beitrag zur europäischen Verteidigungsgemeinschaft, München 1969, S. 45.
[41] Vgl. Walter Henkels, Diener, S. 31.
[42] Vgl. Küpper, S. 111.

der nicht ganz so beamtenhaft, penibel und pedantisch in Erscheinung trat, wie doch die Meisten in seinem Küchenkabinett.

Der Mann für die Verträge: Walter Hallstein

Wie etwa Walter Hallstein.[43] Der war der Chefunterhändler bei den großen europäischen Vertragsverhandlungen in den 50er Jahren. Adenauer hatte ihn bitter nötig. Denn als der Kanzler 1950 eine geeignete Person für die Spitze der neuen „Dienststelle für Auswärtige Angelegenheiten" suchte, konnte er nicht gut auf seinen bisherigen Intimus und Chefberater für Außenpolitik Herbert Blankenhorn zurückgreifen. Blankenhorn war vor 1945 ein Mann der Wilhelmstraße, überdies – wie die meisten dort – Mitglied der NSDAP gewesen. Einen solchen Mann mit der Führung des neuen Außenministeriums zu betrauen, wäre zu Beginn der 1950er Jahre gegenüber den noch reserviert-misstrauischen Westalliierten nicht opportun gewesen. So musste sich Adenauer in Sachen auswärtiger Kompetenz auf die Suche nach einem Außenseiter machen. Vor allem brauchte er einen exzellenten Juristen. Denn darum ging es für die neue Bundesrepublik in den ersten Jahren ihrer Existenz: durch verlässliche, vertraglich konstituierte Verflechtungen mit den anderen westeuropäischen Staaten einen gesicherten, schließlich souveränen Ort in den westlichen Bündnisstrukturen zu finden.

Hierfür war Hallstein in der Tat ein ausgezeichneter Kandidat. Er war ein überzeugender Jurist mit einer erstaunlichen Karriere. Hallstein wurde mit 24 Jahren promoviert; drei Jahre später hatte er das Habilitationsverfahren abgeschlossen. Mit 28 Jahren bereits erhielt er von der Universität Rostock seinen ersten Ruf auf eine ordentliche Professur, worauf er sein ganzes Leben lang außerordentlich stolz war.[44] 1946 wurde er, mit 44 Jahren, erster Nachkriegsrektor der Frankfurter Universität. Konrad Adenauer war hoch beeindruckt, als er 1950 erstmals mit Hallstein zusammentraf. Er zögerte daher nicht, ihn zum Staatssekretär für Auswärti-

---

[43] Zu Hallstein hier und im folgenden: Wilfried Loth u.a. (Hg): Walter Hallstein – Der vergessene Europäer?, Bonn 1995.
[44] Vgl. Theodor Loch, Walter Hallstein. Ein Portrait, Köln 1969, S. 19.

ge Angelegenheiten zu ernennen. Und Hallstein enttäuschte ihn nicht. Er war es, der die außenpolitischen Grundideen Adenauers in exakte juristische Wendungen übersetzte und in akkurate Verträge goss. Er war gleichsam das juristisch-bürokratische Exekutivorgan der Adenauerschen Konzeptionen und Gedanken. Hallstein war ein schier unermüdlicher, nahezu besessener Arbeiter. Seine juristische Formulierungskunst war brillant. In Verhandlungen mit den europäischen Partnern trat er zäh und zielstrebig auf.[45] Sein Amt führte er mit großer Souveränität, aber auch mit unnachgiebiger Strenge. Nichts verachtete er mehr als gedankliche Unschärfen, rhetorische Nebelkerzen, weitschweifendes Gerede. Hallstein war gewissermaßen der Typus des Musterschülers, äußerst detailgenau, um Perfektion bemüht, intellektuell jederzeit geordnet, ein unbedingter Befürworter strenger, kompromissloser Logik.

Das machte ihn für Adenauer bei zahlreichen schwierigen Verhandlungen so wertvoll. Hallstein besaß dabei die institutionelle und juristische Strenge, die Adenauer oft und durchaus gerne zu Gunsten des taktischen, jedenfalls politischen Kalküls vernachlässigte. Insofern ergänzte Hallstein sinnvoll den Kanzler, was sich durchaus nicht selten als sehr segensreich erwies. Aber es gab auch Tage, an denen die Hallsteinischen Übergenauigkeiten dem Kanzler auf die Nerven gingen. Adenauer war nicht gerade für ausgelassene Lausbubereien bekannt. Aber bei Hallstein, diesem überaus spröden und knochentrockenen Professor, konnte er oft nicht anders. Er musste diesen humorlosen Pedanten einfach zuweilen ärgern.[46] Als sich der Kanzler und sein Staatssekretär auf einer gemeinsamen Schiffsüberfahrt in Richtung Amerika befanden, versteckte Adenauer eines Abends die Schuhe Hallsteins, so dass der korrekte Jurist tags darauf allein in Socken seine Gespräche führen musste. Bei anderer Gelegenheit bewarf der deutsche Bundeskanzler den verblüfften Hallstein plötzlich mit Walnüssen – und das im Beisein des sichtlich peinlich berührten britischen Botschafters. Hallstein eignete sich in der Tat als probates Zielobjekt für dergleichen Albernheiten. Denn ein Sympathieträger war er nicht. Dafür trat er zu belehrend auf, zu dozierend mit seiner arroganten, dabei näselnden Stimme. Hallstein war ein Mann, der ganz in

---

[45] Vgl. Schwarz, Adenauer (Aufstieg), S. 886; ders., Adenauer (Staatsmann), S. 693.
[46] Vgl. Hans-Peter Schwarz (Hg.), Konrad Adenauers Regierungsstil (Rhöndorfer Gespräche), Bonn 1991, S. 129.

seiner Arbeit aufging, private Passionen daneben kaum besaß. Der Dienst war Elixier und Sinn seines Lebens; das Dienstzimmer bildete den Lebensmittelpunkt.[47] In seine Privatwohnung ließ er, mit Ausnahme der Putzfrau, niemanden hinein. Von Freundschaften des Junggesellen wissen auch wohlwollende Chronisten nichts zu berichten. Mit keinem seiner Mitarbeiter hat sich Hallstein je geduzt. Er blieb unnahbar, kühl, distanziert, abweisend. Er war ein veritabler Hagestolz. Seine Liebe gehörte der Juristerei, den Büchern, der Gelehrsamkeit, dem Amt.

Doch waren das nicht nur private Schrullen oder Eigenarten. Auch der Mann der Politik, der Vertreter der bundesrepublikanischen Regierung leugnete nicht den exakten Juristen, besserwisserischen Professor, übergenauen Vertragsexperten. Damit fuhr Adenauer in den frühen 1950er Jahren oft nicht schlecht; aber im Laufe der Zeit wurde es doch auch zum Problem für den Kanzler und sein Kabinett. Besonders die Briten kamen mit Hallstein nicht zurecht. Sein Europäismus war ihnen zu dogmatisch; seine Vertragsfixierung zu orthodox. Auch die Franzosen hielten ihn für einen emotionslosen Technokraten. Psychologie war eben nicht die Stärke Hallsteins, der die strenge Logik völkerrechtlicher Regelungen höher schätzte als den einfühlsamen Umgang mit Verhandlungspartnern. Im Grunde blieb Hallstein immer akademischer Professor, wurde nie zum Politiker. Hallstein dachte nicht, wie ein Politiker, in Optionen, Perspektiven, Kalkülen oder gar in taktischen Winkelzügen. Das hätte seiner apodiktischen Wissenschaftlichkeit widersprochen. So aber wirkte Hallstein bald doktrinär und starrsinnig, als sich dann, in der zweiten Hälfte der 1950er und mehr noch während der 1960er Jahre, die Koordinaten der Außenpolitik allmählich verschoben.[48] Seine 1955 verkündete Regel, wie mit Staaten zu verfahren sei, die das Ulbricht-Regime völkerrechtlich anerkannten, wurde dadurch zur – nach ihm benannten – Doktrin, die der Deutschland- und Ostpolitik zunehmend hinderlich war, ihre Handlungsmöglichkeiten beschränkte. Das empfanden im Küchenkabinett Adenauers besonders Herbert Blankenhorn und Felix von Eckhardt so, vermutlich auch Hans Globke und selbst Konrad Adenauer. Walter Hallstein überlebte sich, hatte am Ende weder eine Schule noch Schüler hinterlassen. Er war zweifelsohne ein großer Europäer, war

---

[47] Lothar Lahn, Walter Hallstein als Staatssekretär, in: Loth, S. 32 ff.
[48] Vgl. Daniel Koerfer, Kampf ums Kanzleramt: Erhard und Adenauer, Stuttgart 1987, S. 597.

wichtig für Adenauer in der ersten Hälfte von dessen Amtszeit, lieferte dem Kanzler Kompetenzen, über die dieser selbst nicht verfügte. Aber Hallstein war im Weiteren auch eine Last. Er sorgte für Unbeweglichkeit, als es auf neue Flexibilitäten, auch neue und kreative Wagnisse ankam. Das aber waren keine Eigenschaften, die Hallstein auszeichneten. Für eine solche Politik war er nicht der richtige Mann.

Papa und Alleskleber: Heinrich Krone

Das also waren sie, die Mitglieder des Küchenkabinetts im damaligen Bundeskanzleramt, besonders während der ersten Hälfte der Adenauer Ära: Herbert Blankenhorn, Walter Hallstein, Hans Globke, Otto Lenz und Felix von Eckardt. Blankenhorn war der Mann der ersten Stunde und Ideenlieferant für die neue Westpolitik; Hallstein ergänzte ihn durch seinen exzeptionellen juristischen Sachverstand; im Zentrum der Kanzlermacht stand Hans Globke; am Schwungrad der öffentlichen Kampagne drehte zwischenzeitlich Otto Lenz, während Felix von Eckardt der Pressekommunikator der Regierungspolitik war und ein bisschen Farbe in das ansonsten recht grau wirkende Umfeld des Kanzlers brachte. Und doch kam ab Mitte der 1950er Jahre noch ein weiterer, für Adenauer ganz unverzichtbarer Mann in dieses Küchenkabinett hinzu, der allerdings nicht hauptberuflich seine Zeit im Kanzleramt verbrachte: Heinrich Krone, seit Juni 1955 Chef der CDU/CSU-Fraktion im Deutschen Bundestag.

Nun mag man es für ganz selbstverständlich halten, dass der Fraktionsvorsitzende der stärksten Regierungspartei zum engsten Zirkel der Kanzlerberater gehörte. Schließlich kann man in jedem Lehrbuch über die Funktionsweise der parlamentarischen Demokratie nachlesen, wie unabdingbar dort die „Aktionseinheit" von Regierung und Regierungsfraktion(en) ist. Und diese Aktionseinheit lässt sich nur durch die Kooperation, genauer: durch die dicht verschränkte Kommunikations- und Handlungsallianz zwischen Regierungschef und Fraktionsvorsitzemden herstellen. Insofern wird der Anführer der stärksten Regierungsfraktion in der Tat in aller Regel eine Zentralfigur im Küchenkabinett eines deutschen Bundeskanzlers sein, wenn dieser einigermaßen effizient und friktionslos regieren will. Aber ganz zwingend ist diese Verknüpfung dennoch nicht, wie wir in dieser Abhandlung später noch einige Male sehen werden. Auch in der Ära Adenauer stand der Fraktionsvorsitzende der Union keineswegs automatisch im unmittelbaren Konnex und Austausch mit dem Kanzler. Dafür wurde Krones Vorgänger im Amt, Heinrich von Brentano, von Konrad Adenauer viel zu wenig ernst genommen. Mit ihm (und der Fraktion) verfuhr der Kanzler, anfangs zumindest, höchst autoritär und nur wenig dialogisch. Selten nur bezog Adenauer seinen Fraktionsvorsitzenden in den Meinungs- und Entscheidungsbildungsprozess des Kanzleramtes mit ein. Heinrich von Brentano jedenfalls war nie ein Teil des Adenauerschen Küchenkabinetts.

Bei Heinrich Krone war das von Beginn an – mit seiner Wahl zum Fraktionschef im Sommer 1955 – anders. Im Grunde war Krone schon in den Jahren zuvor in seiner Funktion als Parlamentarischer Geschäftsführer der eigentliche starke Mann der Fraktion. Denn von Brentano, den die Außenpolitik mehr interessierte als die Seelenpflege der Parlamentarier und das Gesetzgebungsverfahren, hatte selten vor der Bundestagsfraktion gesprochen, kaum einmal dort in Auseinandersetzungen interveniert. Diesen Part übernahm seit den frühen 1950er Jahren schon Heinrich Krone.

Dabei war Krone alles andere als eine charismatische Führungsfigur. Seine Reden verbreiteten weder Glanz noch Leidenschaft. Krone liebte den öffentlichen Auftritt, das rhetorische Spektakel nicht. Er war eher wortkarg, wie Globke ein zäher Schweiger und großer Zuhörer, ein bisschen spröde und steif. Theodor Heuss, der Bundespräsident und Bildungsbürger, charakterisierte ihn einmal etwas von oben herab als „hölzernen, langweiligen" „Funktionärstyp".[49] Das war sicher nicht ganz falsch geurteilt, aber es übersah doch die unschätzbaren Vorzüge des Politikers Krone, die eben gerade in seiner unglamourösen Zurückhaltung, Bescheidenheit, auch Langweiligkeit wohnten. Denn Krone wusste um seine Grenzen.[50] Er wusste, dass er – als Fraktionsvorsitzender der großen Regierungspartei immerhin ein mächtiger Mann in der Republik – nicht zu noch größeren Aufgaben taugte, dass er als Kanzler daher nicht

---

[49] Einleitung von Heinrich Krone, Tagebücher. Bearbeitet von Hans-Otto Kleinmann, Düsseldorf 1997, S. XVI.
[50] Vgl. Schwarz, Adenauer (Staatsmann), S. 837.

in Frage kam. Denn dann hätte er sich ins Rampenlicht begeben müssen, was ihm aber nicht lag und was er auch partout nicht wollte. Auch Staatsempfänge besuchte er nicht, schon weil er keine Lust hatte, sich dafür einen Frack anzuschaffen. Aber er mochte dergleichen Festivitäten auch nicht, fühlte sich dort chronisch unwohl, las dafür abends lieber Bücher. Krone war ein ganz uneitler Mensch, mit geringem Ehrgeiz und ohne jede Geltungssucht.[51] Würde man ein Buch über die zehn anständigsten, ehrlichsten und honorigsten Spitzenpolitiker in der bundesrepublikanischen Geschichte schreiben wollen, so dürfte Heinrich Krone darin gewiss nicht fehlen.

Nun war allerdings gerade der Mangel an übersteigerten Ambitionen der Grund dafür, dass Krone im Bonn der 1950er Jahre ein mächtiger Mann war. Denn so hatte er viele politische Freunde und Partner, aber keine Feinde. Der Kanzler musste nicht fürchten, von seinem Fraktionschef aus dem Sattel gehoben zu werden. Und die vielen Kanzleraspiranten jener Jahre in der Union, die auf das Ende der Kanzlerschaft Adenauers lauerten, sahen in Krone keinen ernsthaften Rivalen. Das machte Heinrich Krone zum idealen Moderator und Integrator in der damals noch äußerst heterogenen christlichen Union.[52] „Papa Krone" nannten sie den Fraktionschef seinerzeit in der CDU. Auch den Titel „Alleskleber" trug er.[53] Denn wenn in der Christdemokratischen Union etwas in die Brüche zu gehen drohte, dann war es immer Krone, der reparierte, kittete, kleisterte. Schließlich war Krone ein erfahrener Politiker, der schon zu Zeiten der Weimarer Republik parlamentarisch aktiv war. Er war vor 1933 stellvertretender Generalsekretär des Zentrums, auch Mitglied der Reichstagsfraktion, überdies noch erster Vorsitzender der Windthorstjugend, also der Nachwuchsorganisation im politischen Katholizismus gewesen. So verfügte Krone über viele Kontakte, Freundschaften, heute würde man sagen: Netzwerke.

Für Adenauer war Krone Gold wert. Denn spätestens mit der zweiten Legislaturperiode konnte der Bundeskanzler mit seiner Regierungsfraktion keineswegs mehr im Stile eines autoritären Feldherrn umspringen. Die Abgeordneten waren selbstbewusster, auch erheblich störrischer gewor-

---

[51] Ebd., S. 362.
[52] Vgl. Poppinga, S. 100.
[53] Siehe Köhler, S. 1045.

den. So brauchte Adenauer einen Fraktionschef, der ihm loyal ergeben war, der ihn über die Stimmungen und Erwartungen der Parlamentarier verlässlich informierte und der über genügend Autorität wie Bataillone verfügte, um auch nicht ganz populäre Entscheidungen von Kanzler und Kabinett durchzusetzen. So wenig Adenauer mit von Brentano gesprochen hatte, so häufig kam er nun mit Krone zusammen, zu Gesprächen, zu Telefonaten, über Korrespondenzen. Krone also war fest eingebunden in das Kanzlerhandeln, ja er wurde vor allem in den letzten Jahren der Kanzlerschaft Adenauers zu dessen wichtigstem Mann, neben Globke. Krone gehörte zu den ganz wenigen Menschen, die Adenauer auch einmal hart und streng widersprechen durften, wenn es denn geboten war. Krone blieb immer taktvoll, behielt stets die Nerven, geizte mit großen Worten und Gesten.[54] Eben deshalb konnte er sich von Fall zu Fall auch Kritik an Adenauer leisten, weil er sich nicht in den Vordergrund drängte, weil er erkennbar loyal war, weil er auf diese Weise den allein sekundierenden Charakter seiner Arbeit zum Ausdruck brachte.[55]

Krone also war in der Fraktion, was Globke im Kanzleramt war: Diener seines Herrn. Und auch sonst verband Globke und Krone einiges[56]: Beide waren sehr mundfaul, beide waren aber auch außerordentlich aufmerksame Zuhörer; beide waren überaus akkurat; beide ruhten tief in ihrem katholischen Glauben; beide liebten weder Prunk noch Repräsentation. Beide waren durchaus machtbewusst, aber überhaupt nicht an den vorzeigbaren Insignien, an der äußeren Inszenierung der Macht interessiert. Dafür waren sie zu bescheiden, in einer gewissen Weise aber auch zu schlau. Denn sie wussten, dass das ganz ungewöhnliche Ausmaß ihres politischen Einflusses gerade in der demonstrativen Indifferenz gegenüber dem Prunk der Macht lag.

Globke und Krone waren gute Freunde, die mehrere Male am Tage zusammenkamen und sich politisch absprachen. Oft spazierten sie schon am frühen Morgen über den Bonner Venusberg; mitunter trafen sie sich abends noch einmal zum Whisky.[57] Ihre politische Korrespondenz

---

[54] Vgl. Eugen Gerstenmaier, Adenauer und die Macht, in: Blumenwitz, S. 36 ff.

[55] Vgl. Küpper, S. 327.

[56] Vgl. Ulrich von Hehl, Der Politiker als Zeitzeuge. Heinrich Krone als Beobachter der Ära Adenauer, in: Historisch-Politische Mitteilungen 5. 1998, S. 91ff.

[57] Vgl. Bösch, Adenauer-CDU, S. 259.

tauschten sie über Durchschläge miteinander aus. Über Globke und Krone waren die Fraktion und das Kanzleramt, die Exekutive und Legislative eng miteinander verzahnt. Waren Reibungen und Dissynchronitäten zwischen den beiden Ebenen zu befürchten, dann entschärften Globke und Krone in vielen Fällen rechtzeitig das Problem. Im Kanzleramt sprach man in jenen Jahren vom „inneren Kreis", wenn von Globke und Krone die Rede war. Historiker dieser Ära schreiben mitunter auch von einer „Troika"[58], von einem „Machtdreieck"[59] Adenauer-Krone-Globke. Natürlich, der politische Primat in diesem Triumvirat lag eindeutig bei Adenauer, beim Kanzler. Doch Globke und Krone waren die Ingenieure, Techniker und Manager seiner Macht. Ohne sie wäre Adenauer spätestens nach 1957 in schwere Gewässer und schlimme Nöte geraten. Ohne Krone und Globke hätte Adenauer, um den es zum Schluss einsam und kalt wurde, wahrscheinlich nicht bis 1963 die Kanzlermacht halten können.

Nähe und Neurosen der Macht

Damit haben wir die Mitglieder des Küchenkabinetts von Konrad Adenauer ziemlich zusammen. Es reichte von Blankenhorn bis Krone. Und der Begriff des „Küchenkabinetts" war geläufig damals, bei den unteren Chargen des Kanzleramtes, wenn dort die Rede auf die entscheidenden Berater Adenauers kam. An der Spitze des „Küchenkabinetts" standen à la longue unzweifelhaft Krone und Globke, mit denen der Kanzler jeweils schon am frühen Montagmorgen zur ersten Lagebesprechung der Woche zusammenkam. Auch bei seinen regelmäßigen Nachmittagsspaziergängen durch den Garten des Palais Schaumburg begleiteten sie ihn oft, der Staatssekretär dabei häufiger als der Fraktionsvorsitzende. Der Spaziergang war in der Adenauerschen Kanzlerdemokratie einer der wichtigsten Orte politischer Entscheidungsbildung.[60]

---

[58] Frank Bösch, Macht und Machtverlust. Die Geschichte der CDU, Stuttgart-München 2002, S. 84.
[59] Schwarz, Adenauer (Staatsmann), S. 364.
[60] Vgl. Schwarz, Adenauer (Staatsmann), S. 803.

Doch ganz starr und eindeutig war die Hierarchie im Küchenkabinett, war die innere Hackordnung unter den Kanzlerberatern nicht. Das ließ Adenauer nicht zu. Selbst Globke, der Unverzichtbare, sah sich hin und wieder der Ungnade seines Herrn ausgesetzt. Das gehörte zur Herrschaftstechnik Adenauers. Er verteilte die Huld an seine Mitarbeiter von Zeit zu Zeit neu. So schürte er Rivalitäten und Spannungen, stachelte den Ehrgeiz untereinander an – und profitierte davon. Denn jeder aus seiner Gefolgschaft wollte sich hervortun, besondere Leistungen erbringen, besser sein als der Andere, das Wohlgefallen des Meisters finden, Primus werden.[61] Erfunden hatte Adenauer diesen Machtmechanismus nicht. Etliche Führungskräfte operierten so, jedenfalls in früheren Zeiten. Adenauer hielt sich gern an die Schwächen der Menschen, sah scharf ihre Eitelkeiten, ihre Geltungssucht, ihre Gier, zog das alles kalt in sein politisches Kalkül mit ein und nutzte es, wann immer sich dafür eine günstige Gelegenheit bot. Boshaftigkeiten auszuteilen, Indiskretionen im Bedarfsfall zu lancieren, all das war Adenauer eigen. Es war ihm auch nicht fremd, langjährige gute Mitarbeiter ohne jede Sentimentalität fallen zu lassen, wenn er sie nicht mehr gebrauchen konnte oder er ihrer Loyalität nicht mehr recht traute.[62]

Adenauer war misstrauisch. Das war ein prägender Zug seines Wesens.[63] Insofern neigte Adenauer auch dazu, Aufgaben und Informationen nicht freimütig zu delegieren bzw. weiter zu geben, sondern ziemlich nah bei sich zu behalten. Sein Küchenkabinett stöhnte regelmäßig, dass der Kanzler sich oft um Kleinigkeiten kümmerte, dabei dann gerne kleinlich und rechthaberisch auftrat. Adenauer fürchtete, dass andernfalls andere aus seiner Umgebung besser informiert sein könnten als er selbst.[64] Darin sah Adenauer regelrecht eine Bedrohung, deshalb hortete er Informationen, zentralisierte das Expertenwissen bei sich.

Klügere Menschen konnte Adenauer nicht leiden. Schwafler und Schönredner mochte er aber ebenso wenig. Dieser Typus wurde im Kanzleramt nicht alt. Wer außer Stande war, eine schriftliche Stellungnahme auf ein bis zwei Seiten zu komprimieren, wem es nicht gelang,

---

[61] Vgl. Baring, Außenpolitik, S. 20; Küpper, S. 94.
[62] Wilhelm G. Grewe, in: Schwarz, Regierungsstil, S. 146 f.
[63] Vgl. von Sternburg, Adenauer, S. 65.
[64] Vgl. Horst Osterheld, Konrad Adenauer – Ein Charakterbild, München 1995, S. 47.

seine Gedanken klar, prägnant und pointiert vorzutragen, hatte bei Adenauer keine Chance.[65] Willy Brandt später hatte ein Faible für das Abwägende, das mitunter unentschiedene „Sowohl als Auch"; Adenauer präferierte die eindeutige, scharf kontrastierende Alternative, das zwingende „Entweder-Oder". Brandt erfreute sich am Sprachwitz, an kunstvollen Formulierungen, an literarischen Wortspielen; Adenauer zog die knappe Lakonie vor. Großspuriges Pathos und schöngeistiges Epos waren ihm im politischen Tagesgeschäft verhasst.

Es war eben kein Zufall, dass die beiden Männer im Zentrum des Küchenkabinetts, Krone und Globke, eher wortkarge Männer waren. Kein Zufall war sicher auch, dass beide tiefgläubige Katholiken waren. Auf diesem festen normativen Grund standen sie gemeinsam mit ihrem Kanzler; das verband sie. Im Übrigen bestand das Küchenkabinett Adenauers ausschließlich aus Männern; anderes wäre in jenen Jahren noch unvorstellbar gewesen. Alle Küchenkabinettsmitglieder waren intelligente, belesene, auch selbständige Personen. Hervorstechend war ihre beruflich-fachliche Tätigkeit, während sie politisch – im genuinen Sinne – eher weniger ambitioniert waren.[66] Sie waren leistungsstark, hochbelastbar, aber politisch doch ganz auf den Primat des Einen, des Kanzlers bezogen. Insofern waren sie – mit der einen bezeichnenden Ausnahme von Lenz, der daher auch früher als alle anderen aus dem inneren Zirkel der Macht ausschied – allesamt Administratoren, Techniker der Politik, Verwalter der Macht, nicht so sehr Politiker mit großen Zielen und weiten Visionen selbst. Der politische Eros ihrer Tätigkeit lag gleichsam im Körperkontakt, in der unmittelbaren Nähe zur Macht. Sie hatten jederzeit Zugang zum Kanzler, waren von Beginn an in die großen staatspolitischen Vorgänge und Entscheidungen eingeweiht. Küchenkabinettler waren zwar nicht prominent, sie fielen in keinem Restaurant auf; aber auf sie hörte der Kanzler der deutschen Bundesrepublik.

Vor allem tat er das in Gesprächen unter vier Augen. Für die Mitglieder des Küchenkabinetts war das jedenfalls die günstigste Kommunikations- und Beratungssituation.[67] In größeren Kreisen reagierte der

---

[65] Osterheld, S. 46.
[66] Vgl. Neumaier, S. 115.
[67] Vgl. Poppinga, S. 132; Heinrich Krone, Konrad Adenauer. Im Gespräch mit einem großen Politiker und tiefen Menschen, in: Blumwitz, S. 118; Küpper, S. 115.

Kanzler empfindlich, schnell ungehalten und schroff auf Kritik. Im Zwiegespräch aber war er offen und großzügiger. Hier konnte man Einsprüche vorbringen, hier konnten zuweilen auch Korrekturen am bisherigen Weltbild des Kanzlers gelingen. Dieser Konnex mit dem Kanzler und so mit der politischen Macht war das Rauschmittel für die Küchenkabinettsmitglieder. Deshalb opferten sie viel an Familienleben, Privatheit, Freizeit. Im Grunde blieb dafür nichts mehr übrig. Der 16-Stunden-Tag war im Kanzleramt eher die Regel als die Ausnahme. Und selbst wenn man spät abends zu Hause angekommen war, musste man jederzeit noch mit einem Anruf des Kanzlers und einem eiligen Auftrag rechnen.[68] Regierungschefs pflegen mit ihren engsten Mitarbeitern eben nicht sehr schonungsvoll umzugehen.[69] Freundschaftlich näher kamen sich dabei Adenauer und seine Berater nicht. Adenauer achtete sorgfältig auf Distanz, wahrte auch noch nach langen gemeinsamen Arbeitstagen, selbst an erfolgreichen Wahlabenden den Abstand.[70] Mit Lob geizte er chronisch.[71] Und das „Du" bot er keinem seiner Getreuen jemals an, auch Hans Globke nicht, der sich für den Kanzler nachgerade aufrieb.[72]

Deutsch-amerikanisch-jüdischer Brieffreund: Dannie Heinemann

Das Privileg des „Du" erhielt nicht einmal Dannie Heinemann, einer der allerbesten Freunde, die Adenauer besaß.[73] Adenauer war kein Mann der Freundschaften. Die Familie war wichtig, aber an freundschaftlichen Bindungen war ihm nicht viel gelegen. Von zwei Freunden Adenauers wird dennoch berichtet: eben von Dannie Heinemann und Robert Pferdmenges. Im engeren Sinne gehörten natürlich beide nicht zum Küchenka-

---

[68] Vgl. Küpper, S. 96 ff.
[69] Vgl. Osterheld, S. 43 ff.
[70] Vgl. Köhler, S. 782.
[71] Vgl. Schwarz, Adenauer (Staatsmann), S. 92.
[72] Vgl. auch Bösch, Adenauer-CDU, S. 260.
[73] Zu diesem Kapitel über Heinemann vgl. Hans-Peter Schwarz, Dannie N. Heinemann und Konrad Adenauer im Dialog (1907-1962), in: Staat und Parteien. Festschrift für R. Morsey zum 65. Geburtstag, Berlin 1992, S. 803 ff.

binett des Kanzlers. Aber sie waren doch wesentliche Berater, auf deren Wort Adenauer besonders viel gab.

Dannie Heinemann war vier Jahre älter als Adenauer. Beide lernten sich bereits vor dem Ersten Weltkrieg kennen; und ihr Kontakt hielt ein Leben lang. Heinemann war jüdischer Herkunft, in North Carolina geboren und in Hannover aufgewachsen. Er war Ingenieur, wurde zu einem bedeutenden Unternehmer der europäischen Elektrizitätswirtschaft, war sehr wohlhabend, ein emsiger Sammler von Goethe-Manuskripten und Konzertpartituren. Vor allem war er höchst kontakt- und reisefreudig. Heinemann war ständig unterwegs, kannte etliche Persönlichkeiten aus der Wissenschaft, der Wirtschaft und der internationalen Politik. Von ihm erfuhr der Lokalpolitiker Adenauer bis 1933, was in der Welt vorging. Die Freundschaft zwischen Heinemann und Adenauer bewährte sich unmittelbar nach der nationalsozialistischen Machtübernahme. Adenauer geriet, da man ihm die Konten vorübergehend sperrte, anfangs in arge finanzielle Nöte, auch in eine schwierige gesellschaftliche Isolation. Die meisten Bekannten zogen sich nach dem 30. Januar von der Adenauerfamilie zurück, mieden sie. Heinemann war einer der ganz wenigen, die Adenauer in dieser prekären Situation nicht allein ließen, ihm mit finanziellen Zuwendungen unter die Arme griffen. Das machte die freundschaftliche Bindung, die zwischen Adenauer und Heinemann bestand, substanziell und auch für die nächsten Jahrzehnte stabil. Doch war diese Freundschaft im Grunde eine – wenn auch intensive – Briefverbindung. Zwar war Heinemann nach 1945 hin und wieder auf Kurzbesuch in Bonn. Auch ließ Adenauer bei seinen USA-Reisen als Kanzler kein Zusammentreffen mit Heinemann aus. Aber das konstitutive Medium zwischen den beiden war doch der Brief. Heinemann schrieb seine Gedanken, Überlegungen und Ansichten oft auf etliche Seiten Briefpapier. Er porträtierte und interpretierte wichtige Persönlichkeiten der Politik, denen er – aber eben nicht unbedingt der gelernte Kommunalpolitiker Adenauer – häufig begegnet war; und er gab dem deutschen Kanzler ebenfalls Nachhilfe in Ökonomie und den Bewegungen auf den Finanzmärkten. Da Adenauers politischer Aktionsradius viele Jahrzehnte allein lokal und regional begrenzt war, da er überdies von wirtschaftlichen Dingen wenig verstand, eben deshalb zog er einigen Nutzen aus den Lebenserfahrungen seines Brieffreundes. Mit „lieber Freund" wurde die Korrespondenz zwi-

schen den beiden auch eingeleitet, bis zum „Du" sollte die Vertrautheit
jedoch niemals führen.

Finanzmagier und Duzfreund: Robert Pferdmenges

Auf „Du" und „Du" war Konrad Adenauer allein mit dem Kölner Bankier
Robert Pferdmenges. Und selbst in diesem Fall mussten die beiden erst
über 80 Jahre alt werden, bis es zur vertraulichen Form der Anrede zwischen ihnen kam. Erzählt jedenfalls wird, dass Adenauer seinem jahr-
zehntelangen Weggefährten das „Du" an seinem 85. Geburtstag, am
5. Januar 1961, angeboten habe.[74] Seither gilt Pferdmenges den Histori-
kern als einziger richtiger Freund des ersten deutschen Bundeskanzlers.
Allein Arnulf Baring blieb misstrauisch. Nach seinem Eindruck war A-
denauer durchweg unfähig zu Freundschaft, da er sich nur mit Menschen
zusammen getan hatte, die ihm in irgendeiner Weise nützlich gewesen
waren.[75]

Gleichviel. Nützlich war Robert Pferdmenges ohne Zweifel über
viele Jahrzehnte. Man kann es aber auch ein wenig anders ausdrücken
und gewichten: Er half Adenauer oft genug in der Not; war auch dann zur
Stelle, wenn andere sich verdrückt hatten; spendete Trost und materiellen
Beistand, als es ganz schwierig stand für die Familie Adenauer.[76] Das
mag dann doch am Ende so etwas wie freundschaftliche Gefühle beim
kühlen Adenauer ausgelöst haben. Pferdmenges war wichtig für Adenauer, schon in den Weimarer Jahren. Der Kölner Bankier war der große
Geldeintreiber für den Kölner Politiker. Er sammelte in den 20er Jahren
Spenden für den Neubau der Kölner Universität, mit dem sich der Oberbürgermeister Adenauer ein Denkmal setzen wollte. Als Adenauer 1930
durch Fehlspekulation am Aktienmarkt sein gesamtes Vermögen verlor,
soll es – so wurde es wieder und wieder kolportiert – unter anderem auch
Pferdmenges gewesen sein, der ihm durch undurchsichtige Kontenver-

---

[74] Vgl. Poppinga, S. 459; Küpper, S. 423.
[75] Zit. bei Christoph Silber-Bonz, Pferdmenges und Adenauer: Der politische Einfluss des Kölner
Bankiers, Bonn 1997, S. 66.
[76] Vgl. zu diesem Kapitel insgesamt Silber-Bonz.

schiebungen die verheerenden Verluste kompensiert hatte. Doch haben Historiker für die Beteiligung Pferdmenges an diesen Transaktionen Beweise in den Archiven nicht finden können. Belegt hingegen ist, wie sehr sich die Familie Pferdmenges in den nationalsozialistischen Jahren um die Familie Adenauer gekümmert hatte. Dies dürfte schon ein recht sicheres Fundament für das gelegt haben, was man als freundschaftliche Beziehung bezeichnen mag.

Doch gewiss blieb diese Beziehung für Adenauer immer auch nützlich. Politisch konnte Adenauer Pferdmenges nach 1945 für sein bürgerlich-interkonfessionelles Sammlungskonzept gut einsetzen. Schließlich sollte die neue christdemokratische Union keine Neuauflage des alten Zentrums werden, sondern die bürgerlich-protestantischen Kreise mit einschließen. Dazu aber benötigte Adenauer gerade in der Anfangs- und Aufbauzeit der CDU, als ihr katholischer Kern noch dominant war, Symbolfiguren bzw. Brückenköpfe in den bürgerlich-evangelischen Milieus. Aus diesem Grunde ermunterte und drängte Adenauer den Kölner Bankier und frommen Protestanten, in die Politik zu gehen, in die CDU einzutreten und ein Abgeordnetenmandat im deutschen Bundestag anzustreben. Pferdmenges wurde gewissermaßen zu einem Türöffner für Adenauers Vorstoß in das bürgerliche und protestantische Deutschland.[77]

Und Pferdmenges besorgte ihm das Geld. Bürgerliche Parteien sind aus sich heraus finanziell merkwürdigerweise chronisch klamm. Bürgerliche Parteien haben oft wenig Mitglieder; und die wenigen Mitglieder zahlen überwiegend äußerst ungern Parteibeiträge. So ging es auch der CDU in der Adenauer-Ära. Dass sie sich dennoch große und erfolgreiche Wahlkampfschlachten mit den Sozialdemokraten liefern konnte, hatte die Adenauer-CDU hauptsächlich Robert Pferdmenges zu verdanken, der 1949, 1953, 1957 und 1961 unermüdlich und mit großem Erfolg Spenden aus Industrie- und Bankenkreisen akquirierte. Auch der hauptamtliche Mitarbeiterstab, über den die CDU verfügte, wäre ohne die Finanzierungskünste von Pferdmenges nicht zu unterhalten gewesen. Pferdmenges war nicht der offizielle, so aber doch der geheime, mächtige Schatzmeister der deutschen Christdemokratie in den 1950er Jahren.

---

[77] Vgl. Schwarz, Adenauer (Aufstieg), S. 489; Köhler, S. 384.

So spann sich eine Aura des Geheimnisvollen um die Person von Robert Pferdmenges. Die einen nannten ihn „Multimillionär"; andere bezeichneten ihn gar als „reichsten Mann" der Republik. Genaues wusste niemand. Denn Pferdmenges war – das verband ihn mit Globke und Krone – ebenfalls ein hartnäckiger Schweiger. Die Journalisten bekamen nicht viel aus ihm heraus. Er war äußerst diskret, verhielt sich in der Öffentlichkeit eher bescheiden, exponierte sich zumindest nicht durch Prunk und Protz.[78] Und auch im Plenum des deutschen Bundestages, dem er von 1950 bis zu seinem Tod 1962 angehörte, war er nicht zu hören. Nur einmal überhaupt musste er, mehr übel als wohl, eine Rede halten: als Alterspräsident zur Eröffnung der 4. Legislaturperiode Mitte Oktober 1961. Ansonsten aber operierte er nur aus dem Hintergrund. Er galt daher wie Globke als „graue Eminenz" Adenauers, mehr noch: als ein machtvoller, finanzkapitalistischer Drahtzieher der Politik in jenen Jahren der ersten bundesdeutschen Kanzlerschaft.[79]

Aber eine Pferdmenges-Globke-Republik war es nicht, in der die Bundesdeutschen in den Aufbaujahren der zweiten deutschen Demokratie lebten. Es war schon eine Adenauer-Republik, wenn man es denn personalisieren möchte. Gewiss, Pferdmenges durfte sich bei Adenauer mehr herausnehmen – an leisen Rügen und dezidierten Ratschlägen – als jeder andere; und ohne Zweifel war der Bankier in wirtschaftspolitischen Fragen der bevorzugte Experte des Kanzlers. Aber das politische Vollzugsorgan des finanzkapitalistischen Magiers war Adenauer ebenso sicher nicht. Die großen Linien der Politik zog Adenauer selbst, nicht der Bankier und Hinterbänkler im Bundestag. Als Ratgeber für die Außenpolitik war Blankenhorn wichtiger; für die Innenpolitik war es Globke; beim Management zwischen Regierung und Fraktion kam es zuvörderst auf Krone an. Überhaupt war Pferdmenges nicht so sehr der Typus des machtehrgeizigen Intriganten, zielsicheren Strippenziehers; er war eher ein leiser Mittler, Makler und auch Schlichter von Disputen, in die der streitlustige Kanzler nur zu schnell hineingeriet.[80] Pferdmenges hatte oft zwischen verschiedenen Bundestagsabgeordneten ausgleichend vermittelt, auch zwischen der Bundestagsfraktion der Union und dem Kanzler-

---

[78] Walter Henkels, Lokaltermin, S. 196.
[79] Vgl. auch Küpper, S. 424; Henkels, Lokaltermin, S. 195.
[80] Henkels, Lokaltermin, S. 195.

amt moderiert. Vor allem hatte er versucht, die Spannungen zwischen dem Bundeskanzler und seinem Wirtschaftsminister zu dämpfen. Ohne Pferdmenges – und Krone – hätten es Adenauer und Erhard nach 1959 wohl nicht noch einige Jahre gemeinsam in der Regierung ausgehalten.

Am Ende blieb nur Globke: Der Zerfall des Küchenkabinetts

Dass allerdings aus den chronischen Spannungen zwischen Adenauer und Erhard ab 1959 ein ziemlich offenes Zerwürfnis wurde, dafür trug Pferdmenges, wenn auch ganz unbeabsichtigt, eine gewisse Verantwortung. 1959 war kein gutes Jahr für Adenauer und sein Küchenkabinett. Es war in der Tat eine Art Scheitelpunkt in der Regierungszeit Adenauers, war der Beginn der Kanzlerdämmerung, die sich nun noch vier quälende Jahre hinzog. Das Küchenkabinett des Kanzlers war nicht mehr auf der Höhe; und es wurde danach auch nicht mehr besser. Die politische Großposse des Jahres 1959 ist oft genug erzählt worden. Erst wollte Adenauer Bundespräsident werden; dann wollte er es plötzlich nicht mehr. Am Ende dieses für das Publikum ziemlich unvermittelten Hin und Hers war viel zerbrochen: das Ansehen des Bundespräsidentenamtes, aber auch die Autorität des Kanzlers, schließlich das zuvor schon nicht ganz unkomplizierte Verhältnis zwischen der Bundestagsfraktion der christlichen Union und dem Regierungschef. Und das Drama begann mit Pferdmenges. Schon 1957, nachdem die CDU/CSU ihre grandiose absolute Mehrheit bei den Bundestagswahlen geholt hatte, riet Pferdmenges Adenauer, das Amt des Bundespräsidenten anzustreben. Pferdmenges ließ sich dabei weniger von politischen Erwägungen leiten; ihm machten Gesundheit und Alter des Freundes Sorgen. Auch Adenauers Familie dachte so und unterstützte den Bankier. Die gleiche Auffassung vertrat ebenfalls Herbert Blankenhorn, Chefberater der ersten Stunde, der sich allerdings hütete, mit einer Empfehlung beim Kanzler vorzupreschen, da er fürchtete, vom notorisch misstrauischen Adenauer des Komplotts bezichtigt zu werden.[81] Blankenhorn überließ das Feld lieber Pferdmenges, der sich als einziger in solch heiklen Situationen Courage leisten konnte. Der Bankier

---

[81] Vgl. Schwarz, Adenauer (Staatsmann), S. 512.

nutzte dann die Feier seiner Goldenen Hochzeit Ende März 1959, um seinen prominentesten Gast, eben den Kanzler der Bundesrepublik Deutschland, erneut zur Kandidatur für das Bundespräsidentenamt zu bewegen.[82] Kurz darauf suchten einige Granden der CDU/CSU das Palais Schaumburg auf, um den Kanzler ebenfalls für diese Lösung zu gewinnen. Einer der Wortführer war Heinrich Krone, der offenkundig den Eindruck erweckte, als könne in einem solchen Falle der von Adenauer präferierte Franz Etzel Kanzlernachfolger werden und nicht Ludwig Erhard. Adenauer jedenfalls wollte die Einlassungen Krones so verstanden haben. Und daher willigte er ein.

Doch die Bundestagsfraktion der Union sah die Dinge natürlich anders.[83] Ihre Wahllokomotive war der populäre Wirtschaftsminister; mit ihm als Kanzlerkandidaten – und nicht mit dem spröden, kaum bekannten Franz Etzel – wollte sie in den nächsten Bundeswahlkampf ziehen. Als Adenauer realisierte, dass alles auf Erhard zulief, den er besonders außenpolitisch für rundum unfähig hielt, rückte er jählings von seiner Kandidatur für die Heuss-Nachfolge ab. Wochenlang war er bitterböse und gallig mit seinem Umfeld, besonders mit Heinrich Krone, von dem er sich „erdolcht" fühlte. Aber auch Pferdmenges bekam den lang anhaltenden Zorn des Kanzlers heftig zu spüren. In der Tat war das Echo in den Medien auf das Präsidentschaftswirrwarr verheerend. Auch im bundesdeutschen Volk wuchs nun rapide der Eindruck, dass der Alte im Kanzleramt allmählich senil werde. Und zwischen Erhard und Adenauer wucherte der Kleinkrieg hernach unerbittlich weiter. Das Küchenkabinett Adenauers und der Kanzler selbst hatten beim politischen Management dieser Angelegenheit erstmals sichtbar auf der ganzen Linie versagt.

Aber natürlich: Viel war vom Küchenkabinett sowieso nicht übrig geblieben. Und die Erosion vollzog sich weiter. Lenz war der erste, der 1953 hatte gehen müssen; dann verschwand Blankenhorn Mitte der 1950er Jahre nach Paris. Ab 1958 war Hallstein als Präsident der EWG-Kommission nach Brüssel abgewandert. 1962 wechselte von Eckhardt als Bevollmächtigter des Bundes nach Berlin. Und Krone amtierte seit 1961 zumindest nicht mehr als Fraktionsvorsitzender. Zum Schluss hatte Adenauer nur noch Hans Globke, der die ganze Last der Kanzlermacht mit

---

[82] Vgl. Silber-Bonz, S. 73; Koerfer, S. 268 u. 356; Krone-Tagebücher, S. 348.
[83] Vgl. Krone-Tagbücher, S. XV.

einer ungeheuren Disziplin trug, aber stets am Rande völliger Erschöpfung stand, krank und aufgezehrt.[84] Und er hatte es mit einem Regierungschef zu tun, der immer unleidlicher wurde, noch starrsinniger als zuvor, der grantig und rechthaberisch auftrat, damit viele vor den Kopf stieß. Am Ende schleppte sich Globke ins Ziel, demissionierte sofort mit dem Kanzler, als der 1963 das Amt räumte.

Küchenkabinette verschleißen sich eben. Es geht an die Substanz, nahezu Tag und Nacht für einen Bundeskanzler verfügbar sein zu müssen. Küchenkabinettsmitglieder sind in der Regel alle hochintelligent, müssen oft genug elementare Entscheidungen treffen, zumindest Weichen stellende Ratschläge für die Zukunft der Nation geben, aber sie sind und bleiben doch immer, Tag für Tag, subalterne Gestalten in der Hierarchie der Macht. Dies alles zusammen belastet enorm die Physis wie die Psyche. Viele Küchenkabinettsmitglieder tragen und schleppen Krankheiten mit sich herum. Irgendwann ist das Limit der Belastbarkeit erreicht. Der Erste geht; andere folgen dann bald. Der Kreis der Vertrauten um den Kanzler wird kleiner. An neue Leuten in ihrem engsten Umkreis können sich die meisten Regierungschefs nicht gut gewöhnen. Es wird daher irgendwann einsam um sie. Der Kontakt zur Außenwelt wird enger, verzerrter, selektiver, unrealistischer. Es geht dann politisch unweigerlich zu Ende mit den Kanzlerschaften.

Eben so passierte es auch in den letzten Jahren der Adenauer-Ära. Die Beratercrew aus der erfolgreichen Gründerzeit der Bonner Republik zerfiel. Vor allem lockerte und löste sich das politische Bindeglied, das alle zunächst einträchtig verbunden hatte: die gemeinsame west- und europapolitische Grundorientierung. Blankenhorn und von Eckardt verfolgten neue ostpolitische Überlegungen, was Hallstein schroff ablehnte und der Kanzler, Globke wie auch Krone zumindest misstrauisch beobachteten.[85] Erst recht hatte der Kanzler die meisten seiner alten Berater in der neuen Frankreichpolitik der frühen 1960er Jahre gegen sich. Hier zogen Hallstein und Blankenhorn am gleichen Strick; sie hegten beide ziemlichen Argwohn gegen de Gaulle, dem neuen bevorzugten Freund ihres früheren Chefs. So existierte zum Schluss der Amtszeit Adenauers

---

[84] Vgl. Osterheld, S. 119; Schwarz, Adenauer (Staatsmann), S. 477 u. 711.
[85] Vgl. auch Schwarz, Adenauer (Staatsmann), S. 374 u. 712; ders., Geschichte der Bundesrepublik Deutschland: Die Ära Adenauer: Epochenwechsel. 1957-1963, Stuttgart 1983, S. 295.

auch kein Küchenkabinett mehr. So gab es am Ende keine intensive, differenzierte Beratung des Kanzlers mehr. Es blieb lediglich Globke. Und der war heilfroh, als er 1963 die Bürde endlich ablegen durfte.

III Durch die Brigade „verberatet"?
Ludwig Erhard

Über Ludwig Erhards Scheitern als Kanzler haben sich schon viele Autoren Gedanken gemacht.[86] Und die Vorwürfe sind ja auch nicht unberechtigt: Erhard habe außenpolitisch den falschen Kurs gesteuert, innenpolitische Reformen nicht verwirklichen können, die Regierungsgeschäfte zu sehr treiben lassen. Er habe die Fraktion vernachlässigt, die CSU und ihren Vorsitzenden Franz Josef Strauß wie auch Teile der CDU um deren Parteichef Konrad Adenauer zu sehr an seinem Stuhl sägen lassen, die Konkurrenten Eugen Gerstenmaier und Gerhard Schröder unterschätzt, überhaupt zu viele „Nebenmächte"[87] zugelassen. Mit diesen wenigen Stichworten wird schon klar: Es fällt leicht, auf dem Bundeskanzler Ludwig Erhard herumzuhacken, seine Fehler auszumachen, ihn gleichsam als einen der weniger wichtigen Regierungschefs abzutun. Doch auch wenn Erhard persönlich viele Fehler gemacht hat, die ihn schließlich die Macht im Kanzleramt kosteten: Warum haben ihn seine zahlreichen Berater nicht vor seinem Absturz nach den Bundestagswahlen 1965 bewahren können? Trifft sie gar die Hauptschuld für den Niedergang des Kanzlers, der als Wirtschaftsminister einst so populär gewesen war?

---

[86] Vgl. Klaus Hildebrand, Von Erhard zur Großen Koalition: 1963-1969, Geschichte der Bundesrepublik Band 4, Stuttgart 1984; Heinrich Oberreuter, Führungsschwäche in der Kanzlerdemokratie: Ludwig Erhard, in: Manfred Hättich / Manfred Mols (Hg.), Normative und institutionelle Ordnungsprobleme des modernen Staates. Festschrift zum 65. Geburtstag von Manfred Hättich, Paderborn u.a. 1990, S. 214-235, und Volker Hentschel, Ludwig Erhard. Ein Politikerleben, Berlin 1998.
[87] Oberreuter, S. 229.

Frühe Formierung: In Erhards Kern-Team ergänzen sich die Fähigkeiten der Mitarbeiter

Blicken wir in die Zeit zurück, in der Erhard damit begann, sein Küchenkabinett zu bilden: seine Zeit als Bundeswirtschaftsminister. Bezeichnenderweise war es Konrad Adenauer, der den ersten Berater Erhards auswählte. Unzufrieden mit Erhards Arbeitsweise suchte der Kanzler im Herbst 1950 nach einem tüchtigen Staatssekretär für seinen Wirtschaftsminister. Nach einigem Zögern erklärte sich Ludger Westrick, Finanzdirektor der Kohlebergbauleitung, bereit, den Posten zu übernehmen. „Adenauer dachte, Westrick als Mann seines Vertrauens ins Wirtschaftsministerium zu entsenden und Erhard damit Harm anzutun, tatsächlich tat er Erhard einen Gefallen, indem er ihm willentlich einen tüchtigen Verwaltungschef und unwillentlich den engsten, nicht bedingungslos ergebenen, aber absolut verläßlichen Berater in den weiteren anderthalb Jahrzehnten seiner politischen Laufbahn verschaffte."[88] Westrick verstand viel von Wirtschaft, hatte aber nicht die zupackende Rhetorik, die Erhard auszeichnete. Er koordinierte in der Frühphase Erhards Politik, suchte den Kontakt zu Fraktion und Partei (denen er nicht angehörte), baute seinen Minister auch psychologisch immer wieder auf, wenn der von Adenauer gekränkt wurde.[89] Zu ihm entwickelte Erhard offenbar auch ein persönliches Verhältnis,[90] was sonst nicht gerade seine Stärke war.

Ab 1951 hatte Westrick dabei den Mann zur Seite, der „wohl der bedeutendste Zuarbeiter"[91] Erhards werden sollte: Karl Hohmann. Der Verwaltungsfachmann hatte wie Westrick keinerlei politische Erfahrungen, bewunderte aber seinen Chef und blieb Erhard bis zu dessen Tod treu ergeben.[92] Hohmann war zunächst für zwei Jahre Persönlicher Referent Westricks, bevor er als Pressechef, Büroleiter und Persönlicher Referent für Ludwig Erhard tätig wurde. Hohmann ist die Schlüsselfigur in

---

[88] Hentschel, S. 196.

[89] Vgl. Koerfer, S. 125.

[90] Vgl. Mainhardt Graf von Nayhauß, Bonn vertraulich, Bergisch Gladbach 1986, S. 34.

[91] Walter Henkels, Lokaltermin in Bonn. Der „Hofchronist" erzählt, Stuttgart / Hamburg 1968, S. 110.

[92] Hohmann war einer der Mitbegründer der Ludwig-Erhard-Stiftung, sorgte etwa mit zahlreichen Publikationen für die nachträgliche Mystifizierung Erhards und war sogar an Erhards Sterbebett bei ihm (vgl. Walter Henkels, Keine Angst vor hohen Tieren, Frankfurt am Main u.a. 1979, S. 48).

Erhards Küchenkabinett. Wer dessen Regierungspolitik verstehen will, kann dies nicht ohne Kenntnis der Person Hohmann.

Ergänzt wurde das Duo um den Wirtschaftsminister schließlich von Alfred Müller-Armack, der den Begriff und das Konzept der Sozialen Marktwirtschaft entscheidend mitgeprägt hatte. Der Professor für Nationalökonomie stieg 1952 als Leiter der wirtschaftspolitischen Grundsatzabteilung in Erhards Boot und übernahm seine Ämter mit „der Autorität eines Hochschullehrers"[93]. Die Macht- und Aufgabenverteilung der drei „engsten Vertrauten des Wirtschaftsministers"[94] blieb bis zum Ende der 50er Jahre klar und übersichtlich. Müller-Armack war für die wirtschaftspolitischen Konzeptionen zuständig, Westrick besorgte die Kontakte zur Regierungskoalition sowie zum Kanzler, und Hohmann war für die Außendarstellung des Wirtschaftsministers zuständig. Keine Frage: das Dreierteam Westrick, Müller-Armack, Hohmann war ein funktionierendes Küchenkabinett.

In seinem Ministerium sicherte Erhard sich die Loyalität der Beamten durch seine „unbeirrbare Standfestigkeit"[95] in der Wirtschaftspolitik. Gerade in den frühen Jahren der Bundesrepublik waren die Mitarbeiter einem starken Außendruck von Presseorganen, Interessengruppen und nicht zuletzt vom Kanzler selbst ausgesetzt. Das erhöhte die innere Loyalität und das Selbstbewusstsein im Wirtschaftsministerium nur noch mehr.[96] Und Erhard profitierte davon.

Dadurch dürfte auch die Gründung der „Brigade Erhard"[97] möglich geworden sein. Denn dieser rund um das Dreierteam gescharte „Debat-

---

[93] Ludwig-Erhard-Stiftung (Hg.), Ludwig Erhard und seine Politik. Eine Veranstaltung der Ludwig-Erhard-Stiftung Bonn am 24. Mai 1984, Stuttgart / New York 1985, S. 6.

[94] Koerfer, S. 117.

[95] Volkhard Laitenberger, Ludwig Erhard. Der Nationalökonom als Politiker, Göttingen / Zürich 1986, S. 87.

[96] Im Bundeswirtschaftsministerium herrschte eine ganz eigene Atmosphäre. „Wer hier tätig war, identifizierte sich viel stärker mit dem Ressortchef, fühlte sich seiner Sache, der Sozialen Marktwirtschaft, weit enger verbunden, als dies in anderen, weniger im Licht des öffentlichen Interesses stehenden Ministerien der Fall sein konnte." (Koerfer, S. 104).

[97] „In Anlehnung an die `Brigade Ehrhardt´, das am Kapp-Lüttwitz-Putsch im März 1920 beteiligte Freikorps des Korvettenkapitäns a. D. Hermann Ehrhardt, hatte ein Spaßvogel unter den Bonner Journalisten Mitte der fünfziger Jahre dieser Gruppenbezeichnung zu neuem Leben verholfen. Mit dem historischen Vorbild hatte der damit umschriebene Kreis natürlich nichts gemein." (Koerfer, S. 153 f.).

tierklub"[98] bestand aus etwa zehn CDU/CSU-Bundestagsabgeordneten, die wirtschaftspolitisch zu Erhards engsten Mitstreitern gehörten. Sie berieten ihn allerdings nicht direkt. In ihrem Zirkel wurden eher Fachdiskussionen geführt, die sich nicht selten in Spezialfragen verfingen. Hohmann war dabei „der eigentliche Koordinator der Brigade Erhard"[99]. Durch seine Initiative stießen auch immer wieder Journalisten zur Brigade, die aber weder ein reiner think tank noch eine machtvolle Interessenvertretung waren. Hohmann verstand es als „Bannerträger der Brigade Erhard"[100] nicht, die Brigade zu Erhards Hausmacht auszubauen, die ihm in der Fraktion oder in der Partei dauerhaft Rückendeckung verschafft hätte.

Dabei war gerade Hohmanns Zielsetzung ganz eindeutig: Er wollte Erhard ins Kanzleramt bringen. Schon 1953 hatte der Wirtschaftsminister seinem Staatssekretär Westrick anvertraut, er wolle eines Tages ins Palais Schaumburg übersiedeln. Hohmann sah seine Aufgabe darin, diesen Plan presse- und wahlkampftechnisch in die Tat umzusetzen. Schon 1957 versuchte der damalige Pressereferent, Erhard zumindest schon als Vizekanzler in der Kampagne in den Vordergrund zu rücken.[101] Hier zeigten sich zum ersten Mal die wahren Fähigkeiten Hohmanns. Ihm gelang es, das nun positive Bild des Wirtschaftsministers in der Öffentlichkeit zu verfestigen.[102] Seine „geschickte Wahlstrategie"[103] zahlte sich aus: An Erhard führte in diesen Jahren kein Weg vorbei. Und als Adenauer in der Präsidentenkrise Erhard auf den Posten des Bundespräsidenten abschieben wollte, war es Hohmann, der seinen Chef davon abbrachte, dieses Angebot anzunehmen.[104] Auch gegen Einflussversuche Adenauers auf ihn selbst verwahrte sich Hohmann.[105] Als 1961 Adenauers Regentschaft deutlich dem Ende entgegen ging, ließ Hohmann seine Kontakte spielen. Über den von Erhard sehr geschätzten Chef des emnid-Instituts Karl-Georg von Stackelberg ließ er Umfragen erstellen, die schon im April

---

[98] Koerfer, S. 155.
[99] Koerfer, S. 164.
[100] Henkels, Keine Angst, S. 55.
[101] Vgl. Laitenberger, Erhard, S. 141.
[102] Vgl. Koerfer, S. 186.
[103] Koerfer, S. 466.
[104] Vgl. Laitenberger, Erhard, S. 149.
[105] Vgl. Koerfer, S. 468.

1961 signalisierten, dass zwei Drittel der Deutschen Adenauer nicht mehr als Kanzler behalten wollten.[106] Dabei ignorierte Hohmann die Stimmen in der Öffentlichkeit, wie etwa die des Journalisten Johannes Gross, der schrieb, auch Freunde seien von Erhards Kanzlerqualitäten nicht überzeugt.[107] Letztlich gelang es Hohmann, seinem Chef zum Aufstieg zu verhelfen: 1963 wurde Ludwig Erhard zweiter deutscher Bundeskanzler.

Zu diesem Zeitpunkt war Erhards erster fachlicher Berater schon nicht mehr an Bord. Der seit 1958 neben Westrick als zweiter Staatssekretär amtierende wirtschaftspolitische Vordenker Alfred Müller-Armack war „auf eigenen Wunsch und im Innersten doch unwillig"[108] als Professor an die Universität zurückgekehrt. Müller-Armack, den Erhard schon seit den 30er Jahren kannte, hatte die Grundsatzabteilung des Wirtschaftsministeriums zu einem „intellektuellen Zentrum"[109] ausgebaut. Müller-Armack kam zunächst mit Kanzler, Finanzminister und auch mit Erhard gut klar. Nur sein Verhältnis zu den anderen Abteilungen im Ministerium und insbesondere zu Ludger Westrick war angespannt. Das lag auch daran, dass Müller-Armack Westricks Autorität als Staatssekretär nicht anerkannte und Westrick dem Professor den unmittelbaren Zugang zu Erhard versperren wollte. Auch fachlich lagen die beiden über Kreuz. Müller-Armack dachte in wirtschaftspolitischen Dingen europäischer als Westrick. Auch deswegen war Müller-Armack im Zuge des Aufbaus der EWG und des gemeinsamen Marktes häufig in Brüssel.[110] Westrick versuchte derweil Erhard auf seine Linie zu bringen, was ihm auch teilweise gelang. Erhard versuchte den schwelenden Konflikt seiner zwei zu diesem Zeitpunkt wichtigsten Berater zu lösen, indem er sie formal gleichstellte. Er berief Müller-Armack zum Staatssekretär und unterstellte ihm dazu die neugeschaffene Europa-Abteilung des Wirtschaftsministeriums.

Ludger Westrick blieb jedoch der alleinige Stellvertreter Erhards. Alle Vorgänge des Ministeriums liefen über seinen Tisch. Müller-

---

[106] Vgl. ebd., S. 562.
[107] Vgl. Klaus Günther, Der Kanzlerwechsel in der Bundesrepublik: Adenauer – Erhard – Kiesinger. Eine Analyse zum Problem der intraparteilichen De-Nominierung des Kanzlers und der Nominierung eines Kanzlerkandidaten am Beispiel des Streits um Adenauers und Erhards Nachfolge, Hannover 1970, S. 156.
[108] Hentschel, S. 739.
[109] Hentschel, S. 263.
[110] Vgl. Hentschel, S. 430 f.

Armack blieb ein Unterstaatssekretär, der schon fünf Monate nach seiner Berufung zum Staatssekretär einen weiteren Affront gegen seine Person hinnehmen musste. Wolfram Langer, ein ehemaliger Redakteur des Handelsblattes, war während Müller-Armacks Abwesenheit und ohne weitere Absprache mit ihm zum neuen Leiter der bis dahin von dem Professor geleiteten Grundsatzabteilung I ernannt worden. Langer zählte seit langem zu den Vertrauten des Ministers aus der Brigade Erhard und war durch viele positive Artikel über die Politik des Wirtschaftsministers aufgefallen.[111] Er hatte für den Minister 1957 das Buch „Wohlstand für alle" geschrieben. Langer konnte Müller-Armack in seiner Funktion als Leiter einer Grundsatzabteilung nie ersetzen, dazu fehlten ihm trotz ökonomischen Sachverstandes die konzeptionelle Weitsicht und das Durchsetzungsvermögen. Er besaß aber wie sein Vorgänger den unmittelbaren Zugang zu seinem Vorgesetzten und hatte sich dessen Vertrauen erworben. „Die Mittel, deren er sich dazu bediente, und der Gebrauch, den er davon machte, hatten ihm aber zugleich die Abneigung und das Misstrauen vieler anderer zugezogen."[112] Langer blieb ein loyaler Mitstreiter Erhards und wurde vor dessen Wechsel ins Kanzleramt zum Staatssekretär befördert. Auch danach besaß er direkten Kontakt zu Erhard und konnte ihn unter Umgehung des Dienstweges direkt über wirtschaftspolitische Fragen und Konzeptionen des Ministeriums unterrichten.[113] Erhard machte davon aber wohl nur unwesentlich Gebrauch.

Müller-Armack hatte nichts gegen Langer, bat jedoch nach dieser Personalentscheidung Erhard um seine Entlassung, die dieser aber formal nie vollzog. Der Professor blieb im Wirtschaftsministerium, doch keiner wusste genau, für was er fortan eigentlich zuständig war.[114] Als Ideengeber für seinen Chef war er nur noch bedingt tauglich, weil Erhard immer weniger auf ihn hörte, ihn manchmal nicht einmal vorließ. Müller-Armack war frustriert von, hielt aber nach wie vor auch aus persönlicher Sympathie zu seinem Chef. Für Erhard hingegen hatte sich die Partnerschaft überlebt. Von wirtschaftlichen Grundsatzfragen, wie Müller-Armack sie ansprach und die in konkrete Politik zu übersetzen waren,

---

[111] Vgl. Koerfer, S. 139 f.
[112] Hentschel, S. 645.
[113] Vgl. Hentschel, S. 645.
[114] Vgl. Hentschel, S. 488.

wollte er immer weniger wissen. Doch die Entlassung des Staatssekretärs zögerte Erhard wieder und wieder hinaus.[115] Es sollte bis zum Kanzlerwechsel dauern, ehe Erhard Müller-Armacks Rücktrittsgesuch akzeptierte.

Müller-Armack blieb aber eine „Art persönlich-halboffizieller Berater"[116], der Erhard weiterhin wirtschaftspolitische Vorschläge machen durfte. Doch der neue Kanzler wollte die kritischen Anmerkungen seines ehemaligen Staatssekretärs nicht mehr hören. Müller-Armack nahm kein Blatt vor den Mund und prangerte auch die Arbeitsweise des Kanzleramtes an. Der Wirtschaftsprofessor sah, dass Erhard sich immer mehr in sein Amt zurückzog. Noch 1966 versuchte er, seinem Kanzler klarzumachen, dass aufgrund der konjunkturellen Lage ein Stabilisierungsgesetz von Nöten sei. Erhard erhörte ihn nicht. Er vermutete in Müller-Armack nur noch einen untreuen Vasallen.

Erhard übersah, wie treu ihm Müller-Armack diente. Der Wirtschaftsprofessor war nicht nur gleichsam der fachliche Sachverstand seines Ministers und späteren Kanzlers, er war auch derjenige, der die Soziale Marktwirtschaft in praktische Politik umsetzte. Der Bruch erfolgte schließlich an zweierlei Linien. Ab Mitte der fünfziger Jahre war Erhard nicht mehr in der Lage, die persönlichen Animositäten seiner Mitarbeiter im Wirtschaftsministerium durch klarere Kompetenzzuschreibungen abzugrenzen. Jeder seiner Mitarbeiter wollte zugleich des Ministers liebstes Kind sein, eine Tendenz, die sich durch Erhards gesamte politische Laufbahn zieht. Und zweitens gelang es Erhard nicht, die mit Hilfe Müller-Armacks erworbene fachliche Qualifikation zu konservieren, die die Basis für seine Beliebtheit in der Öffentlichkeit und in der Politik war. Erhard verprellte so nicht nur einen seiner treuesten und klügsten politischen Berater. Er entledigte sich spätestens mit der Entlassung Müller-Armacks auch eines Grundpfeilers seines politischen Erfolges.

---

[115] Vgl. Koerfer, S. 759.
[116] Hentschel, S. 739.

Abschottung und Krisen: Das Küchenkabinett zerfasert

Mit dem Abgang Müller-Armacks verlor Erhard eine starke Stütze im Küchenkabinett des Wirtschaftsministeriums. Verblieben war jetzt nur noch Karl Hohmann, der im Palais Schaumburg den neuen Posten des Leiters der Kanzlerbüros übernahm. Hinzu kam der unvermeidliche Ludger Westrick, der zum ersten Kanzleramtsminister aufstieg. Erhards Küchenkabinett wurde durch Dankmar Seibt ergänzt, der als Persönlicher Referent vom Wirtschaftsministerium ebenfalls mit ins Palais Schaumburg umzog. Erhard-Biograph Volker Hentschel lässt kaum ein gutes Haar an Hohmann, Seibt und Langer, den drei neben Westrick engen Vertrauten Erhards: „Drei Männer in ihren Vierzigern, alert, ehrgeizig und effizient, deren selbstgewählte und von Erhard willig anerkannte Hauptaufgabe in der Promotion ihres kanzlerwärts strebenden Ministers bestand, hingebungsvoll, ehrerbietig und um Schmeicheleien nie verlegen, ohne Anspruch auf intellektuelle Eigenständigkeit als Ökonomen und ohne politische Statur, keine Herausforderung, belangvoll und aussichtsreich im politischen Raum nur als Erhards Gefolgsleute, ohne Erhard unbeachtlich, deshalb in ihrem Interesse auf Erhards Interessen höchst bedacht und im Umgang damit geschickter als Erhard selbst, geschickt auch darin, Erhards Zuneigung und Vertrauen zu gewinnen, zu pflegen und in wirksamen Einfluß auf Erhard umzusetzen."[117]

Ansonsten übernahm Erhard wichtige Personen aus Adenauers Mitarbeiterstab wie etwa Regierungssprecher Karl-Günther von Hase.[118] Hase verhielt sich loyal zu den neuen Machthabern im Kanzleramt. Er erledigte seinen Job, war stets gut präpariert, auch weil er sich im Politikgeschäft über Nebenkanäle zu informieren wusste.[119] Geriet die Regierungsmaschine aber ins Stocken, konnte der Sprecher auch nicht mehr tun, als bohrende Fragen konziliant zu umgehen.[120] Hase wurde nie Mit-

---

[117] Hentschel, S. 498.
[118] Vgl. Günter Gaus, Bonn ohne Regierung? Kanzlerregiment und Opposition. Bericht, Analyse, Kritik, München 1965, S. 55.
[119] Vgl. Henkels, Lokaltermin, S. 84.
[120] Vgl. Koerfer, S. 873.

glied des Küchenkabinetts, weil Hohmann die zentralen Fäden der Presse- und Öffentlichkeitsarbeit in der Hand behielt.[121]

Auch der Leiter des außenpolitischen Büros im Kanzleramt, Horst Osterheld, blieb unter Erhard im Amt. Osterheld verhielt sich wie Hase loyal, was ihn aber nicht davon abhielt seinen alten Chef mit Billigung des Außenministers und des Kanzlers auch weiterhin über die Grundzüge der Außenpolitik zu informieren.[122]

Erhards Arbeitsabläufe änderten sich im Kanzleramt kaum. Der Kanzler kam morgens gegen neun Uhr ins Büro, las Zeitungen und besprach sich anschließend einzeln mit Hohmann und Seibt. Eine Lagebesprechung wie sie bei Helmut Schmidt üblich werden sollte, gab es bei Erhard nie. So wusste oft die rechte Hand nicht was die linke tat, zumal Erhards Anweisungen nicht immer präzise waren. Mittags fuhr der Kanzler nach Hause, aß etwas, trank sein erstes Bier und war gegen 15 Uhr zurück im Amt, wo er gern und langsam Bücher las. Gegen Abend verließ Erhard in der Regel das Büro und arbeitete zu Hause weiter.[123] Häufig war der Kanzler hingegen gar nicht im Amt sondern auf Dienstreise oder im Urlaub. In diesem Fall wurde Erhard von seinem Küchenkabinett nur ungenügend informiert, anders als sein Vorgänger, der von Hans Globke stets auf dem Laufenden gehalten wurde. Bei Adenauer war die Arbeitsbelastung auch nur wenig höher gewesen, sein Arbeitsstil aber offenbar wesentlich effizienter als Erhards.

Erhard war ähnlich wie der SPD-Kanzler Gerhard Schröder ein Mensch der Worte. Von schriftlichen Dingen hielt er nicht viel, Aktenstudium lag ihm nicht. Er informierte sich in Gesprächen.[124] Am Ende waren es laut Osterheld bis zu 50 pro Tag.[125] Erhard liebte große Worte, denen nicht immer widersprochen werden durfte.[126] Er scharte Leute um sich, die ihm zuhörten und ihn verehrten, nicht wie Adenauer auch kritische Geister, an denen er sich reiben, seine politischen Ansichten schärfen und präzisieren konnte.

---

[121] Vgl. Koerfer, S. 455.
[122] Vgl. Horst Osterheld, Außenpolitik unter Bundeskanzler Ludwig Erhard 1963-1966. Ein dokumentarischer Bericht aus dem Kanzleramt, Düsseldorf 1992, S. 49.
[123] Vgl. Nayhauß, Bonn, S. 33.
[124] Vgl. Osterheld, S. 111.
[125] Vgl. Osterheld, S. 299.
[126] Vgl. Hentschel, S. 604.

Erhards bisweilen chaotische Planung brachte immer wieder den Tagesablauf im Küchenkabinett durcheinander. Der Kanzler verschob häufig einzelne Termine, so dass die Mitarbeiter kurzfristig umdisponieren mussten.[127] Erhard besaß kein gutes Namensgedächtnis, er kannte nicht alle der rund 100 Mitarbeiter in der Regierungszentrale.[128] Persönlich interessierte sich der Kanzler, anders als sein Vorgänger, überhaupt nicht für die Belange seiner Kollegen, obwohl ihn viele von diesen menschlich schätzten.[129] Im persönlichen Umgang zeigten sich die sozialen Defizite des Regierungschefs. Kein privates Wort wurde gesprochen, für smalltalk war Erhard weder auf internationalem noch auf nationalem Parkett zu haben. Auch das „Du" bot er keinem an.[130] Der Regierungschef mag ein harmoniesüchtiger Mensch gewesen sein, doch nicht einmal sein Küchenkabinett konnte er durch private Nähe oder Vertraulichkeit enger an sich binden.

Die einfachen Funktionen eines Küchenkabinetts erfüllten Seibt, Hohmann und Westrick aber. Immer wieder wehrten sie Versuche aus Fraktion und Partei ab, die eine Reorganisation des Regierungsbetriebes verlangten.[131] Und auch als Informationsbeschaffer funktionierte das Küchenkabinett zunächst noch. Hohmann erfuhr etwa durch den Geschäftsführer der CDU/CSU-Fraktion Will Rasner, dass Erhard sich durch sein Auftreten in der Fraktion „um jeglichen Rückhalt"[132] bringe.

Doch das Küchenkabinett zog keinerlei Konsequenzen aus diesen Warnsignalen. Erhards Renomé in Partei und Fraktion schwand. In der Außenpolitik übernahm Außenminister Gerhard Schröder das Regiment. Schröder konnte Erhard von seinem pro-amerikanischen Kurs überzeugen, die beiden wurden die herausragendsten „Atlantiker" in der CDU/CSU als es um die Frage der atomaren Bewaffnung ging. Westrick, der in dieser Frage eher einen moderaten Kurs vorschlug, drang mit sei-

---

[127] Vgl. Osterheld, S. 135.
[128] Vgl. Nayhauß, Bonn, S. 33.
[129] Vgl. Osterheld, S. 12, S. 60 und S. 385.
[130] Vgl. Nayhauß, Bonn, S. 34.
[131] Vgl. Günther, S. 60 f.
[132] Zit. nach Ulrich Wirz, Karl Theodor von und zu Guttenberg und das Zustandekommen der Großen Koalition, Grub am Forst 1997, S. 290.

nen Ansichten kaum mehr zu Erhard durch, genauso wenig wie Hohmann oder Osterheld.[133]

Und auch in der Wirtschaftspolitik waren nach Müller-Armacks Abgang keine wirksamen Initiativen mehr zu erkennen. Erhard hatte mit Kurt Schmücker einen Vertrauten ins Wirtschaftsministerium geschickt, der dort aber keine großen Akzente setzte. In der Fraktion wäre er sicher wertvoller gewesen, weil er dort dem Kanzler den Rücken hätte decken können.[134] So aber koppelte sich die Fraktion vom Kanzleramt ab und umgekehrt auch die Regierungszentrale von den Parlamentsvertretern. Karl Theodor von und zu Guttenberg (CSU) pflegte ein enges Verhältnis zu Herbert Wehner (SPD) und verhandelte immer wieder hinter des Kanzlers Rücken über neue Koalitionsoptionen.[135] Erhard versäumte es, die SPD, die ja in wirtschaftspolitischen Dingen immer mehr auf Unionslinie einschwenkte, mit in sein politisches Kalkül einzubeziehen.[136] Und auch sein Küchenkabinett erkannte nicht, dass Erhards Macht auf immer wackeligeren Füßen stand.

Die „graue Eminenz"[137] Karl Hohmann hatte sich das Revier im Küchenkabinett mit Kanzleramtsminister Westrick aufgeteilt. Die beiden hatten sich arrangiert.[138] Beide hatten unmittelbaren Kontakt zu Erhard, konnten ihn jederzeit stören und taten dies auch.[139] In Bonn kursierte schon der Witz von dem Anrufer im Kanzleramt, der eine Sekretärin an den Apparat bekommt und sich nach Westrick erkundigt. Antwort: „Der ist leider nicht im Hause." Anrufer: „Kann ich dann Herrn Hohmann sprechen?" Sekretärin: „Der ist leider beschäftigt. Aber wenn es nicht zu wichtig ist, kann ich Sie auch mit dem Kanzler verbinden."

Die beiden internen Berater schirmten ihren Chef ab, zum Teil wohl, um ihn vor Angriffen zu schützen, zum Teil auch weil sie sich selbst für kompetent genug hielten, die Regierungsgeschäfte zu lenken. Fraktionsmitgliedern fiel auf, dass der Persönliche Referent private Briefe kannte,

---

[133] Vgl. Osterheld, S. 149, S. 117 und S. 178.
[134] Vgl. Günther, S. 139.
[135] Vgl. Wirz, passim.
[136] Vgl. Laitenberger, Erhard, S. 160.
[137] Vgl. Koerfer, S. 465.
[138] Vgl. Osterheld, S. 223.
[139] Vgl. Walter/Müller, S. 481.

Hohmann warf man gar vor, er zensiere diese.[140] Und Westrick soll Erhard mehr als einmal nicht über den politischen Sachstand informiert haben. Das unterhöhlte die Autorität des Kanzlers auch außerhalb des Kanzleramtes beträchtlich. Dabei wussten eigentlich alle Mitglieder des Küchenkabinetts, dass sie nur mit ihrem Kanzler gemeinsam erfolgreich sein konnten.[141]

Küchenkabinett ohne Koch?

Erhard selbst zog sich zurück. Der Kanzler telefonierte nicht gern, und in Kabinettssitzungen, auf Tagungen und Konferenzen schickte er noch häufiger als bisher seine Mitarbeiter, vor allem Westrick.[142] Erhard reagierte dünnhäutig auf Angriffe gegen seine Person, egal wo, wann und von wem sie vorgetragen wurden. „Erhard verschanzte sich mit den Getreuen, bei denen er weiterhin Bestätigung fand, im Kanzleramt und verstand abweichende Meinungen, geschweige denn Kritik vor allem als Ausdruck von Undank, Unverstand und Übelwollen. Dem Rat Außenstehender war er immer weniger zugänglich, dem Rat der wenigen, denen er noch vertraute, deswegen immer mehr ausgeliefert."[143] Erhard ging mit den Vorwürfen und Intrigen aus der Fraktion und der Partei nicht offensiv um, ließ die Dinge treiben und sah nicht, dass seine Kanzlerschaft durch die Strategie seines Küchenkabinetts in Gefahr geriet.

Es rächte sich, dass Hohmann und Westrick zwar Politik machen wollten, sich mit den Machtspielen im Machtdreieck Regierung-Fraktion-Partei aber nur leidlich auskannten. Sie sahen nicht, dass Erhard den Parteivorsitz von Adenauer hätte fordern müssen.[144] Sie unternahmen nichts gegen Kompetenzeingriffe durch Adenauer, der immer noch Vertraute im Kanzleramt besaß, die ihm Informationen zutrugen. Sie fürchteten zwar den Altkanzler, versäumten es aber mit ihm oder seinen Gefolgsleuten

---

[140] Vgl. schon Hentschel, S. 579.
[141] Vgl. Osterheld, S. 129.
[142] Vgl. Koerfer, S. 201.
[143] Hentschel, S. 739.
[144] Vgl. Laitenberger, Erhard, S. 191.

das Gespräch zu suchen.[145] Selbst Westrick, der in der Vergangenheit gut mit Hans Globke und Heinrich Krone kooperiert hatte, gelang das nicht mehr.[146]

Westrick versuchte sich in dieser Phase vollständig als Politiker. Er bemühte sich mit eigenen Konzepten, das Renomé des Kanzleramtes in der Öffentlichkeit zu steigern. Dabei bezog er Erhard immer weniger in seine Überlegungen mit ein. So wurde immer deutlicher, dass die Fähigkeiten von Kanzleramtsminister und Regierungschef zu ähnlich waren.[147] Sie liebten beide den fachlichen Diskurs, den harten Kabinetts- und Regierungsalltag wollte keiner von beiden moderieren. Das führte zu Konflikten zwischen ihnen. Westrick administrierte zunehmend weniger, trat vor Kollegen herrischer auf und bestand auf seinem Exklusiv-Zugang zu Erhard. Damit zog er den Ärger der Fraktion und der Regierungsmitglieder auf sich, die sich immer mehr einem „Nebenkanzler"[148] gegenüber sahen. Erhard konnte und wollte seinen Kanzleramtsminister nicht mehr vor den Angriffen schützen,[149] wie er das früher immer konsequent getan hatte.[150] Westrick reichte sein Rücktrittsgesuch ein, das Erhard kühl annahm. Doch zu diesem Zeitpunkt war auch Erhards Regentschaft fast am Ende.

Erhards Beraterteam war wieder „uneins"[151] geworden. Westrick, der vorläufig noch auf seinem Posten blieb, versuchte erfolglos Politik zu machen und auch Karl Hohmann, als vormaliger Pressechef und jetziger Büroleiter des Kanzlers, reagierte erstaunlicherweise nicht sehr gekonnt auf die Angriffe, denen sein Kanzler ausgesetzt war. Als PR-Stratege dachte Hohmann, eine Image-Korrektur würde Erhard aus der Krise helfen.[152] Hohmann kannte die Vorlieben seines Chefs und initiierte für ihn den „Sonderkreis". Hier versammelte er Wissenschaftler, Intellektuelle und Journalisten, aber eben kaum Politiker.[153] Der „Sonderkreis" erar-

---

[145] Vgl. Osterheld, S. 279.
[146] Vgl. Koerfer, S. 374, S. 524 und S. 650.
[147] Vgl. Gaus, S. 56.
[148] Hentschel, S. 604.
[149] Vgl. Hentschel, S. 875 ff.
[150] Vgl. Koerfer, S. 106.
[151] Fred Luchsinger, Bericht über Bonn. Deutsche Politik 1955-1965, Zürich / Stuttgart 1966, S. 167.
[152] Vgl. Hentschel, S. 826.
[153] Vgl. Eduard Neumaier, Bonn, das provisorische Herz. Rückblick auf 20 Jahre Politik am Rhein, Oldenburg / Hamburg 1969, S. 195.

beitete für Erhard einen Plan, der die Soziale Marktwirtschaft ergänzen und erweitern sollte. Unter der Leitung von Rüdiger Altmann entstand das Konzept der „Formierten Gesellschaft", das aber kaum jemand in der Öffentlichkeit verstand. Es war von fachfremden Wissenschaftlern erdacht, die sich mehr an wolkigen Formulierungen zur Zukunft der Gesellschaft erfreuten denn an handfesten politischen Anleitungen. Man merkte der „Formierten Gesellschaft" die innere Leere an, eben weil keine Wirtschaftswissenschaftler an der Ausarbeitung mitgewirkt hatten. SPD-Wirtschaftsminister Karl Schiller konnte einige Jahre später mit einem ähnlichen Konzept die Öffentlichkeit begeistern, weil er einen neuen Zeitgeist und eben auch ökonomischen Sachverstand verkörperte, was bei Erhard und seinen Mitstreitern zu diesem Zeitpunkt schon längst nicht mehr der Fall war. Der Kanzler setzte nicht einmal mehr bei den eigenen Mitarbeitern Kohäsionskräfte frei, die diese noch bei der Sozialen Marktwirtschaft Anfang der fünfziger Jahre im Bundeswirtschaftsministerium gespürt hatten. Der „Sonderkreis" hatte ein Konzept erstellt, das nie zur Umsetzung gelangte, weil derjenige, der dies bewerkstelligen sollte, in der Zwischenzeit die Macht verloren hatte.

Dabei war die Idee gar nicht schlecht. Erhard repräsentierte mit seinem Regierungsstil auch ein wenig den veränderten Zeitgeist. Er wollte weg von den Adenauer-Jahren, in denen es in der innergesellschaftlichen Kultur häufig nur auf Leistung, Disziplin und pragmatisches Alltagsdenken ankam. Erhard und vor allem seine Berater wollten über den Tag hinaus denken, Perspektiven für eine bessere Gesellschaft entwerfen, eben die Republik modernisieren. Damit befanden sie sich durchaus im Einklang mit vielen Menschen in der Bundesrepublik, die die 50er Jahre hinter sich lassen wollten, aber auch noch nicht den Geist von 1968 verkörperten. Letztlich waren Erhard und sein Küchenkabinett vielleicht sogar zu modern für ihre Zeit, die Republik hatte sich noch nicht genug gewandelt.

Auch der „Sonderkreis" war ein moderner Debattierzirkel. Er befasste sich auch mit der Imageverbesserung Erhards. Es wurde darüber debattiert, welchen Schlips der Kanzler im Fernsehen tragen sollte, die Volksansprachen wurden weiter intensiviert, auch die Kontakte zur Presse sollten die Publizisten im „Sonderkreis" wieder aufpolieren. Ein Planungsreferat sollte im Kanzleramt entstehen, der Kanzler ausgewählte

Journalisten bei gutem Essen von seinen Fähigkeiten überzeugen.[154] Denn auch findige Mitglieder des Sonderkreises wie Johannes Gross hatten schon früh erkannt, dass Erhards Schwächen in der täglichen Arbeit lagen.[155] Doch machttechnisch erwies sich der Regierungschef als beratungsresistent.

Gewiss, Imagefragen waren wichtig, aber um sie zu ändern oder zu beeinflussen braucht es Zeit, wie auch einer der Image-Berater Erhards erkannte.[156] Die nötige Botschaft, die hinter dem Image stehen muss, hatte Erhard aber nach den Bundestagswahlen 1965 verloren.[157] Die Wirtschaft der Bundesrepublik befand sich in ihrer ersten konjunkturellen Schieflage, die CDU verlor Landtagswahlen. Der „Sonderkreis" schätzte die Lage falsch ein. Der Politologe Rudolf Wildenmann sagte der Union für die 1966 stattfindenden Landtagswahlen in Nordrhein-Westfalen einen Sieg voraus.[158] Tatsächlich verlor die CDU die Wahlen und nicht zuletzt deshalb Erhard in der Folge auch das Kanzleramt. Der „Sonderkreis" als „privates Küchenkabinett"[159] hatte versagt.

Dazu kam, dass der Kreis nie legitimiert war. Küchenkabinette haben schon informellen Charakter. Doch meistens besetzen deren Mitglieder gewisse Funktionen in Administration, Parlament oder Partei. Im Sonderkreis hatte niemand eine öffentliche Funktion, die ihn irgendwie legitimiert hätte. Deswegen wurde dieser zu einem „Selbstisolierungsgremium"[160]. Ob ein Planungsstab im Kanzleramt, zu dem Franz Josef Strauß dem Kanzler geraten hatte, Erhard stärker hätte helfen können, ist mehr als zweifelhaft.[161] Denn bei kaum einem Kanzler führt ein derartiges Gremium zu einer Stabilisierung oder Effizienzsteigerung der Regierungspolitik.

---

[154] Vgl. Hentschel, S. 822.
[155] Vgl. Koerfer, S. 381.
[156] Vgl. Karl-Georg von Stackelberg, Souffleur auf politischer Bühne. Von der Macht der Meinungen und den Meinungen der Mächtigen, München 1975, S. 82.
[157] Vgl. Stackelberg, Souffleur, S. 86.
[158] Vgl. Stackelberg, Souffleur, S. 165 ff.
[159] Oberreuter, S. 230.
[160] Ebd., S. 230.
[161] Hier irrt etwa Erhards Berater Stackelberg (vgl. Karl-Georg von Stackelberg, Attentat auf Deutschlands Talisman. Ludwig Erhards Sturz. Hintergründe. Konsequenzen, Stuttgart u.a. 1967, S. 249).

Die Öffentlichkeit erkannte genau, dass der Kanzler offenbar zu sehr im Banne seiner Berater stand.[162] Diese merkten das selbst nicht. Immer mehr Leute versuchten dem Kanzler durchaus gut gemeinte Ratschläge zu geben, die aber meist an den zentralen Problemen vorbeizielten. Hier hätte das Küchenkabinett Erhard beeinflussen müssen. Der Beraterkreis war aber förmlich ausgeufert und damit ineffektiv geworden. Erhard selbst zog sich ganz zurück, seine Frau wurde immer mehr zu seiner politischen Beraterin.[163] Der Kanzler verließ sich nur noch auf Westricks Rat, in der Endphase dann nur noch auf Hohmanns. Doch der konnte Erhards Sturz nicht verhindern.

Man kann den Anteil des Küchenkabinetts an Erhards politischer Leistung nicht hoch genug einschätzen. In seiner Zeit als Bundeswirtschaftsminister agierte das Dreierteam um Karl Hohmann, Ludger Westrick und Alfred Müller-Armack über weite Strecken sehr erfolgreich. So lange die Kompetenzen klar abgegrenzt waren und jeder seine Aufgaben erfüllte, gab es wenig Probleme. Erhard wurde gut beraten, in der Öffentlichkeitsarbeit besaß er mit Karl Hohmann zudem den vermutlich in diesen Dingen versiertesten politischen Berater jener Jahre. Hohmann operierte mit modernen Instrumenten, bat Journalisten zu Hintergrundgesprächen, gab Meinungsumfragen in Auftrag, versuchte mit der Brigade Erhard gar einen Unterstützerkreis zu kreieren, der Politik, Wirtschaft und Journalismus miteinander verzahnen sollte.[164] Die Imagekampagnen jener Jahre waren unerhört erfolgreich, Erhard war im Volk beliebt und deswegen bei seinen Kabinettskollegen zu *dem* Kanzleranwärter überhaupt geworden. Die durch Hohmann mit initiierte öffentliche Unterstützung für Erhard war dafür die Machtbasis. Als sie erodierte, war Erhard nicht mehr zu halten.

Denn Erhard vernachlässigte das politische Tagesgeschäft. Er liebte große Gesprächszirkel, in denen es um wirtschaftliche Sonderfragen ging. Den politischen Alltag sollten andere verwalten. Im Wirtschaftsministerium war dies Hohmann und Westrick noch gelungen, auch weil Alfred Müller-Armack wirtschaftspolitische Grundentscheidungen vorbereiten und durchführen half, so dass Erhard entlastet wurde.

---

[162] Vgl. die Umfragen bei Stackelberg, Attentat, S. 213.
[163] Vgl. Nayhauß, Bonn, S. 33.
[164] Vgl. Koerfer, S. 479.

Im Kanzleramt funktionierte das alles nicht mehr. Erhard blieb der Alte, aber seine Umgebung veränderte sich. Ohne Müller-Armack ging Erhard der wirtschaftspolitische Sachverstand verloren. Westrick emanzipierte sich zusehends vom Kanzler, weil der nicht mehr gestaltend in der Politik tätig wurde. Und Hohmann administrierte und hoffte mit neuen Image-Kampagnen den Erfolg vergangener Tage zurückzuholen.

Die Eifersüchteleien zwischen den einzelnen Mitarbeitern nahmen zu, weil Erhard nicht als Chef fungierte. Er war zu oft abwesend, dachte, seine Leute würden wie in den vergangenen Jahren schon geräuschlos für- und miteinander arbeiten. Erhards Auftreten war professoral. Er kam ins Amt, nahm sich der Dinge an, die ihn interessierten, der Rest blieb liegen. Seine Untergebenen behandelte er freundlich, richtete aber nie ein privates Wort an sie, obwohl sie offenbar alle danach gierten. Als Chef schaffte er nie ein produktives Betriebsklima. Erhard war nicht teamfähig, wenn es um Alltagsaufgaben und administrative Dinge ging.

Die Endphase von Erhards Küchenkabinett war durch ein Paradoxon gekennzeichnet. Die Zahl der Berater nahm immer mehr zu, Erhard hörte aber nur noch auf seinen treuesten Mitstreiter: Karl Hohmann. Der hatte den Sonderkreis gebildet, um seinen Chef aus der Lethargie zu reißen und ihm mit der „Formierten Gesellschaft" wieder eine neue politische Botschaft zu verschaffen. Doch der Schachzug misslang. In diesen Tagen der Krise waren andere Rezepte gefragt. Erhard resignierte ob der Intrigen, die in Kabinett und Fraktion gegen ihn gesponnen wurden. Keiner seiner Berater war in den anderen Machtzentren vertreten und konnte als Informationsbeschaffer oder Frühwarnsystem des Kanzlers fungieren. Niemand aus seinem Küchenkabinett war in der Lage, den Politiker Erhard zu schützen, seine Macht zu sichern oder auch nur den Chef zu motivieren. Damit erfüllte das Küchenkabinett eine zentrale Funktion nicht mehr.

Erhards Küchenkabinett konnte nur im relativ kleinen und dem Chef wohlgesonnen Bundeswirtschaftsministerium regieren. Es versagte jedoch, als Erhard Kanzler wurde, weil ihm die wichtigsten politischen Erfahrungen fehlten und es die Zeichen der Zeit missachtete. Darüber hinaus übertrieben es Erhards Berater mit ihrer selbstherrlichen Arkanpolitik und brachten so alle Kräfte gegen sich und ihren Chef auf. Auch die Öffentlichkeit verachtete Erhards Berater, wollte klarere Verhältnisse im Kanzleramt. Der Fraktion und der Partei, die Erhard sowieso nicht sehr schätzten, fiel es daher leicht den Kanzler zu stürzen, als seine einzige Hausmacht, die Popularität in der Bevölkerung und sein Nimbus als Wahllokomotive, erodierte.

Die „langen fünfziger Jahre"[165] waren zu Ende und damit änderte sich auch ein Stück weit der Regierungsalltag. Die Arkanpolitik, die die Kabinette Adenauer und Erhard gekennzeichnet hatte, war unmodern geworden. Erhard hatte dies instinktiv erkannt, in dem er große Gesprächszirkel bildete und kluge Denker versammelte, die neue Anstöße für die Politik bringen sollten. Doch er hatte darüber das nüchterne Alltagsgeschäft vergessen. Politik funktionierte auch damals nicht rational, und das Küchenkabinett konnte nicht verhindern, dass der gutgläubige politische Quereinsteiger in die Machtfalle seiner Kontrahenten geriet. In der Großen Koalition sollten nun die zentralen politischen Kräfte gebündelt werden. Brauchte der neue Kanzler dazu überhaupt ein Küchenkabinett? Wo wurden unter Kurt-Georg Kiesinger die entscheidenden Aufgaben des Regierungsalltags vorbereitet?

---

[165] Werner Abelshauser, Die langen fünfziger Jahre: Wirtschaft und Gesellschaft der Bundesrepublik Deutschland 1949 – 1966, Düsseldorf 1987.

IV Die Küche im Kabinett: Kurt Georg Kiesinger

Anders als sein Vorgänger verzichtete Kurt Georg Kiesinger darauf, seine engsten Mitarbeiter von seinem vorherigen mit an seinen neuen Arbeitsplatz zu nehmen. Die Berater, die Kiesinger als baden-württembergischer Ministerpräsident zur Seite gestanden hatten, siedelten sich nur für eine kurze Übergangszeit im Bonner Kanzleramt an.[166] Vor oder nach Kiesinger sollte kein bundesdeutscher Kanzler mit so wenig vertrautem Personal in die Regierungszentrale einrücken. Was sind die Gründe dafür?

Kiesinger hatte in Stuttgart diverse junge Mitarbeiter, die „samt und sonders Karriere"[167] machten, allerdings meist erst nach Ablauf seiner Amtszeit. Die Referenten des Ministerpräsidenten waren loyal und vertraten nur in Nuancen andere Ansichten als ihr Chef.[168] Die Zusammenarbeit mit Kiesinger selbst muss für sie nicht leicht gewesen sein. Der Ministerpräsident war ein schwieriger Chef,[169] der ähnlich wie Ludwig Erhard wenig von schriftlichen Vermerken hielt, sondern mündliche Vorträge bevorzugte. Seine Referenten mussten Kiesinger auf weiten Spaziergängen begleiten, wo dieser gerne auch über allerlei unpolitische Themen monologisierte. Der Ministerpräsident fragte gern die Kenntnisse seiner Mitarbeiter ab.[170] Dabei kam es weniger auf politische Brillanz denn auf solide Literaturkenntnisse an. Hölderlin, Tocqueville und Platon

---

[166] Vgl. Osterheld, S. 381 und Hans Neusel, Besuch in Washington (13.-20.8.1967), in: Dieter Oberndörfer (Hg.), Begegnungen mit Kurt Georg Kiesinger. Festgabe zum 80. Geburtstag, Stuttgart 1984, S. 394-401, hier S. 394.

[167] Peter Kustermann, Der Ministerpräsident, in: Dieter Oberndörfer (Hg.), Begegnungen mit Kurt Georg Kiesinger. Festgabe zum 80. Geburtstag, Stuttgart 1984, S. 195-201, hier S. 196.

[168] Vgl. Otto Rundel, Land und Leute, in: Dieter Oberndörfer (Hg.), Begegnungen mit Kurt Georg Kiesinger. Festgabe zum 80. Geburtstag, Stuttgart 1984, S. 228-239, hier S. 230.

[169] Vgl. Manfred Rommel, Für das Ganze, in: Dieter Oberndörfer (Hg.), Begegnungen mit Kurt Georg Kiesinger. Festgabe zum 80. Geburtstag, Stuttgart 1984, S. 222-227, hier S. 222.

[170] Vgl. Dirk Kroegel, Einen Anfang finden! Kurt Georg Kiesinger in der Aussen- und Deutschlandpolitik der Grossen Koalition, München 1997, S. 87.

musste man als Kiesingers Referent präsent haben. Das schien mehr zu zählen als fachliche oder organisationstechnische Kompetenz. Kiesinger verteilte nach dem „Gießkannenprinzip Aufträge und Vorwürfe, Lob und Tadel"[171]. Ein persönliches Verhältnis zu seinen Mitarbeitern baute er ähnlich wie Erhard nie auf.

Kiesinger verließ sich nicht vollständig auf das Urteil seiner Zuarbeiter. Sein Ausspruch: „Erst ist das wichtige zu tun, dann kommen die Berater"[172], sagt einiges. Dabei gewann Kiesinger schon in Stuttgart auch externe Experten für sich, die ihm Vorlagen und Expertisen erstellten, so etwa Waldemar Besson und Ralf Dahrendorf, zwei zu Beginn der sechziger Jahre aufstrebende Intellektuelle. Aber auch deren Vorarbeiten verwandte Kiesinger nur selten.[173] Seine häufigen Gespräche mit Vertretern aus Wissenschaft und Industrie übersetzten sich durch Gründung zweier moderner Universitäten in Baden-Württemberg partiell dann aber doch noch indirekt in Politik.[174]

Philosophieren statt regieren: Die Lakaien arbeiten zu

Besonders kritisch ging Kiesinger sowohl in Stuttgart wie auch in Bonn mit seinen Redenschreibern um. Manfred Rommel, der als Ghost-Writer für Kiesinger in der Villa Reitzenstein arbeitete und später Oberbürgermeister von Stuttgart wurde, bekannte, dass es ihm „fast unmöglich war, etwas zu schreiben, was ihm [Kiesinger] gefiel"[175]. Dass Kiesinger „wohl der kenntnisreichste und gebildetste Kanzler, den die Bundesrepublik in ihrer Geschichte hatte"[176] war, hatte für seine engsten Mitarbeiter auch Nachteile. Kiesinger hatte während des Dritten Reiches neben seiner Tä-

---

[171] Kustermann, S. 197.
[172] Zit. nach Ralf Dahrendorf, Der Politiker und die Intellektuellen. Eine Episode. Kurt Georg Kiesinger zum 80. Geburtstag, in: Dieter Oberndörfer (Hg.), Begegnungen mit Kurt Georg Kiesinger. Festgabe zum 80. Geburtstag, Stuttgart 1984, S. 270-277, hier S. 271.
[173] Vgl. Dahrendorf, S. 272 f.
[174] Vgl. Rolf Zundel, Macht und Menschlichkeit. ZEIT-Beiträge zur politischen Kultur der Deutschen, Hamburg 1990, S. 35.
[175] Rommel, S. 222.
[176] Bernhard Vogel, Die Kunst des Möglichen, in: Oberndörfer, Dieter (Hg.), Begegnungen mit Kurt Georg Kiesinger. Festgabe zum 80. Geburtstag, Stuttgart 1984, S. 341-346, hier S. 345.

tigkeit in der Rundfunkpolitischen Abteilung des Auswärtigen Amtes als Repetitor gearbeitet und sich wohl in dieser Zeit seine weitschweifenden, philosophischen Reden angewöhnt. Ähnlich wie Erhard liebte er das Räsonieren und Philosophieren abseits des politischen Tagesgeschäfts. Kiesinger wollte die Politik ganzheitlich denken und planen und vergab deshalb nur ungern Einzelaufträge.[177]

Seine globale Politikidee versuchte er nur ein einziges Mal direkt in konkrete politische Entscheidungen umzusetzen: in seiner Anfangszeit im Bundeskanzleramt. Der Ministerialdirektor und vormalige stellvertretende Regierungssprecher Werner Krüger sollte einen Planungsstab einrichten, der den Kanzler informieren und ihm das Regieren erleichtern sollte. Doch der „brain trust"[178] blieb ohne Erfolg: „Große Anlaufschwierigkeiten, zunächst fehlende Konzeptionen für eine Planung im Bundeskanzleramt, mangelnder Informationsfluß aus dem übrigen Teil des Kanzleramtes und den Bundesministerien, fehlende technische Möglichkeiten (z. B. Computereinsatz) sorgten dafür, dass die hohen Erwartungen – oder in anderer Sichtweise: Befürchtungen („Computer statt Politik") – sich nicht erfüllten."[179] Die Schwierigkeiten in der politischen Planung fielen direkt auf das Kanzleramt zurück.[180] Ähnlich wie später bei Horst Ehmkes Versuch, Planungselemente in die Hierarchie des Kanzleramtes miteinzubeziehen, scheiterte dieser Versuch an der Beharrlichkeit des Beamtenapparates.[181] Werner Knieper, der glücklos agierende Kanzleramtschef, wurde durch den vormaligen Verteidigungsstaatssekretär Karl Carstens ersetzt. Er ergänzte seinen Chef besser, goss dessen weitschweifende Formulierungen in konkrete politische Vorlagen.[182] Er bekam den Apparat wieder in den Griff, korrigierte Fehlentwicklungen der Anfangszeit und kam auch mit den Beamten besser zurecht als Knieper.[183] Carstens war der Garant dafür, dass die Regierungsmaschine im Kanzleramt wieder ins Laufen kam, weil er die Tages- und Arbeitsabläufe optimierte. Eigene

---

[177] Vgl. Rommel, S. 225.
[178] Hildebrand, Erhard, S. 275.
[179] Reinhard Schmoeckel / Bruno Kaiser, Die vergessene Regierung. Die große Koalition 1966 bis 1969 und ihre langfristigen Wirkungen, Bonn 1991, S. 287.
[180] Vgl. Hildebrand, Erhard, S. 273.
[181] Vgl. genauer dazu Werner Kaltefleiter u.a., Im Wechselspiel der Koalitionen. Eine Analyse der Bundestagswahl 1969, Köln u.a. 1970, S. 28 f.
[182] Vgl. ausführlicher dazu Walter/Müller, S. 483 f.
[183] Vgl. Neumaier, S. 219.

politische Vorstellungen brachte er aber zu diesem Zeitpunkt – im Gegensatz zu Erhards Amtschef Ludger Westrick – kaum in den Regierungsablauf ein. Carstens war Beamter, kein Politiker.

Der Jahreswechsel 1967/68 wurde zur Wende in Kiesingers Küchenkabinett und in der ganzen Großen Koalition. Der ruhige Karl Günter von Hase, der auch schon unter Adenauer und Erhard als Regierungssprecher gedient hatte, wurde durch Kiesingers Jugendfreund Günter Diehl ersetzt, „eines der qualifiziertesten Talente der hohen Bonner Beamtenkaste"[184]. Sein Stellvertreter wurde Conrad Ahlers, quasi als Ausgleich dafür, dass er den Behörden ein entlastendes Papier über Kiesingers Verstrickungen in das NS-Regime zugespielt hatte.[185] Der ehemalige Spiegel-Journalist sorgte in der Folge immer wieder dafür, dass die wenig genutzten Kommunikationsstränge zwischen dem Außenminister Willy Brandt und dem Kanzler nicht völlig unterbrochen wurden. Ahlers betrieb dabei keineswegs nur SPD-Interessenpolitik. Vor Journalisten kritisierte er etwa Helmut Schmidt mit den Worten: „Der Vorsitzende der Fraktion der SPD äußert manchmal Gedanken, über deren Durchführbarkeit man sich nicht ohne weiteres im klaren ist."[186]

Diehl und Ahlers arbeiteten gut zusammen, freundeten sich an und wurden zu „Interpreten und Einflüsterern Kiesingers"[187]. Sie kamen gut miteinander aus, auch weil sie die Interessen der Regierung über die ihrer eigenen Parteien stellten.[188] Sie glichen Kiesingers verbesserungswürdigen Kontakt zur Presse[189] durch eigenes Engagement aus. Die Regierungssprecher versorgten den Kanzler mit Informationen.[190] Diehl und Ahlers berieten den Kanzler auch in inhaltlichen Fragen.[191] Und sie sorgten dafür, dass Kiesinger lernte, mit den Journalisten umzugehen und

---

[184] Henkels, Keine Angst, S. 212.

[185] Vgl. Zundel, S. 28.

[186] Zit. nach Heribert Knorr, Der parlamentarische Entscheidungsprozeß während der Großen Koalition 1966 bis 1969. Struktur und Einfluß der Koalitionsfraktionen und ihr Verhältnis zur Regierung der Großen Koalition, Meisenheim am Glan 1975, S. 208.

[187] Neumaier, S. 229.

[188] Dadurch zog Diehl etwa den Zorn Adenauers auf sich (vgl. Henkels, Keine Angst, S. 212).

[189] Vgl. Neumaier, S. 116.

[190] Vgl. Klaus Hoff, Kurt Georg Kiesinger. Die Geschichte seines Lebens, Frankfurt am Main / Berlin 1969, S. 137.

[191] Vgl. Burkard Weth, Der Regierungssprecher als Mediator zwischen Regierung und Öffentlichkeit. Rollen- und Funktionsanalyse von Regierungssprechern im Regierungs- und Massenkommunikationssystem der Bundesrepublik Deutschland (1949-1982), Würzburg 1991, S. 154.

ihnen etwa Hintergrundinformationen zu geben.[192] Dennoch war die Pressearbeit unter Kiesinger im Vergleich mit den Hohmannschen Methoden unter Erhard weniger modern, allerdings eben auch nicht so krisenanfällig und gegen Ende der Amtszeit Kiesingers immer noch effizient. Generell wurde die Presse- und Öffentlichkeitsarbeit unter Kiesinger aber zurückgefahren, die Außendarstellung des Amtes war nicht mehr so wichtig. Auch Imageberatungen, die fast alle Küchenkabinette an ihren Kanzlern vornahmen, wurden Kiesinger nicht zu Teil, was sich im Wahlkampf negativ auswirkte.[193] Ebenfalls weitgehend eingestellt wurden die politischen Planungen nach dem gescheiterten Versuch mit dem brain trust. Der Initiator des Planungsstabes, Werner Krüger, verlor seinen Einfluss und wurde in der Folge nur noch mit administrativen Dingen betraut.[194] Genauso unterblieb die von Kiesinger angekündigte Berufung eines „Gremiums von zu freiwilliger Mitarbeit bereiten Wissenschaftlern zur Beratung der Bundesregierung".[195] Den Beraterkreis des Bundeskanzlers bildete also auch unter Kiesinger eine Mischung aus Politikern und Fachbeamten.

Erst nach einem Jahr im Palais Schaumburg begann sich ein wirkliches Küchenkabinett herauszubilden, das für Kiesinger zuverlässige Vorarbeiten zu leisten vermochte. Das Küchenkabinett umfasste aber keineswegs – wie Wolfgang Rudzio annimmt – Conrad Ahlers, CDU-Generalsekretär Bruno Heck und den Minister für gesamtdeutsche Fragen, Herbert Wehner.[196] Viel mehr rückten neben Karl Carstens und den beiden Regierungssprechern der Persönliche Referent Kiesingers, Hans Neusel, und der Parlamentarische Staatssekretär im Bundeskanzleramt, Freiherr Karl Theodor von und zu Guttenberg, in den engsten Kreis der Berater des Kanzlers auf.[197] Kiesinger bezog anders als seine Vorgänger seine Berater auch in den Parlamentsbetrieb mit ein: Neusel, Carstens und Diehl saßen hinter ihm auf der Regierungsbank.[198]

---

[192] Vgl. Kustermann, S. 197.
[193] Vgl. Kaltefleiter, S. 34.
[194] Vgl. Dahrendorf, S. 276.
[195] Vgl. den Hinweis bei Knorr, S. 218 f.
[196] Vgl. Rudzio, S. 350.
[197] Vgl. etwa Kroegel, S. 46 und S. 221 oder Mainhardt Graf von Nayhauß, Denk ich zurück an Bonn. Das war die Macht am Rhein, Elville 2000, S. 52.
[198] Vgl. Henkels, Lokaltermin, S. 233.

Neue Konstellation erfordert neue Konzepte im Küchenkabinett

Der Persönliche Referent Hans Neusel war ähnlich wie Erhards Zuarbeiter Karl Hohmann, Dankmar Seibt und Wolfram Langer erst um die 40 Jahre alt, als er in den engsten Beraterkreis des Kanzlers aufrückte. Er hatte schon vor Kiesingers Einzug ins Palais Schaumburg in der Administration des Kanzleramtes sein Geld verdient. Neusel diente seinem neuen Chef treu, blieb auch nach dessen Ausscheiden aus dem Kanzleramt sein Persönlicher Referent und amtierte später als Staatssekretär und Chef des Bundespräsidialamtes unter seinem ehemaligen Küchenkabinettskollegen Karl Carstens. Neusel schrieb Reden, organisierte die Termine des Kanzlers, beschaffte Kiesinger aber auch Informationen, etwa über Herbert Wehner.[199] Ansonsten war er der Administrator und fiel wenig durch eigene politische Initiativen auf, die Kiesinger aber von seinen Beamten auch nicht verlangte.

Der strategisch wichtigste Mitarbeiter Kiesingers war aber Karl Theodor von und zu Guttenberg. Der CSU-Politiker war zu Beginn der sechziger Jahre immer mehr zu einem Freund des damaligen stellvertretenden SPD-Fraktionsvorsitzenden Herbert Wehner geworden. Diese beiden gelten nicht umsonst als die eigentlichen Konstrukteure der Großen Koalition. Guttenberg war ein „Erhard-Hasser"[200], der enge Kontakte zu Wehner und Kiesinger in deren gemeinsamen Zeit im Auswärtigen Ausschuss geknüpft hatte. Guttenberg war Gaullist und galt als einer der „profiliertesten Gegner"[201] des vormaligen Außenministers und unter Kiesinger als Verteidigungsminister amtierenden Gerhard Schröder. In der CSU war Guttenberg ein Außenseiter. Gerade sein Parteivorsitzender Franz Josef Strauß hatte die Bemühungen Guttenbergs um einen Wechsel des Koalitionspartners mit deutlichem Argwohn verfolgt. Als Guttenberg nun Staatssekretär im Kanzleramt werden sollte, verzögerte die CSU-Landesgruppe durch immer neue Einwände dessen Berufung um fast vier Monate.[202]

---

[199] Vgl. Kroegel, S. 303.
[200] Wirz, S. 162.
[201] Kroegel, S. 57.
[202] Vgl. Karl Theodor Freiherr zu Guttenberg, Fußnoten, Stuttgart 1971, S. 125.

Als Guttenberg dann endlich im Kanzleramt seine Arbeit aufnahm, integrierte er sich gut in die Strukturen, arbeitete vor allem mit Carstens exzellent zusammen.[203] Guttenbergs Einfluss auf Kiesinger stieg im Laufe des Jahres 1967 immer mehr,[204] bald pflegte er „freundschaftliche Beziehungen"[205] zum Kanzler. Guttenberg agierte als „außenpolitischer Berater" Kiesingers. Seine Hauptaufgabe war aber die Vernetzung der Regierungszentrale mit den Fraktionen. Guttenberg nutzte mehr als einmal den kleinen Dienstweg,[206] beherrschte die Techniken der Macht, war kommunikativ und kooperativ. Das verhinderte zunächst, dass, wie unter Erhard, der in dieser Frage kommunikationsgeminderte Chef der Exekutive den Kontakt zur Legislative verlor.

An seinem persönlichen Arbeitsstil änderte Kiesinger nach seinem Wechsel von Stuttgart nach Bonn nur wenig. Wie Erhard missfiel Kiesinger das Aktenstudium.[207] Er war wie sein Vorgänger im Palais Schaumburg bekannt für die drei „Rs": Reden, Reisen, Repräsentieren. Ob er auch das vierte „R" beherrschte – das Regieren –, war damals noch nicht klar. Vor seiner Kanzlerschaft galt er als „nicht hart, nicht tatkräftig, nicht organisationsfreudig genug"[208], auch als „bequem und nicht gerade auf anstrengende Arbeit versessen"[209]. Montags ging Kiesinger nicht ins Büro in der Villa Reitzenstein, sondern unternahm ausgedehnte Wanderungen.[210] Außerdem las Kiesinger viel, vor allem klassische Literatur, und das kostete Zeit.[211]

Im Kanzleramt hatte Kiesinger davon zunehmend weniger. In Bonn ging es hektischer zu als in Stuttgart. Gerade zu Beginn der Großen Koalition gab es viel Arbeit.[212] Jetzt waren 16-Stunden-Arbeitstage keine Seltenheit mehr.[213] Lange Besprechungen wurden zur Regel, Kiesinger

---

[203] Vgl. Hildebrand, Erhard, S. 274.

[204] Vgl. Kroegel, S. 156.

[205] Wirz, S. 452.

[206] Vgl. etwa das Beispiel bei Horst Ehmke, Mittendrin. Von der Großen Koalition zur deutschen Einheit, Berlin 1994, S. 51 f.

[207] Vgl. Nayhauß, Macht, S. 42, Neumaier, S. 229 und Kustermann, S. 195.

[208] Paul Sethe, In Wasser geschrieben. Porträts, Profile, Prognosen, Frankfurt am Main 1968, S. 57.

[209] Ebd.

[210] Vgl. Dahrendorf, S. 270.

[211] Vgl. Dieter Oberndörfer (Hg.), Die Große Koalition: 1966-1969. Reden und Erklärungen des Bundeskanzlers Kurt Georg Kiesinger, Stuttgart 1979, S. 329.

[212] Vgl. Nayhauß, Macht, S. 51.

[213] Vgl. Schmoeckel/Kaiser, S. 106.

ließ sich anders als Erhard die Geschäfte nicht von seinen Beratern aus der Hand nehmen.[214] Er bemühte sich, die etwa 200 Mitarbeiter im Kanzleramt kennen zu lernen.[215] Das Betriebsklima besserte sich, trotz der nicht leicht handhabbaren Arbeitsgewohnheiten des Kanzlers.[216] Meist ging es formell, im engeren Kreis aber auch durchaus mal gelöst zu, wie Regierungssprecher Diehl berichtete: „Wir saßen an Feiertagen oft in den tiefen Sesseln des Kanzlerbungalows (...). Neben uns lagen die Papiere und Akten auf dem Boden, ein Glas Wein stand auf dem Tisch, wir waren bequem angezogen, Kiesinger hatte seinen Dackel auf dem Schoß und besprach mit uns die Lage."[217] Wie Erhard schaffte er es aber nie, ein persönliches Verhältnis zu seinen Untergebenen aufzubauen. Für private Kontakte war Kiesinger zu elitär.

Der Kanzler arbeitete härter und professionalisierte seinen Regierungsstil nur ein wenig. Indiskretionen ließ er nicht durchgehen.[218] Doch Zeit zur Muße fand Kiesinger immer noch. Manchmal tauchte er erst gegen elf Uhr im Büro auf und ging auch abends noch gern ins Theater.[219] Wie seine beiden Vorgänger fuhr er gerne in den Urlaub, ließ sich auch am Wochenende mit dem Hubschrauber in sein Domizil nach Bebenhausen bei Tübingen fliegen. Dort scharte er ähnlich wie Erhard „Vertraute"[220] um sich, um mit diesen philosophische Fragen zu erörtern.

Alltagsprobleme interessierten Kiesinger kaum. Deren Abwicklung überließ er Carstens oder Neusel. Ähnlich wie sein Vorgänger ließ er Termine platzen oder verschob sie, wenn sie ihm nicht mehr wichtig erschienen.[221] Neusel verzweifelte mehr als einmal an der Arbeitsmoral seines Chefs.[222] Die Hauptaufgabe des Kanzleramts war die „Eigenverwaltung"[223]. Carstens organisierte die Regierungszentrale effizient, führte etwa die „kleine Lage" ein, in der er täglich die wichtigsten Alltagsfragen

---

[214] Vgl. Neumaier, S. 229.

[215] Vgl. Nayhauß, Macht, S. 52.

[216] Vgl. Lutz Hermann, Kurt Georg Kiesinger. Ein politisches Porträt, Freudenstadt 1969, S. 68.

[217] Günter Diehl, Zwischen Politik und Presse. Bonner Erinnerungen 1949-1969, Frankfurt am Main 1994, S. 399.

[218] Vgl. Sethe, S. 58 f.

[219] Vgl. Zundel, S. 34 und Kroegel, S. 47.

[220] Schmoeckel/Kaiser, S. 107.

[221] Vgl. Hoff, S. 138.

[222] Vgl. Diehl, Erinnerungen, S. 400.

[223] Dirk Bavendamm, Bonn unter Brandt. Machtwechsel oder Zeitenwende, Wien u.a. 1971, S. 193.

mit den Abteilungsleitern und dem Regierungssprecher besprach.[224] Kiesinger erkannte durchaus die primären Funktionen des Kanzleramtes und wollte mit Josef Rust, der einst Globkes Stellvertreter gewesen war, einen Mann ins Palais Schaumburg holen, der den „Laden"[225] kannte. Doch auch mit Carstens und Neusel fuhr Kiesinger gut. Wie auch Guttenberg knüpften sie für ihren Kanzler Kontakte, über die Kiesinger nicht verfügte.[226]

Das von Conrad Ahlers geprägte Bild des Kanzlers als „wandelnder Vermittlungsausschuss" ist noch heute bekannt. Kiesinger war nie ein Mann des Konfliktes.[227] Er wollte, dass ihm Mehrheiten beschafft wurden. Um sie kämpfen, wie dies etwa Adenauer mit der Unterstützung seines Küchenkabinetts getan hatte, konnte er nicht.[228] Kiesinger verfügte über keinerlei Seilschaften, besaß auch nie eine innerparteiliche Hausmacht.[229] Das war ihm selbst klar, aber er hielt es nicht für bedenklich.[230] Als exzellenter Redner vertraute er wie Erhard auf die Kraft des Arguments und seine Unterstützung durch die Öffentlichkeit: Machtmechanismen, die für einen Politiker nicht immer von Vorteil sind. Zur politisch gewinnbringenderen Intrige hingegen war Kiesinger laut Bruno Heck unfähig.[231]

Doch Kiesinger agierte mit seinem Regierungsstil in der Großen Koalition durchaus effizient: „Die spezifische Konstellation dieser Regierung (...) erforderte es, dass die Stärke des Kanzlers, zugespitzt gesagt, mitunter gerade darin liegen musste, schwach zu erscheinen, ohne dass die Kanzlerdemokratie in diesen Jahren der `Kanzleranarchie´ der endenden Erhard-Zeit geglichen hätte. Kiesinger besaß ja durchaus einen ursprünglichen Machtinstinkt, wusste ihn jedoch im Sinne der Aufgabe sehr wohl zu zügeln. Solche Zurückhaltung an den Tag zu legen fiel ihm

---

[224] Vgl. Weth, S. 150 f.
[225] Kroegel, S. 20.
[226] Vgl. Kroegel, S. 334.
[227] Vgl. Sethe, S. 57.
[228] Vgl. Neumaier, S. 215.
[229] Vgl. Dieter Oberndörfer, Drei Dimensionen – Zur Einführung, in: Ders. (Hg.), Begegnungen mit Kurt Georg Kiesinger. Festgabe zum 80. Geburtstag, Stuttgart 1984, S. 13-17, hier S. 15.
[230] Vgl. Theodor Heuss, Besuch in Tübingen. Mein Kandidat für die Nachfolge, in: Dieter Oberndörfer (Hg.), Begegnungen mit Kurt Georg Kiesinger. Festgabe zum 80. Geburtstag, Stuttgart 1984, S. 210.
[231] Vgl. Kroegel, S. 334.

möglicherweise insofern leichter als anderen Politikern, als er den Einfluß eines Künstlers, sofern dieser zu überzeugen vermochte, letztlich stets für größer hielt als den eines Politikers, selbst wenn diesem Erfolg beschieden war."[232]

Für die Struktur und Funktion des Küchenkabinetts waren also weniger die personellen Konstellationen, sondern die durch die Große Koalition veränderten strukturellen Rahmenbedingungen entscheidend. Es war ein Vorteil, dass die Baumeister der Großen Koalition auch weiterhin den Kontakt untereinander hielten. Kiesinger traf sich häufig mit Wehner, um potenzielle Konfliktherde auszuschalten. Und auch Guttenberg setzte sich dafür ein, dass die Koalition hielt. So konnten Defizite ausgeglichen werden, wie etwa die gestörte Beziehung zwischen Regierungschef und Vizekanzler.

Die Vorbereitung von Entscheidungen war in Kiesingers Amtszeit nicht mehr Sache der persönlichen Berater des Kanzlers.[233] Vielmehr wurden die Entscheidungszirkel ins Kabinett verlagert. Das gelang, weil auch die Fraktionsführer immer wieder integriert wurden.[234] Nahezu allen Beteiligten war klar, das die Große Koalition nur eine Übergangslösung war. Platzte die Regierung, war keinesfalls eindeutig, welcher Koalitionspartner dafür vom Wähler abgestraft werden würde. Das disziplinierte die politischen Vetospieler, die etwa Ludwig Erhard gestürzt hatten.

Der Kreßbronner Kreis als institutionalisiertes Küchenkabinett?

Förderlich dafür war auch die Einrichtung des Kreßbronner Kreises. In diesem informellen Gremium trafen sich die wichtigsten Vertreter der beiden großen Parteien, um die Regierungspolitik vorzubereiten und vor-

---

[232] Hildebrand, Klaus, Kurt Georg Kiesinger (1905-1988), in: Hans Sarkowicz, (Hg.), Sie prägten Deutschland. Eine Geschichte der Bundesrepublik in politischen Portraits, München 1999, S. 129-142, hier S. 139 f.
[233] Kiesinger ließ sich von seinen Mitarbeitern wohl beraten, vorentschieden wurde in diesen Lagerunden aber kaum etwas (vgl. Günter Diehl, Kurt Georg Kiesinger, in: Hans Klein (Hg.), Die Bundeskanzler, 4. Auflage, Berlin 2000, S. 169-219, hier, S. 200 ff.).
[234] Vgl. Rudzio, S. 351.

zuentscheiden. Ab Sommer 1967 tagte dieser nach Kiesingers Urlaubsort benannte Koalitionsausschuss jeweils am Dienstagnachmittag.[235] Zunächst hatte er elf ständige Mitglieder: Kiesinger, Brandt, Heck, Strauß, Guttenberg, Wehner, Schmidt, den CDU-Fraktionsvorsitzenden Rainer Barzel, den CSU-Landesgruppenvorsitzenden und stellvertretenden Unions-Fraktionsvorsitzenden Richard Stücklen, sein Pendant von der SPD Alex Möller sowie den Parlamentarischen Staatssekretär im Auswärtigen Amt Gerhard Jahn.[236] Später wurden auch noch weitere Experten hinzugezogen und der Kreis verlor vorübergehend seinen „privaten Stil"[237], bevor aus Effektivitätsgründen der Koalitionsausschuss wieder auf vier Regierungs- und vier Fraktionsmitglieder zurückgefahren wurde, die sich jetzt jeden Freitag trafen.[238] Der Kreßbronner Kreis hatte nach Rudzio drei zentrale Funktionen: Bereinigung koalitionsinterner Konflikte, Vorbereitung der Gesetzgebung sowie Bestimmung der Grundlinien der Politik.[239] Dabei besaßen die Entscheidungen des Kreises „Verbindlichkeit"[240] gegenüber dem Kabinett und den Fraktionen. Der Koalitionsausschuss wurde zur „clearing-Stelle für koalitionspolitische Probleme"[241], für einen direkten Beraterkreis des Kanzlers war daneben unter dem wenig auf Eigeninteressen bedachten Kiesinger kaum Platz. Der Kreßbronner Kreis besaß eine Machtstellung, die durch die Breite seiner Mitglieder höhere Legitimitäts-, Macht- und Effektivitätspotenziale entfalten konnte, als dies ein Küchenkabinett in dieser Konstellation je hätte erreichen können.

Doch dem Kreßbronner Kreis war nur eine kurze Lebensdauer beschieden. Das lag vor allem an Helmut Schmidt. Der verachtete die weitschweifigen Reden des Kanzlers, der im Koalitionsausschuss eher einen Debattierzirkel sah und die Grundlinien der Politik festlegen wollte.

---

[235] Benannt wurde der Kreis nach Kiesingers Urlaubsort am Bodensee wo der Kreis zwar nie tagte, wo aber am 29. August 1967 die Minister Heck, Wehner und Brandt den Kanzler besuchten, um die Kritik von Seiten der Fraktionsführungen am Regierungsstil zu besprechen. Hier kam man überein, einen ständig tagenden Kreis einzurichten, der einem Koalitionsausschuss entsprach (vgl. Rudzio, S. 354).
[236] Vgl. Hildebrand, Erhard, S. 274.
[237] Rudzio, S. 355.
[238] Vgl. Kroegel, S. 238.
[239] Vgl. Rudzio, S. 356 f.
[240] Rudzio, S. 357.
[241] Hildebrand, Erhard, S. 274.

Schmidt wollte jedoch die Koalition managen und war auf die Erfüllung der ersten beiden Funktionen des Kreises erpicht. Ihn störte die bisweilen starhafte, dennoch verletzbare und zögernde Attitüde des Kanzlers. Der SPD-Fraktionschef echauffierte sich über die große Eigenverantwortung, die Kiesinger seinen Ressortchefs zubilligte[242] und beklagte, dass zu wenig klare Entscheidungen getroffen wurden.[243] Der Kanzler war kein „Mann harter Entscheidungen"[244], und das nervte Schmidt, der genau das von einem Politiker verlangte. „Schmidt war es auch, der die Regelmäßigkeit des Zusammentreffens sprengte. Im Dezember 1968, als ihm eine Diskussion wieder einmal fruchtlos und viel zu lange erschien, stand er kurzerhand auf und verließ die Sitzung. Als Kiesingers Persönlicher Referent Neusel telefonisch nach dem Grund fragte, gab er zur Antwort: `Ich habe wichtigeres zu tun, als mir stundenlang dieses Gequassel anzuhören´."[245]

Kompetenzgerangel und das Ende der Großen Koalition

Und auch thematische Differenzen ließen ein Ende der Großen Koalition nach dem Ende der Legislaturperiode erahnen. Neben dem Konflikt um die Aufwertung der D-Mark, die das sonst so effizient zusammenarbeitende Duo Schiller-Strauß entzweite, waren es vor allem Außenminister Willy Brandt und sein Staatssekretär Egon Bahr, die eigene Wege gingen. Brandt wollte die außenpolitische Führungsrolle übernehmen und geriet deshalb immer wieder mit Kiesinger aneinander.[246] Der wollte sich wegen Brandt keine Vorwürfe aus den eigenen Reihen anhören, er lasse den SPD-Ministern zuviel Freiraum und regiere mehr mit den Sozialdemokraten als mit der Union.[247] Kiesinger wollte mit Hilfe des schon unter

---

[242] Das hatte Kiesinger auch schon im Stuttgarter Kabinett so gehalten (vgl. Kustermann, S. 197).
[243] Vgl. Neumaier, S. 215.
[244] Helmut Schmidt, Bundeskanzler Kurt Georg Kiesinger und die Große Koalition, in: Dieter Oberndörfer (Hg.), Begegnungen mit Kurt Georg Kiesinger. Festgabe zum 80. Geburtstag, Stuttgart 1984, S. 320-324, hier S. 321.
[245] Neumaier, S. 228.
[246] Vgl. Hildebrand, Erhard, S. 272.
[247] Ein CDU-Minister hatte diesen Vorwurf geäußert: „Kiesinger regiert nur noch mit den Sozis. Wir haben bald gar nichts mehr zu sagen." (zit. nach Bavendamm, S. 194).

Adenauer amtierenden Leiters des außenpolitischen Büros im Kanzleramt, Horst Osterheld, das Erbe des Altkanzlers bewahren. Dabei wurde er
von seinem Küchenkabinett nach Kräften unterstützt.[248] Da passten
Brandts ostpolitische Ambitionen, die auch eine Anerkennung der Oder-
Neiße-Grenze vorsahen, nicht ins Konzept.[249] Kiesingers Küchenkabinett
reagierte ängstlich auf politische Kontakte des Auswärtigen Amtes mit
der Sowjetunion.[250] Namentlich Carstens und Guttenberg konnten
Brandts Ambitionen nicht verstehen, geschweige denn ihrem Kanzler
Ratschläge zum Umgang mit dem SPD-Vorsitzenden geben oder selbst
das Gespräch suchen. So entfernten sich die beiden Koalitionspartner
immer weiter voneinander, ohne dass Kiesinger oder seine Berater dagegen ernsthaft vorgingen.

Doch bis dahin war Kiesingers politischer Führungsstil auch ein
bisschen den veränderten Zeiten angepasst. Durch die wirtschaftliche
Durststrecke zu Beginn der Großen Koalition war die Bündelung von
Fachkompetenz offenbar zu einer zunehmend wichtigeren Ressource für
politischen Erfolg geworden. Die Politik wurde von einer sich verändern-
den Gesellschaft angetrieben, die den Modernisierungsbemühungen eines
Karl Schiller aufgeschlossener gegenüberstanden als denen des Erhardschen Küchenkabinetts.

Und auch die erhöhte demokratische Legitimation von Kurt Georg
Kiesingers Beraterkreis lag durchaus im Trend der Zeit. Die engen Mitarbeiter des Kanzlers kümmerten sich um administrative Dinge; Arkanpolitik wie unter Adenauer und Erhard gab es im Palais Schaumburg kaum
noch. Große Teile der Gesellschaft waren zumindest für eine kurze Zeit
durchaus damit einverstanden, dass die politischen Sachfragen im Kabinett und damit auf breiter demokratischer Grundlage beraten und
(vor)entschieden wurden.

Allerdings zeigten sich vor allem gegen Ende der Großen Koalition
auch die Nachteile, die das Fehlen eines mehrere Funktionen erfüllenden
Küchenkabinetts im Kanzleramt für den Regierungschef persönlich hatte.
Kiesinger verließ sich auf seine Berater und setzte noch in der Wahlnacht
auf eine Koalition mit der FDP, die allerdings schon längst auf Linie der

---

[248] Vgl. Arnulf Baring, Machtwechsel. Die Ära Brandt-Scheel, Stuttgart 1982, S. 135.
[249] Vgl. dazu ausführlicher Oberndörfer, Kiesinger, S. 348 ff.
[250] Vgl. Baring, S. 238.

Sozialdemokraten eingeschwenkt war.[251] Die zentralen Kommunikations-stränge über Kiesinger, Wehner und Guttenberg waren in den letzten Monaten nicht mehr so verlässlich wie in den Jahren zuvor. Das reichte, damit der Kanzler wichtige Informationen nicht mehr bekam, seine Ko-ordinationsfunktion einbüßte und darüber hinaus seine persönliche Macht verlor. Der engste Beraterkreis des Kanzleramts um Neusel und Carstens konnte aufgrund der nur administrativen Funktion, die er unter Kiesinger zu erfüllen hatte, dieses Defizit nie ausgleichen. Und noch etwas wurde deutlich: Das Kabinett und der Kreßbronner Kreis waren mit der Arbeit überlastet. Ein effizientes Küchenkabinett kann das Regieren erleichtern, auch wenn es in der Geschichte der Bundesrepublik wohl keine Phase gab, in der der Beraterkreis des Regierungschefs so formalisiert und in-stitutionell legitimiert war wie während der Großen Koalition. Das ver-hinderte aber nicht, dass der einzige Kanzler ohne veritables, Anfeindun-gen ausgesetztes und geheim agierendes Küchenkabinett nach der Bun-destagswahl 1969 Willy Brandt mit seinem großen und hochmotivierten Beraterkreis das Palais Schaumburg überlassen musste.

---

[251] Vgl. Kroegel, S. 323.

V Antreiber und Hofschranzen: Brandts Clique

Triumph und Absturz

Eineinhalb Jahre nur lagen zwischen dem größten Triumph und dem tiefen Absturz des Willy Brandt. Der Tag des Triumphes war der 19. November 1972. Am Abend dieses Sonntags stand fest, dass die SPD erstmals seit Gründung der Bundesrepublik die stärkste Fraktion im Bundestag bilden würde. 45,8 % der Wählerstimmen hatten die Sozialdemokraten bekommen – das beste Ergebnis in ihrer Geschichte überhaupt. Doch 18 Monate später war von dem Glücksgefühl des 19. November 1972 nicht mehr viel übrig geblieben. Aus dem Helden jenes Tages war mittlerweile eine tragische Figur geworden. Und am 6. Mai 1974 verließ er gar die ganz hohe Bühne: Willy Brandt trat als Bundeskanzler zurück. Zwischen Triumph und Sturz, zwischen Frühlingserwachen im Herbst 1972 und Herbstdepressionen im Frühjahr 1974 lagen Monate des Missvergnügens in der deutschen Republik. In einer gewissen Weise war die schöne Zeit der bundesrepublikanischen Gesellschaft 1973 zu Ende gegangen.[252] Vorbei war es mit stetigem Wachstum, heiterem Optimismus, stabilem sozialen Frieden, forschem Fortschrittsoptimismus. 1973 erlebte die Republik den Schock der Ölkrise, die Widerwärtigkeiten der Steiner-Affäre, die Unannehmlichkeiten der Fluglotsenstreiks, den Wohlfahrtsverlust durch Inflation und Arbeitslosigkeit, die Kapriolen eines jungsozialistischen Parteitagsradikalismus. Die Deutschen waren beunruhigt und besorgt, fanden im Kanzler aber nicht den Haltepunkt, nach dem sie suchten. Es war wie so häufig in zweiten Legislaturperioden: Die Kanzler sind nach ihrem zweiten Wahlsieg, nach langen, harten Wahlkampfmonaten oft ermüdet, erschöpft, ausgebrannt. Und für Willy Brandt galt das

---

[252] Vgl. Andreas Rödder, Die Bundesrepublik Deutschland 1969-1990, München 2004, S. 48 ff.

ganz besonders. Er war zuvor zu sehr schon charismatisch entrückt, zu sehr bereits historischer Friedenskanzler, um noch einmal zupackend in die Niederungen kleinräumiger Alltagspolitik zurückkehren zu können. Von „Willy Wolke" sprachen daher 1973/74 Feinde, aber auch enttäuschte Freunde. Die Vertrauenswerte für den Kanzler fielen um fast 25 Prozentpunkte. Die Umfragewerte der SPD lagen Anfang 1974 nur noch bei 35 %, die der christlichen Union hingegen bei 50 %. Kurzum: Es war nicht nur der Spion, über den Brandt stolperte und stürzte. Es waren die gesellschaftlichen Klimaverschiebungen im Jahr 1973, die ihm zu schaffen machten, auch eigene, subjektive Schwächen und Versäumnisse. Hinzu aber kamen die einschneidenden Veränderungen in seinem Beratungsumfeld, in der Zusammensetzung seines Küchenkabinetts, die die Erosion der Machtgrundlagen der Kanzlerschaft Brandts zumindest beschleunigten, in Teilen auch mitverursachten.

Berliner Clique

Mit Willy Brandt verband sich für viele politische und publizistische Beobachter am stärksten der Begriff des „Küchenkabinetts" – und das längst schon vor 1969. Seitdem Brandt aus der skandinavischen Emigration zurückgekehrt war, zog er junge Leute vor allem aus der Flakhelfer-Generation an, die sich für ihn mit Verve und Überzeugung in das politische Getümmel warfen. Sie bewunderten ihn und seine schwierige Lebensgeschichte, liebten ihn auch gerade dann, wenn er sich grüblerisch, versunken, abwesend, gleichsam transzendent verhielt. Einige – wie Klaus Schütz und Dietrich Spangenberg – gaben sogar ihr Studium auf, um ganz und gar ihrem Herrn und Meister – sie nannten ihn wirklich „Meister"[253] – zur Verfügung zu stehen. Die jungen Leute organisierten den Feldzug Brandts durch die Berliner Partei. Sie waren es, die ihn zum Regierenden Bürgermeister, dann auch zum Landesvorsitzenden der SPD machten. Und in den 1960er Jahren hatten sie sich Bonn, hatten sich das Kanzleramt zum Ziel gesetzt. Nicht nur die CDU reagierte argwöhnisch. Weit misstrauischer und abweisender verhielt sich das Establishment der

---

[253] Vgl. Peter Koch, Willy Brandt. Eine politische Biographie, Berlin 1988, S. 176.

SPD im Bonner Bundeshaus und in der Baracke. Verächtlich sprach Fritz Erler von der „Berliner Clique" oder auch dem „Berliner Küchenkabinett". Brandt möge kommen, soll Erler Anfang der 1960er Jahre gesagt haben, doch seine Clique solle er besser zu Hause lassen.[254]

Der Anführer dieser ungeliebten Clique war in den ersten Jahren unzweifelhaft Klaus Schütz. Er war gewissermaßen der Macher der frühen Erfolge Brandts, der Organisator seines Aufstiegs zunächst in Berlin, dann auf der Bundesebene. Schütz führte eine präzise Kartothek über alle wichtigen Berliner Sozialdemokraten, über Delegierte und Funktionäre. Er kannte ihre Stärken, vor allem aber auch ihre Schwächen; er wusste mithin, wen man wie in das Lager Brandts hinüberziehen konnte. Und so zogen Schütz und Brandt während der 1950er Jahre von Abteilung zu Abteilung, von Kreisdelegiertenkonferenz zu Kreisdelegiertenkonferenz, bis sie die Berliner SPD schließlich nach harten und durchaus brutalen Machtkämpfen erobert hatten.[255] Doch Schütz war nicht nur innerparteilich der Wellenbrecher Brandts. Er managte auch die Wahlkämpfe und führte dabei wohl als erster in Deutschland sogenannte „amerikanische Methoden" ein. Schon als Student war Schütz für einige Monate in den USA. Und danach hatte er immer wieder amerikanische Wahlen beobachtet, orientierte seine Kampagnen für Brandt an diesen Vorbildern. Klaus Schütz erschuf die Figur des „Kanzlerkandidaten", den es zwischen 1949 und 1957 nicht gab. Und Schütz spitzte die Auseinandersetzungen zwischen den Parteien auf ein Duell der beiden Spitzenkandidaten zu. In einer gewissen Weise führten Brandt und Schütz schon 1958 in Berlin und 1961 auf der Bundesebene einen amerikanisierten Wahlkampf, für den sich Schröder und Hombach vierzig Jahre später – und insofern ganz unberechtigt – als Neuerer und Modernisierer preisen ließen. Brandt war, dank der Inspiration seines Spin-Doctors Klaus Schütz, der erste Medienkanzlerkandidat der Bundesrepublik, nicht Gerhard Schröder, wie es beim rot-grünen Machtwechsel 1998 oft kommentiert wurde.

Die beiden anderen wichtigen Personen aus dem inneren Zirkel des Berliner Küchenkabinetts Brandts waren Heinrich Albertz und Egon

---

[254] Carola Stern, Willy Brandt. Reinbek bei Hamburg 2002, S. 54.
[255] Vgl. hierzu und im folgenden Peter Merseburger, Willy Brandt. 1913-1992, Visionär und Realist, Stuttgart 2002, S. 303 ff.; Koch, S. 227.; Egon Bahr, Zu meiner Zeit, München 1996, S. 124.

Bahr. Albertz und Bahr waren stärker ideenorientiert, stärker konzeptionell interessiert als der Organisator und politische Skeptiker Schütz. Allerdings war Albertz auch administrativ wichtig für Brandt, da er als Chef der Staatskanzlei seit 1959 viele Details erledigte, für die sein Chef mit seinen bundespolitischen Ambitionen weder Zeit noch rechtes Interesse aufbrachte. Dazu aber agierte Albertz auch als Minenhund des Regierenden Bürgermeisters. Er ging mit neuen, noch unerprobten, riskanten Einfällen in die Öffentlichkeit. Lief die Sache schief, steckte er die Kritik ein. Ging es gut, machte sich Brandt das Projekt rasch zu eigen und ließ sich als couragierten Reformer feiern.

Intellektueller, Diplomat und Kommunikator: Egon Bahr

Der Mann, der die Einfälle im Wesentlichen ausheckte und lieferte, war Egon Bahr. Er war der „konzeptionell fähigste meiner Mitarbeiter", schrieb Willy Brandt später in seinen „Erinnerungen".[256] In der Tat: Vielleicht keinem anderen Menschen hatte Brandt für sein politisches Renomé so viel zu verdanken wie Bahr. Die historische Größe Brandts hing schließlich an der Ostpolitik. Die Architektur dieser Politik, ihre Begründung und Zielperspektive, dann auch ihr präziser Bau waren primär Idee und Werk von Egon Bahr. Wenn es überhaupt eine „Eminence grise" in der bundesdeutschen Politik nach 1949 gegeben hat, dann war er es. Dabei kam es nicht darauf an, dass Bahr mit Vorliebe im Hintergrund der Politik agierte, dass er die Geheimniskrämerei liebte, die dunklen Sonderkanäle, die Aura der Konspiration, die eigene, dabei demonstrative Verschwiegenheit, das von niemanden sonst geteilte Exklusivwissen. Das alles zelebrierte Bahr, genoss es in vollen Zügen, lebte es nachgerade erotisch aus.[257] Aber dieser Typus war im Umfeld von Adenauer bis Schröder nicht so selten. Doch kaum einer darunter war auch in der Weise „graue Eminenz", dass er einen eigenen großen politischen Plan besaß, ein genau durchkonzipiertes politisches Projekt. Es hat viele Taktiker

---

[256] Willy Brandt, Erinnerungen, Frankfurt am Main 1989, S. 73.
[257] Vgl. hierzu Merseburger, S. 45; Arnulf Baring, Machtwechsel. Die Ära Brandt-Scheel, Stuttgart 1982, S. 280; Ehmke, S. 150.

unter den sogenannten „grauen Eminenzen" gegeben, einige harte Administratoren, zuweilen auch kluge Strategen, aber in Gestalt von Egon
Bahr wohl nur den einen politischen Intellektuellen, der über eine feste
Leitvorstellung, mehr noch: eine klar umrissene Vision verfügte und der
dazu noch die Chuzpe besaß, die deutsche Politik gezielt in diese Richtung bewegen zu wollen – aus dem Hintergrund, im Schatten der Kanzlermacht.

Bahr, 1922 geboren, stammte aus Thüringen. Die deutsche Frage, die
Einheit von West und Ost, war sein großes Lebensthema. Über dieses
Thema dachte er seit den 1950er Jahren unentwegt nach. Darüber kam er
zur SPD; hier bestand für den Sohn aus eher bürgerlichem Haus sein un-
überbrückbarer Dissens zu Adenauer. Rastlos schmiedete Bahr Pläne, wie
man aus der deutschlandpolitischen Sackgasse einer einseitigen Westpolitik herauskommen könnte. Und so war es für Bahr ein wahres Glück, als
ihn Willy Brandt, der den früheren Rias-Journalisten schon 1960 zu seinem Presse- und Informationschef gemacht hatte, 1966 mit nach Bonn in
das Auswärtige Amt nahm und ihn dort nach kurzer Zeit zum Leiter der
Planungsabteilung ernannte.[258] Die folgenden sechs Jahre, zunächst im
Außenministerium, dann im Kanzleramt, wurden zur schönsten Zeit im
Leben des Egon Bahr. Während der ersten drei Jahre konnte er in unzäh-
ligen Diskussionen mit den klugen Beamten des Auswärtigen Amtes an
seinen ostpolitischen Projekten basteln und feilen. Zunächst blieben das
hochanspruchsvolle theoretische Diskurse, ohne große realpolitische
Wirksamkeit. Aber Bahr hatte seine Freude daran. Doch blieben diese
Debatten keineswegs luftige und versponnene Sandkastenspiele. Am
Ende, als die Große Koalition auseinander ging, stand das Plateau der
sozialliberalen Ost- und Deutschlandpolitik.[259] Als das Kabinett Brandt-
Scheel zusammenkam, lagen alle Pläne für die Außenpolitik fertig und
akkurat durchkomponiert in den Schubläden. Dergleichen findet man
selten beim Wechsel von Regierungen, wo in der Regel die bewegliche
Improvisation statt des langfristig choreographierten Konzepts herrscht.
Insofern war die Große Koalition zumindest außenpolitisch eine wichtige
Vorbereitungszeit, gleichsam ein politisches Trainingslager für die sozialliberale Ära nach 1969. Ohne die Große Koalition wäre die Regierung

---

[258] Vgl. Koch, S. 295.
[259] Vgl. Merseburger, S. 495.

Brandt, sowieso in ihrem Bestand und ihrer Innenpolitik äußerst fragil, vermutlich früh und desaströs gescheitert.

Aber so hatte man sich, hatte Bahr sich während der großkoalitionären Jahre in aller Ruhe vorbereiten können. Im Herbst 1969 zog Bahr mit seinem neuen Kanzler in das Palais Schaumburg, in das Büro von Globke im Übrigen[260], wo er nun als Staatssekretär seine Arbeit im Auswärtigen Amt im Grunde lediglich weiter fortsetzte – mit dem entscheidenden Unterschied indes: Jetzt konnte er realisieren, was er zuvor an Gedanken, Konzepten, Plänen allein reflexiv zusammengestellt hatte. Es war eine ideale, ganz ungewöhnliche Situation für einen politischen Intellektuellen. Und niemals auch ist ein politischer Intellektueller in der Bundesrepublik so weit gekommen wie Bahr. Im Grunde funktioniert es in der Politik nicht so, dass man politische Leitvorstellungen entwickelt, ein Programm entwirft und das dann Zug um Zug in politische Wirklichkeit übersetzt. So stellt man sich das laienhaft oft vor; so wäre es vielleicht auch wünschenswert; so ist es aber in den seltensten Fällen. Erfahrene politische Praktiker halten dergleichen für eine verblasene Illusion. Die Bahrsche Ostpolitik aber verlief nach diesem Muster: konzeptionelle Planung, dann systematischer Transfer – Zug um Zug.

Natürlich und in erster Linie: Bahr hatte das Glück einer historisch einzigartigen Konstellation. Es war gleichsam der Kairos, der ihn begünstigte. Schon fünf Jahre zuvor oder fünf Jahre später hätte das alles nicht funktionieren können. Und der Politiker Bahr hatte auch nach 1972 nicht mehr viel Fortune, obwohl er weiterhin ein unermüdlicher Konzeptionalist blieb. Zunächst einmal sind in der Außenpolitik die Spielräume größer als in der Innenpolitik, zumal in Deutschland. Die Zahl der Vetomächte ist auf diesem Feld weit geringer. 1969/1970/1971 kam hinzu, dass die Weichen der internationalen Beziehungen neu gestellt wurden, dass die klassische Adenauersche Westpolitik ostpolitisch flankiert werden musste. Eben dorthin gingen auch die beiden Supermächte. Insofern bewegten sich die Ideen Bahrs im richtigen Moment in die richtige, auch machtgestützte Richtung der Weltpolitik. Bahr besaß unter diesen Rahmenbedingungen den nötigen Handlungsraum. Dass er ihn auch besetzen und nutzen konnte, dafür wiederum sorgte Willy Brandt. Im Unterschied

---

[260] Vgl. Bahr, S. 274.

zu anderen Kanzlern war Brandt fähig, seinen engsten Mitarbeitern Eigenständigkeit zu gewähren, Bewegungsraum zu lassen, ihnen zu vertrauen. Brandts Eifersucht auf andere öffentliche Akteure in den eigenen
Reihen hielt sich in bemerkenswerten Grenzen. Dabei ging es Bahr auch
gar nicht um die öffentliche Schaustellung seiner politischen Operation.
Bahr war vielmehr darauf aus, als der große Geheimdiplomat zu gelten,
der geheimnisvolle und geheimnisumwitterte Strippenzieher, der trickrei-
che Diener seines Herrn. Aber um den Herrn ging es ihm tatsächlich. Er
verehrte, ja liebte Brandt wirklich. Bahr wollte gar nicht die Lorbeeren,
die öffentlichen Preise einer erfolgreichen Ostpolitik. Das gönnte er ganz
selbstlos dem Kanzler, dem er, wie Herbert Wehner ein wenig neidisch
urteilte, durch „bedingungslose Loyalität" ergeben war.[261] Dass man ihn
in der deutschen Öffentlichkeit für einen großen Strategen im Hintergrund hielt, war Bahr nicht unrecht. Aber der Repräsentant und das Sym-
bol für die neue Politik gegenüber dem Osten war Brandt, auch und gerade für Bahr.

So ließ ihn der Kanzler machen. Und in einer für Bahr typischen Mischung aus kühler, ja kalter Rationalität und heftiger Leidenschaft, aus
taktischer Raffinesse und ungeduldigem Temperament war er der richtige
Mann für die Verhandlungen mit den ihm darin wesensähnlichen Russen.
Man kam jedenfalls gut miteinander zurecht. So, nochmals, setzte Bahr
sein politisches Projekt Zug um Zug um. Er erwies sich dabei als Meister
der Geheimdiplomatie, wie es sie in den auswärtigen staatlichen Ge-
schäften seit ewigen Zeiten gab. Aber er war auch ein Virtuose der politischen Kommunikation, wofür elementarer Bedarf erst seit den Zeiten der
Massen- und Mediendemokratie existiert.[262] Bahr war ein großer Schweiger, der „wichtige Nachrichten sogar vor sich selbst geheim hielt"[263],
doch lancierte er in den richtigen Momenten auch einprägsame Schlüs-
selbegriffe, Begründungen für Ziel und Richtung seiner Politik. Diese
Doppelbegabung aus Diplomatie und Kommunikation nutzte der Ostpolitik, war keineswegs unentscheidend für ihren Erfolg, ihre Mehrheitsfä-
higkeit in den frühen 1970er Jahren, schließlich: für den sozialdemokrati-

---

[261] Zit. nach: Spiegel, 9.2. 1970.
[262] Vgl. hierzu den interessanten Beitrag von Hermann Scheer, Genialer Agitator für ein strategisches
Ziel, in: Frankfurter Rundschau, 18.3. 1992.
[263] Vgl. Peter Glotz, Egon Bahr – ein Mann, der Linie hielt, in: Bonner Generalanzeiger, 18.3. 1992.

schen Triumph bei den Bundestagswahlen 1972. Sie bedeuteten somit nicht nur einen Sieg für Willy Brandt, sondern auch ein ganz ungewöhnliches Plebiszit für die Leistungen eines politischen Intellektuellen. Danach allerdings wandelten sich die Konstellationen, veränderten sich die nationalen und internationalen Rahmenbedingungen. Bahr verlor die Voraussetzungen für seine Wirksamkeit. Viel gelang ihm dann nicht mehr. Seine Konzepte gingen nicht mehr auf, wirkten später dann, im Laufe der 1980er Jahre, gar verstiegen, ja verbohrt, eben im schlechten Sinne theoretisch und unpraktisch.

Die „rote Lady": Katharina Focke

In den ersten drei Jahren der Brandt-Regierung aber sorgte Bahr für den Glanz, für das Herzstück der sogenannten sozialliberalen Aufbruchsphase. Die Außenpolitik war Kitt und Fundament der Koalition aus Liberalen und Sozialdemokraten in jener Zeit. Dazu gehörte auch die Europapolitik. Hier wurde der Kanzler von Katharina Focke beraten. Zusammen mit Egon Bahr und Horst Ehmke bildete sie zwischen 1969 und 1972 ein bemerkenswertes Triumvirat, das erste Küchenkabinett von Willy Brandt in Bonn. Zusammengenommen war das eine auffällig bürgerliche Runde, die dem ersten sozialdemokratischen Kanzler der bundesdeutschen Geschichte beratend half. Bahr war Lehrersohn; Ehmke kam aus einer Arztfamilie; und Mutter wie Großvater von Katharina Focke hatten ebenfalls als Mediziner praktiziert. Der Vater von Focke war der in der frühen Bundesrepublik außerordentlich renommierte Schriftsteller und Journalist Ernst Friedlaender, der eine Zeitlang Chefredakteur der „Zeit" war, sich in den frühen 50er Jahren als Anhänger der Adenauer-Politik äußerte, dem ersten bundesdeutschen Kanzler zuweilen auch beim Redenschreiben sekundierte.[264]

Über ihn, den Vater, kam Katharina Focke zur Politik, vor allem: zur Europapolitik. Schon als Kind musste sie mit ihren Eltern durch etliche Länder ziehen. Dazu war Friedlaender Vorsitzender des „Deutschen Ra-

---

[264] Vgl. Walter Henkels, Katharina Focke – mehr als ein Alibi, in: Frankfurter Allgemeine Zeitung, 28.2. 1973.

tes der Europäischen Bewegung" und der „Europäischen Union". Das alles hatte kräftige Spuren bei Katharina Focke hinterlassen, die 1954 über die europäische Integration promovierte. Die Dissertation trug den Titel: „Das Wesen des Übernationalen"[265]. Ende der 1950er Jahre wurde dann Friedlaender, wie er 1972 kundtat, stiller Sympathisant und Wähler der Sozialdemokratie.[266] Seine Tochter, nun im großbürgerlichen Kölner Wohnviertel Marienburg zu Hause, trat der SPD 1964 bei, wurde 1966 Mitglied des nordrhein-westfälischen Landtages und schaffte 1969 nach einem furiosen Wahlkampf in ihrem bürgerlichen Wahlkreis den Einzug als Direktkandidatin in den Deutschen Bundestag. Man sprach von ihr damals als „rote Lady" und „politische Senkrechtstarterin". Denn die Karriere ging temporeich weiter. Brandt nahm sie als Parlamentarische Staatssekretärin in sein Kanzleramt. Dort war sie eben für Europafragen zuständig, auch für Bildung und Wissenschaft, schließlich noch für die Verbindung zum Parlament.

Sie war dadurch nun gewissermaßen die erste Frau in einem deutschen Kanzler-Küchenkabinett. Auch international waren Frauen in exponierten politischen Positionen noch ungewöhnlich. Zumindest staunte man weithin, wenn Brandt Frau Focke zu Konsultationsgesprächen in andere europäische Hauptstädte mitbrachte.[267] Als ganz gleichwertig betrachtete man sie nicht, auch nicht in Bonn, nicht im Verhältnis zu den anderen politischen Schwergewichten Bahr und Ehmke. Bahr schreibt in seinen „Erinnerungen" vom „anfänglich unsicheren" „Nesthäkchen", obwohl Focke ebenso alt war wie er und Ehmke gar um fünf Jahre übertraf. Katharina Focke sei aber durchaus ein „Schatz" gewesen, heißt es dafür weiter gönnerhaft bei Bahr.[268] Immerhin: Eifersüchteleien und Intrigen soll es zwischen Bahr, Ehmke und Focke in der Tat nicht gegeben haben, was ziemlich singulär ausfällt in der Geschichte der Küchenkabinette deutscher Kanzler. Alle drei hatten in der turbulenten Frühphase der sozialliberalen Koalition reichlich zu tun; alle drei hatten ihr sorgfältig abgestecktes Terrain; alle drei waren selbstbewusst, selbstständig und

---

[265] Vgl. Werner Höfer, Frauen haben es besonders schwer, in: Die Zeit, 1.8. 1969.
[266] Vgl. Walter Henkels, Frau Focke gegen Prinz Karneval, in: Frankfurter Allgemeine Zeitung, 16.11. 1972.
[267] Vgl.: Willy Brandts Europa-Mann ist eine Frau, in: Bonner General-Anzeiger, 12.2. 1972.
[268] Bahr, S. 275.

intelligent; und alle drei verband die tiefe Loyalität zu der damals noch übergroßen, ganz unangezweifelten Autorität des Kanzlers, Willy Brandt.

Hoppla-jetzt-komm-ich: Horst Ehmke

Das galt auch für Horst Ehmke, den Chef des Kanzleramts in den ersten Jahren der SPD/FDP-Regierung. Ehmke war, zumindest im eigenen Lager, die umstrittenste Figur aus dem Küchenkabinett. Im Sommer 1972 wimmelte es im sozialliberalen Bonn von Feinden des Kanzleramtsministers. Helmut Schmidt pflegte eine heftige Abneigung gegen den ihm in Vielem wesensähnlichem Vorsteher des Palais Schaumburg. Aber auch Scheel mochte Ehmke nicht. Wehner war ebenfalls ein Gegner. Und in den Bundestagsfraktionen von SPD und FDP fanden sich ebenso nur wenige Freunde und Sympathisanten Ehmkes. Historiker und Politologen geben der zeitgenössischen Ehmke-Fronde auch in der Retrospektive weitgehend recht. Ehmke sei, so heißt es in zahlreichen Abhandlungen, nicht der richtige Mann am richtigen Platz gewesen.[269]

Aber wie hätte der richtige Mann sein, was hätte er machen müssen? In aller Regel hielt und hält man sich bei der Beantwortung dieser Frage an Globke: Adenauers Kanzleramtschef hat den Maßstab geliefert für die „richtige" Führung des Amtes.[270] Seither heißt es, dass ein guter Kanzleramtschef seine Funktion still, leise, unauffällig ausfüllen müsse. Dass er ohne Eitelkeit und Ruhmsucht zu Werke zu gehen habe. Dass er allein dem Kanzler die Inszenierung des Politischen in der Öffentlichkeit überlassen solle. An diesem Maßstab gemessen war Ehmke in der Tat eine glatte Fehlbesetzung. Ehmke war alles andere als zurückhaltend, geräuschlos, öffentlichkeitsscheu. Brandts Kanzleramtsleiter liebte vielmehr die Pose, die Darstellung, die Resonanz, den Applaus, die Aufmerksam-

---

[269] Vgl. Baring, S. 524; Gregor Schöllgen, Willy Brandt. Die Biographie, Berlin 2001, S. 180; Karl Dietrich Bracher/Wolfgang Jäger/Werner Link, Republik im Wandel. Die Ära Brandt, Stuttgart 1986, S. 32.
[270] Vgl. Walter Henkels, Der Chef des Bundeskanzleramt, in: Frankfurter Allgemeine Zeitung, 29.10. 1969.

keit des großen Publikums.[271] Ehmke hat gewiss keine Sekunde gegen seinen Kanzler intrigiert, hat sich nicht ernsthaft als ein Rivale zu ihm aufgebaut. Aber dass er irgendwann später, sollte Brandt einmal amtsmüde werden, einen durchaus exzellenten Kanzler der Deutschen Bundesrepublik abgeben würde, davon allerdings war Ehmke felsenfest überzeugt. Und einen Hehl machte er aus diesem strotzenden Selbstbewusstsein nicht. Eben darin unterschied er sich vom timiden Globke in der Tat um Welten.

So war Ehmke nun einmal. Er war ein Kraftpaket, ein Draufgänger, unaufhörlich nach vorne stürmend. Und damit kam er anfangs auch durchaus weit voran. Ehmke hatte in Göttingen und Princeton studiert. Mit 34 Jahren erhielt er bereits seinen ersten Ruf als Professor für Öffentliches Recht nach Freiburg. Fünf Jahre später war er Staatssekretär, kurz darauf – als Gustav Heinemann zum Bundespräsident gewählt wurde – Bundesminister der Justiz.[272] Das ging etlichen Traditionalisten in der SPD alles viel zu schnell. Sie misstrauten diesem kecken Bürgersohn, der nichts richtig ernst nahm, sich auch über die Heiligtümer des Sozialismus im schnoddrigen Ton lustig machte, der heute links, morgen Mitte, übermorgen vielleicht rechts sein konnte, überhaupt: Der noch nie in seinem Leben Parteibeiträge kassiert hatte. Ehmke war in der Tat eine etwas merkwürdig uneindeutige Gestalt.[273] Er war ein Professor, aber er war nicht professoral. Dafür wirkte er zu vitalistisch, auch zu bullig, zu kraftstrotzend mit seinem amerikanischen Bürstenhaarschnitt. Ehmke ging keineswegs, wie viele andere Professoren, die es in die Politik verschlagen hatte, ängstlich, intellektuell, übervorsichtig abwägend vor. Ehmke marschierte stets, fuhr hart die Ellbogen aus, rammte seine Gegner beiseite. Er genoss die Möglichkeiten der politischen Macht. Doch fehlten ihm die mitunter nötigen opportunistischen Rücksichtnahmen, wissenschaftlich gesprochen: die Responsivitätsfähigkeiten zahlreicher Politiker. Ehmke war in vielerlei Hinsicht zu intelligent für die Politik, zu schnell, zu scharfsinnig – und letztlich dadurch zu scharfzüngig. Mit langsamer denkenden Kollegen – und wer dachte nicht langsamer als der

---

[271] Vgl. Hans Reiser, Leerer Schreibtisch, voller Terminkalender, in: Süddeutsche Zeitung, 16.12. 1969.
[272] Vgl. Baring, S. 520 f.
[273] Vgl. Gunter Hofmann, Wanderer im Zimmer 1525, in: Die Zeit, 24.10. 1986.

„flotte Hotte" – zeigte er wenig Geduld. Er fiel ihnen ins Wort, wies sie zurecht. Er konnte einfach eine gelungene süffisante Pointe auf Kosten anderer nicht unterdrücken.[274] Man hat es oft geschrieben: Es fehlte Ehmke an Takt, an Feingefühl, an Diskretion. So gesehen war es tatsächlich heikel, ihn auf den Stuhl des Kanzleramtschef zu platzieren. Denn es war ja richtig, dass der Leiter der Regierungszentrale Konflikte zwischen den Ressorts dämpfen musste, dass er zu moderieren, zu koordinieren, auszugleichen und zusammenzufügen hatte. Ein Provokateur und Konfliktverschärfer taugte daher für diese Aufgabe nicht so recht.

Und dennoch schießen die polemischen Urteile über Ehmkes Hoppla-jetzt-komm-ich-Stil doch oft über das Ziel hinaus. Man wird Ehmke nicht gerecht, wenn man sich nur auf seine unzweifelhafte Egozentrik, seine Eitelkeit und Großspurigkeit fixiert. Egon Bahr lag schließlich nicht falsch, als er sich in seinen Memoiren bewundernd erinnerte, dass er vor und nach Ehmke niemanden kennen gelernt habe, der mehr Papier bearbeitet, mehr vom Tisch geschafft hätte.[275] Gewiss, Ehmke hatte sich in der Regierungszentrale etwas zu viel vorgenommen. Sein seinerzeit berüchtigter „Planungsverbund", mit dem er die Reformvorhaben der Ministerien und des Kanzleramts verklammern und synchronisieren wollte, scheiterte am Wiederstand der Einzelressorts, vor allem an der notorischen Eifersucht von Helmut Schmidt, auch an der Gleichgültigkeit des Kanzlers in diesen Dingen. Aber sonst hatte Ehmke das Amt gut und fest im Griff.[276] Ehmke war kein weltabgewandter Professor, aber auch nicht lediglich ein schnodderiger Vielredner. Er war ein durchaus harter Arbeiter, der sich, wenn nötig, zwanzig Stunden am Tag durch Akten fressen konnte. Er administrierte akkurat und kompetent, entlastete damit seinen Kanzler von viel Alltagsroutine.[277] Dass viele altgediente Ministerialbürokraten Ehmke nicht leiden konnten, zeigte nur, wie sehr er ihnen Leistungen und ungewohntes Tempo abforderte. Schließlich war das Amt in den 1960er Jahren, seit dem Abgang von Globke, ziemlich heruntergekommen. Ehmke führte wieder die nützliche Personalrotation zwischen

---

[274] Vgl.: Anderes Türschild, in: Der Spiegel, 24.3. 1969; Ulrich Frank-Planitz, Premierminister Ehmke, in: Christ und Welt, 19.12. 1969.

[275] Bahr, S. 275.

[276] Hierzu auch Merseburger, S. 590.

[277] Vgl. Fritz Rene Allemann, Gewichtiger Adlatus des Bundeskanzlers, in: Die Tat (Zürich), 23.10. 1969.

Kanzleramt und Ministerien ein, die seit Globke geruht hatte. Auch reaktivierte er die Staatssekretärsrunden und die Kabinettsausschüsse.[278] Und er modernisierte das verstaubte Amt, baute die alten Telefonanlagen ab, installierte neue Geräte und moderne Kommunikationstechniken. Ein Waldemar Schreckenberger, jener andere – dann wirklich weltfremde – Professor, den Helmut Kohl gut zehn Jahre später ins Amt holte, war Ehmke nicht.

Aber auch das wirbelige Temperament Ehmkes war nicht nur von Nachteil. Der Kanzler jedenfalls, um den es schließlich ging, zog daraus mehr Nutzen als Schaden. Horst Ehmke selbst sprach in seinen Memoiren von einer „kompensatorischen Arbeitsteilung"[279], die er mit Willy Brandt gepflegt habe. Ganz falsch war das nicht. Wir sind in dieser Abhandlung häufig darauf eingegangen: Kanzleramtschefs und Kanzlerberater müssen in vielfacher Hinsicht komplementär zu ihren Kanzlern stehen; sie sollten über Fähigkeiten verfügen, die ihren Chefs fehlen; sie sollten die Kanzler ergänzen, nicht spiegeln, sollten also ihre Defizite ausgleichen, nicht ihre Stärken unterstreichen. Willy Brandt war ein eher kontemplativer Charakter, oft ein wenig zögerlich, in sich gekehrt, introvertiert, eher konfliktscheu, verhalten. Ehmke war das genaue Gegenteil: fröhlich, extrovertiert, für jede Rauferei zu haben, schnell in der Entscheidung, handlungsfreudig. Und so warf sich Ehmke häufig genug für seinen zurückhaltenden Chef in das politische Getümmel, legte sich vergnügt und entschlossen mit allen Rivalen Brandts an, war also Mittelstürmer und Ausputzer in Einem, hielt seinen harten Schädel hin, wo der Kanzler seinen Kopf zurückzog, auch vernünftigerweise zurückziehen musste.

Das Zusammenspiel mit Ehmke also bot Brandt einige Vorteile. Je lärmender und schriller der Kanzleramtchef auftrat, desto besonnener und ausgleichender wirkte Brandt, der Kanzler. Bundeskanzler – auch das sahen wir – benötigen von Fall zu Fall einen beherzt zupackenden, hochbeweglichen Troubleshooter. Brandt brauchte ihn besonders. So lange er Ehmke an seiner Seite hatte, fielen die kontemplativen, schwermütigen, gehemmten Seiten an Brandt nicht weiter negativ ins Gewicht. Im Gegenteil, es ging vielen so wie Ehmke selbst: Man liebte es an diesem

---

[278] Vgl. Hartmut K. Brausewetter, Kanzlerprinzip, Ressortprinzip und Kabinettsprinzip in der ersten Regierung Brandt 1969-1972, Bonn 1976, S. 21; Niclauß, S. 147.
[279] Ehmke, S. 201.

Kanzler, dass er Autorität ohne autoritäres Auftreten ausstrahlte, mitunter gar verletzlich und verletzt wirkte, dass aus ihm und seiner Haltung Gebrochenheit, Reflexion, Nachdenklichkeit, etwas Suchendes und Schweifendes sprach. Für den forschen Aktivismus war eben Ehmke zuständig.

Neuformierung wider Willen

Doch nach den Bundestagswahlen 1972 war Ehmke aus dem Kanzleramt verschwunden. Fortan ging dort nicht mehr viel zusammen. Brandt erkannte nun, was er zuvor an Ehmke hatte, wie bitter nötig er ihn auch weiterhin gehabt hätte. In diesen Wochen nach den Bundestagswahlen entschied sich schon das Schicksal der zweiten Regierung Brandt; hier wurde der Triumph des 19. November leichtfertig verspielt. Denn in diesen Wochen zerfiel das intakte, effiziente, gut aufeinander eingespielte Küchenkabinett Brandts der ersten Legislaturperiode. Und wieder einmal zeigte sich, dass erfolgreiche Küchenkabinette nicht beliebig substituierbar, keineswegs einfach erneuerbar oder austauschbar sind. Mit der Erosion funktionierender Küchenkabinette beginnt in aller Regel auch der Verschleiß, die innere Auszehrung von Kanzlermacht. Die Jahre 1973/74 boten dafür viel illustratives Material.

Die Verantwortung für den agonalen Prozess im Kanzleramt trug natürlich der Kanzler selbst. Er war im Herbst 1972, nach dem ungeheuren Kraftaufwand im Wahlkampf zuvor, zu schwach und ausgelaugt, um die von außen induzierte Auflösung seines inneren Beratungs- und Unterstützungszirkels zu verhindern. Doch die wahren bösen Buben in diesem Stück waren Helmut Schmidt und Herbert Wehner. Sie brachten in diesem Herbst 1972 erst das Brandtsche Küchenkabinett zu Fall und dann – damit – auch den Kanzler selbst. Schmidt und Wehner redeten gern von Disziplin und Solidarität. Noch zwei Jahrzehnte später rüffelte Schmidt genussvoll und selbstgerecht die „Enkel" Brandts wegen ihrer Kabalen und Intrigen, wegen ihres rücksichtslosen Ehrgeizes. Aber Schmidt war nie anders, nie besser gewesen; im Gegenteil, er verzehrte sich lange nahezu durch seine Eifersucht auf andere, seine Missgunst gegenüber Rivalen, von denen er – hier Wehner ähnlich – stets annahm, dass sie es

leichter hatten als er, der harte Arbeiter, der fleißige Alleswisser. Der
Kanzler Brandt hatte seine liebe Mühe mit den Neurosen und Primadon-
nereien Schmidts. Ausgerechnet nach seinem großen Wahlsieg 1972 hatte
Brandt dann nicht mehr die Kraft und Umsicht, wohl auch nicht die nötige brutale Härte, um Schmidt und seinem brennenden Ehrgeiz die Grenzen zu zeigen.

Schuld an allem trugen auch die Stimmbänder des Kanzlers. Bei seinen Wahlkampfauftritten war Brandt zum Schluss das Reden immer
schwerer gefallen. Der Klang seiner Stimme war heiser; an manchen
Abenden nach mehreren Ansprachen an seine Anhänger und Wähler
flüsterte er nur noch. Brandt fürchtete schon das Schlimmste, rechnete
mit Kehlkopfkrebs, was sich allerdings erfreulicherweise nicht bestätigte.[280] Dennoch: Gleich nach der Wahl begab sich Brandt zu einem Spezialisten in die Bonner Universitätsklinik. Und so war der Kanzler nicht
präsent, als die Koalitionsverhandlungen zwischen Freidemokraten und
Sozialdemokraten liefen. Naiv, wie Brandt doch hin und wieder war,
glaubte er ernsthaft, durch schriftliche Anweisungen vom Krankenbett
aus die Koalitionsbildung dirigieren zu können.[281] Doch Wehner – der
nichts und niemanden vergaß – „vergaß" die Vermerke Brandts in seiner
Aktentasche. Wehner, Schmidt – aber auch der stets fröhliche, machtpolitisch indessen durchaus eiskalte Scheel – nutzten die Gunst der Stunde,
die Abwesenheit des elektoral gerade glanzvoll bestätigten Kanzlers und
spielten ihr eigenes Spiel. Sie nahmen nun – was wirklich nicht ohne
Chuzpe war – Einfluss auf die Schlüsselstellungen im Kanzleramt und
konstellierten die Personen neu. So wurden sie den verhassten Ehmke los,
was Schmidt von Brandt allerdings – ohne dass der Kanzleramtschef
davon erfuhr – schon im Sommer 1972 gleichsam als Belohnung für die
Übernahme des Finanz- und Wirtschaftsministeriums versprochen worden war. In seinen „Erinnerungen" bedauerte Brandt dann, dass er sich
törichterweise an seine Konzessionen gebunden fühlte: „Ich hätte mich,
nach diesem Wahlsieg, an die einmal gegebene Zusage besser nicht
gehalten und Ehmke dort belassen, wo er hingehörte – in der Zentrale."[282]
Dann einigten sich Wehner, Schmidt und Scheel noch darauf, die zweite

---

[280] Vgl. Merseburger, S. 659.
[281] Vgl. Schöllgen, S. 189; Baring, S. 520.
[282] Brandt, Erinnerungen, S. 305.

„Hofschranze" Brandts, wie es Schmidt verächtlich nannte, aus der Machtzentrale zu entfernen: den bisherigen Regierungssprecher Conrad Ahlers.

Schnoddrig, lässig, unabhängig: Conrad Ahlers

Man kann (wofür es viele gute Gründe gibt) Conrad Ahlers zum ersten Küchenkabinett Willy Brandts hinzuzählen. Auch Horst Ehmke erinnerte sich später, dass der Regierungssprecher „praktisch mit zum Kanzleramtsteam" gehörte. An den Zusammenkünften im inneren Zirkel der Macht war Ahlers jedenfalls meist beteiligt. Er wollte auch mehr sein als lediglich Lautsprecher der Exekutive; er wollte immer auch gerne, ein wenig zumindest, an den Stellschrauben politischer Weichen mitdrehen. Den Ehrgeiz hatte Ahlers jedenfalls, die politische Intelligenz dafür auch – insofern passte er zum Triumvirat im Kanzleramt.

Im Übrigen verstärkte er noch die bürgerliche Substanz dieses Küchenkabinetts des ersten sozialdemokratischen Kanzlers. Sein Vater war Kaufmann, die Mutter Pastorentochter. Ahlers selbst hatte als junger Mann in Hamburg die Junge Union mitbegründet.[283] Allein das machte ihn bei vielen Sozialdemokraten natürlich höchst verdächtig. Es war ein anderer Stallgeruch, der Ahlers umwehte. Er gerierte sich besonders großbürgerlich, hanseatisch, immer ein wenig arrogant gar. Die Zahl seiner Anhänger in der SPD war demzufolge nicht sonderlich groß. Doch genoss er die Gunst des Kanzlers. Und auch bei den meisten Journalisten im Bonner Korrespondentencorps war er durchaus beliebt, zumindest angesehen.

Schließlich hatte Ahlers eine lupenreine journalistische Karriere hinter sich. Gelernt hatte er bei Bischof Liljes „Sonntagsblatt", gereift war er bei der „Frankfurter Rundschau" und geadelt hatte ihn schließlich, dass er als „Spiegel"-Redakteur 1962 während der berühmt-berüchtigten Affäre auf Initiative des Verteidigungsministers Franz-Josef Strauß für mehrere Wochen in Haft gesetzt wurde. Das war gewissermaßen der Rit-

---

[283] Vgl. Wolf J. Bell, Brücken, die auch Wahlkämpfe überdauern, in: Darmstädter Echo, 12. 10. 1972.

terschlag für unbedingte journalistische Unabhängigkeit, hatte ihm auch bei den argwöhnischen Sozialdemokraten einigen Kredit verschafft, von dem er nun, in den ersten drei sozialliberalen Jahren, zehren konnte.

Anfangs besaß er sogar die Protektion Herbert Wehners, des wohl mächtigsten Mann in der deutschen Sozialdemokratie der 1960er Jahre. Wehner war Pate von einem der Ahlers-Kinder. Und Wehner war Ahlers dankbar dafür, dass er zwischen ihm und dem CSU-Freiherren von Guttenberg hin- und hervermittelte, um so allmählich eine große Koalition der beiden Volksparteien in Deutschland zu installieren.[284] Als diese Koalition 1966 dann tatsächlich zustande kam, wurde Ahlers für seine Vorleistungen belohnt und erhielt das Amt des zweiten Regierungssprechers. Schon während dieser Regierungszeit fiel Ahlers durch eine mitunter verstörende Flapsigkeit auf. Ahlers kreierte denn ja auch die Charakterisierung „wandelnder Vermittlungsausschuss" für den Kanzler der Großen Koalition, Kurt Georg Kiesinger.

Unter Brandt stieg Ahlers dann 1969 vom Stellvertreter zum Chef auf. Das hatte gewiss auch damit zu tun, dass Ahlers sechs Wochen vor der Bundestagswahl öffentlich erklärte, er könne sich einen Bundeskanzler Brandt sehr gut vorstellen.[285] Kiesinger schäumte damals. Brandt feixte – und prämierte den Coup mit dem Chefposten des Bundespresseamtes. Die Funktion des Regierungssprechers ist, wir sahen es häufig, keine leichte Aufgabe. Man kann rasch zwischen alle Stühle geraten. Man muss die Mächtigen der Politik zufrieden stellen, darf aber auch die publizistischen Kontrolleure und Kritiker der Macht nicht vor den Kopf stoßen. Das kann oft genug die Quadratur des Kreises bedeuten. Auch Ahlers hatte seine liebe Mühe damit. Die meisten Mächtigen der SPD jedenfalls waren chronisch unzufrieden mit ihm. Auch die einstige Vaterfigur Wehner war mittlerweile bitterböse auf ihn. Gallig sprach Wehner von der „miesen Art", in der Ahlers die Politik der Regierung begleiten würde. Der Regierungssprecher zahlte mit gleicher Münze zurück: „Wehner war einmal ein bedeutender Mann. Heute schimpft er nur noch herum."[286]

---

[284] Vgl. Der Spiegel, 25.8. 1969.
[285] Vgl. Joachim Besser, Der Herr Staatssekretär, in: Kölner Stadt-Anzeiger, 7.11. 1969.
[286] Zitat in: Neue Revue 1971, Nr. 42.

Freunde verschaffte er sich damit in der SPD nicht. Helmut Schmidt war ein Gegner des Regierungssprechers, auch der SPD-Bundesgeschäftsführer Hans-Jürgen Wischnewski. Und dem linken Parteiflügel war Ahlers sowieso zu weit rechts. Die Sozialdemokraten hätten gerne einen dezidierten Chefpropagandisten für Entspannungs- und Sozialpolitik an der Spitze des Bundespresseamtes gesehen, der das Volk tagtäglich über den Segen sozialdemokratischer Fortschrittlichkeit aufklärte. Aber so war Ahlers nicht. Oft zeigte er ironischen Abstand zur Politik der eigenen Regierung. Er verkörperte nicht den Pathos des sozialdemokratischen Reformismus. Wenn er vor die Bundespressekonferenz trat, gab er sich schnoddrig, lässig, ja unabhängig[287]. So entfernte er sich von den Mächtigen, denen er doch dienen sollte. Dadurch aber blieb er nahe bei den Journalisten, die von ihm Information erwarteten – und sie auch bekamen. Ahlers war sehr offen, nicht geheimniskrämerisch oder ängstlich, wie viele Regierungssprecher vor und nach ihm. Infolgedessen war der Rückhalt für Ahlers – für „Conny", wie ihn die alten Kollegen aus den Medien in Bonn vertraulich nannten – unter den Journalisten groß und gewichtig.[288] Aber entscheidend war, dass ihn Willy Brandt in den ersten drei Jahren hielt. Ahlers war neben Ehmke Brandts zweiter „Troubleshooter". „Trouble is my business" – dass hing als Sinnspruch auch in Ahlers Büro.[289] Brandt hatte, wie gesagt, angesichts eigener Zögerlichkeiten und Zauderlichkeiten Bedarf nach einem solchen Typus. Auch in seinen „Erinnerungen" schrieb Brandt wohlwollend: „Beiden, Ehmke wie Ahlers, war die gleiche Art eigen, Können und unkonventionelles Vorgehen zu verbinden"[290]. Ahlers war, wie Ehmke, für Brandt Blitzableiter, Prellbock, Minenhund, Provokateur. Ahlers und Ehmke nahmen dadurch Druck von Brandt, was gerade für diesen Kanzler enorm wichtig war. Sie kompensierten, was Brandt fehlte. Aber sie hatten, vielleicht auch gerade deswegen, Schmidt und Wehner gegen sich. So bemühte sich Ahlers

---

[287] Vgl. Karl-Heinz Krumm, Sonnyboy im politischen Geschäft, in: Frankfurter Rundschau, 23.5. 1970; Brausewetter, S. 56.

[288] Vgl. Friedrich Karl Fromme, Conrad Ahlers beim Abschminken, in: Frankfurter Allgemeine Zeitung, 3.1. 1973; Jürgen Lorenz, Markenzeichen für Unabhängigkeit, in: Frankfurter Rundschau, 5.12. 1972.

[289] Vgl.: Anständig auseinander, in: Der Spiegel, 25.8. 1969.

[290] Brandt, Erinnerungen, S. 306.

1972 um ein Bundestagsmandat, mit Erfolg. Als Regierungssprecher kam er nicht mehr in Frage.

Der Verlust der Prätorianergarde

Damit waren zwei wichtige, zentrale Stützpfeiler der Kanzlerschaft Brandts nach den Novemberwahlen 1972 weggerissen und sie konnten auch nicht ersetzt werden. Bei der Neubesetzung der Funktion des Regierungssprechers wurde der bettlägerige Brandt vom Trio Scheel, Wehner, Schmidt kalt umgangen, ja regelrecht ausgetrickst. Die Freien Demokraten erhielten bei den Koalitionsverhandlungen mit dem Wirtschaftsministerium nicht nur ein weiteres (klassisches) Ressort, sie bestanden auch darauf, den Posten des Chefs im Bundesinformations- und Presseamt mit einem ihrer Leute besetzen zu können. Das hätte die sozialdemokratische Verhandlungsdelegation natürlich mit großer Empörung zurückweisen müssen und auch ganz leicht abwenden können. Schließlich war die SPD nach ihrem imposanten Wahlsieg stärkste Partei; und schließlich war die politische und persönliche Nähe zwischen dem Regierungssprecher und dem Regierungschef eine unverzichtbare Voraussetzung für eine wirksame, stimmige Öffentlichkeitspolitik. Aber diejenigen Sozialdemokraten, die mit den Freidemokraten die Koalitionsgespräche führten, hatten gar kein Interesse, dem Kanzler einen seiner Vertrauten, vom Typus Ahlers oder Ehmke, zur Seite zu stellen. Und so hatte der Pokerer Walter Scheel ein leichtes Spiel, seinen Kandidaten, den bisherigen stellvertretenden Regierungssprecher Rüdiger von Wechmar, an die Spitze des Bundespresseamtes zu platzieren. Und dennoch machten die enttäuschten Sozialdemokraten, die von den Spitzbubereien Wehners und Schmidt nichts wussten, in der Fläche Willy Brandt dafür verantwortlich, dass ein Freidemokrat die Politik der Bundesregierung nach außen „verkaufte".[291]

Auch Brandt selbst war verbittert, aber er wehrte sich nicht, obwohl er dazu nach dem überragenden Wahlsieg vom 19. November genügend Autorität besessen hätte. Es wäre zu diesem Zeitpunkt leicht für ihn gewesen, Schmidt und Wehner in die Schranken zu verweisen. Aber Brandt tat es nicht. So musste er fortan mit kräftigen Geburtsfehlern der zweiten

---

[291] Vgl. Brandt, Erinnerungen, S. 306.

sozialliberalen Koalition leben. Von Wechmar jedenfalls konnte ihm Ahlers nicht ersetzen. Brandt akzeptierte den neuen Regierungssprecher nicht als Berater, ließ ihn zu den intimen Kanzleramtsrunden nicht zu.[292] Es gab keinen direkten Draht zwischen den beiden. Darunter litt dann auch die Informationspolitik, weil von Wechmar einfach weniger wusste als sein Vorgänger. Brandt hielt von Wechmar – „Dodel", wie ihn Politiker und Journalisten in Bonn nannten – wohl für einen „reizenden, netten und liebenswürdigen"[293] Menschen. Aber politisch misstraute er ihm. Er betrachtete ihn als einen Gefolgsmann Scheels. Umgekehrt verstand sich von Wechmar in der Tat nicht als Sprecher des Kanzlers, sondern als Sprachrohr der gesamten Bundesregierung.[294] Es knisterte und kriselte also zwischen den beiden. Am Ende hielt Brandt von Wechmar auch noch für „faul"; das war geradezu eine „fixe Idee"[295] von ihm, wie ein Brandt-Intimus in seinen Tagebüchern damals festhielt. Als von Wechmar dann auch noch auf einem Bundesparteitag der FDP ein Referat hielt, war Brandt dann endgültig verschnupft. Zwischen dem Kanzler und seinem Regierungssprecher war das Vertrauensverhältnis mindestens gestört.[296]

Der Regierungssprecher also war 1972 kein Teil des Küchenkabinetts, kein elementarer Stützpfeiler der Kanzlerschaft Brandts mehr. Doch schwerer noch wog der Abgang Ehmkes. Denn der neue Mann, Horst Grabert, konnte ihn nicht ersetzen. Im Gegenteil, Grabert war wahrscheinlich einer der schwächsten Kanzleramtschefs überhaupt in der Geschichte der Republik. Zunächst schien es allerdings anders. Anfangs hatten viele den Eindruck, Grabert könne ein Glücksfall sein, denn er hatte nicht die Fehler und Schwächen Ehmkes. Dafür sagte man ihm nach, die Stärken und Potentiale eines ausgezeichneten Behördenchefs zu vereinen. Außerdem verfügte Grabert über eine lupenreine sozialdemokratische Lebensgeschichte. Die Familie war unter den Nationalsozialisten schlimm verfolgt worden. Er selbst hatte im Zwangsarbeitslager ge-

---

[292] Vgl. Ehmke, S. 226; Merseburger, S. 661.

[293] Klaus Harpprecht, Im Kanzleramt: Tagebuch der Jahre mit Willy Brandt. Januar 1973-Mai 1974, Reinbek bei Hamburg, S. 423.

[294] Vgl. Brausewetter, S. 58.

[295] Harpprecht, S. 443.

[296] Vgl. Baring, S. 595: vgl. über diese Zeit auch die zurückhaltenden Erinnerungen von Wechmars: Rüdiger von Wechmar, Akteur in der Loge, Berlin 2000, S. 239 ff.

litten. Nach 1945 war er sofort der Berliner SPD beigetreten, hatte sich bei den Jungsozialisten engagiert. Willy Brandt lernte er schon in den späten 1940er Jahren kennen. Man verstand und mochte sich. Grabert leitete die Berliner Staatskanzlei, war ab 1969 Berliner Senator für Bundesangelegenheiten, wusste also über die Bonner Szenerie Bescheid. Und alle, die ihn kennen gelernt hatten, urteilten ähnlich: Grabert sei loyal, fleißig, nachdenklich, ein umsichtiger Administrator.[297] Er machte nicht viel Lärm, arbeitete vielmehr geräuschlos. Und das hielten die meisten nach drei Jahren Amtszeit des lauten, burschikosen, überselbstbewussten, provozierenden Ehmke für einen Vorteil. Der zurückhaltende Grabert erinnerte in Temperament und Understatement eher an Globke; und das war für die schwierige Koordinationsaufgabe in der Regierungszentrale ja im Grunde das Richtige. So dachte Bahr, der Grabert vorschlug. So dachte auch Brandt, der ihn einstellte. Und so dachten andere Beobachter in Bonn.

Sie irrten sich alle. Grabert war ein ziemlicher Ausfall. Selbst auf dem Feld der bürokratischen Administration war ihm Ehmke haushoch überlegen gewesen. Dem Diplomingenieur Grabert fehlten die juristischen Kenntnisse, die ein Kanzleramtschef wohl braucht, um die rechtlichen Restriktionen, Probleme und Folgen im Gesetzgebungsverfahren einigermaßen überschauen zu können. Grabert war dadurch unsicher und ängstlich, unsouverän im Umgang mit der Ministerialbürokratie. Er vergrub sich in seine Akten und sein Arbeitszimmer, hatte nicht Zeit genug für Gespräche und Kontakte mit den übrigen Mitarbeitern des Kanzleramtes. Er delegierte aber auch nicht – aus Furcht, Kompetenzen und politischen Einfluss zu verlieren. Im Übrigen flüchtete er an Wochenenden gern oft und lang nach Berlin.[298] Als Berater des Kanzlers taugte er nicht sonderlich; dafür fehlte es ihm an politischem Weitblick, an Inspiration, Temperament, Mut. Brandt war bald bitter enttäuscht, auch Bahr, der ihn „erfunden" hatte, wie er noch zu Anfang stolz erzählte.[299] Der Staatssekretär in der Regierungszentrale Günter Gaus verachtete den Chef des Amtes gar. Kurzum: Im Zentrum des Kanzler-Küchenkabinetts war ein Loch, ein Vakuum entstanden. Oder noch ganz anders ausgedrückt:

---

[297] Vgl. Baring, S. 524 u. 723; Merseburger, S. 663.
[298] Vgl. Merseburger, S. 667.
[299] Vgl. Harpprecht, S. 429.

Brandt hatte seit November 1972 seine politische Prätorianergarde verloren. Ehmke war weg, amtierte nun als Post- und Forschungsminister, Ahlers war fort; er saß gelangweilt auf den Hinterbänken des Bundesparlaments. Auch Katharina Focke hatte sich aus dem Palais Schaumburg verabschiedet; sie war an die Spitze des Ministeriums für Jugend, Familie und Gesundheit geklettert. Im Kanzleramt und im Küchenkabinett dominierte jetzt diesseits von Grabert ein neuer Schlag: der Typus des von der Alltagspolitik enthobenen Intellektuellen und Schriftstellers, der viel Wert und Zeit auf schöne Formulierungen, gelungene Sentenzen, brillante Gedanken legte. Die neuen Leute im Umfeld Brandts also waren wie der Kanzler selbst. Sie spiegelten ihn nun, ergänzten ihn nicht mehr, deckten nicht seine Defizite ab. Fortan ging es daher bergab.

Der Kanzler und die Intellektuellen

Brandt und die Intellektuellen – das war schon ein besonderes Kapitel in der bundesrepublikanischen Geschichte. Zu keinem anderen Kanzler, ja zu keinem anderen Politiker fanden die Schriftsteller, Regisseure, Bildhauer und Maler eine solche Nähe, einen solchen Zugang wie zu Willy Brandt. Das fing schon mit der nicht-bürgerlichen Lebensgeschichte Brandts an, die den Bohemiens so imponierte. Brandt war der Emigrant, wo doch die anderen Spitzenpolitiker – und ebenso die Intellektuellen selber! – ganz überwiegend in der Wehrmacht Hitlers gedient hatten. Auch die proletarische Herkunft, die nicht-eheliche Geburt Brandts gefiel den linksliberalen Außenseitern, die sich gern über den kleinbürgerlichen, klerikalen Mief der Adenauer-Ära beklagt hatten. Auch dass Brandt oft so verloren wirkte, so in sich versunken, nachgerade schutzbedürftig, nahm sie für ihn ein. Brandt war eben anders als der Rest der sonst verachteten politischen Kaste, weniger zynisch, weniger machtfixiert, weniger männerbündisch in Gestus und Auftritt.[300]

---

[300] Vgl. Schöllgen, S. 212.

Der Spiritus Rector der intellektuellen Annäherung an einen politisch Mächtigen und seine Partei war zweifelsohne Günter Grass.[301] Schon 1961 begleitete Grass Brandt zu einigen Wahlveranstaltungen; dann sang er das berühmte „Loblied auf Willy"; 1965 rief er das „Wählerkontor deutscher Schriftsteller" ins Leben. Schließlich trommelte er – der Verfasser der berühmten „Danziger Trilogie" – als Hauptredner der „Sozialdemokratischen Wählerinitiative" monatelang für Brandt und die SPD. In diesen Jahren sah man Grass auf rund 350 Wahlveranstaltungen, meist in der entlegenen Provinz, in sozialdemokratischen Diasporagebieten. So hatte sich Grass das selbst ausgesucht. Nie wieder rückten Intellektuelle so nahe – und in so großer Zahl – an eine politische Partei heran wie Grass, Lenz, Jens, Härtling und all die anderen zwischen 1969 und 1972 an die SPD. Von einer Symbiose zwischen Geist und Macht sprach man schon in jener Frühlingsstimmung des frühen Sozialliberalismus.

Natürlich gehörte Grass nicht zu Brandts Küchenkabinett. Er war nicht – durchaus zu seinem Leidwesen – dessen ständiger Berater. Auch im Kanzleramt wurde Grass – ebenfalls zu seinem Leidwesen – nur ab und an nach schwierigen terminlichen Vereinbarungen zu einstündigen Gesprächskontakten beim Kanzler vorgelassen. Und doch war Grass, waren Intellektuelle wichtig für die Aura der Ära Brandt, für das Flair des Kanzlers selbst, für den Kult, der um ihn, noch Jahre nach seinem Abtritt, herrschte. Was von dieser Regierungszeit neben der Ostpolitik übrig blieb, waren gewissermaßen intellektuelle Ansprüche, Botschaften und Zukunftsversprechen. Mehrere Jahrgänge sind nachhaltig geprägt worden durch die Leitmaxime „Mehr Demokratie wagen". Jedermann kennt sie als ein Zentralmotiv aus der Regierungserklärung Brandts von 1969. Aber der eigentliche Erfinder und Urheber dieser politischen Ankündigung war doch Günter Grass.[302] Brandt hatte sich dessen Formulierungskunst und Inspirationskraft bedient, hatte damit einen epocheprägenden Begriff für sich und seinen politischen Stil borgen und verwenden können. Brandt war darin eben empfindsamer als beispielsweise Herbert Wehner, dem die Metaphorik der Intellektuellen nichts sagte, der das als

---

[301] Vgl. hierzu und im folgenden Michael Jürgs, Bürger Grass. Biografie eines deutschen Dichters, München 2002; Peter Lösche/Franz Walter, Die SPD. Klassenpartei-Volkspartei-Quotenpartei, Darmstadt 1992,S. 289 ff.
[302] Harpprecht, S. 10.

exaltierte Spinnerei abtat, der also nicht sah, wie sich durch den Diskurs der Intellektuellen das geistige Klima verändern, die kulturellen Unterströmungen verschieben, mithin also auch die Voraussetzungen des Politischen neu ordnen konnten. Brandt hatte dafür einen scharfen Blick. Insofern bedeutete ihm der Umgang mit den Denkern und Dichtern viel.

Nach dem Geschmack von Grass hätte es durchaus noch mehr sein können. Grass hatte damals ein starkes Faible für die Macht und ihre Möglichkeiten. Es drängte ihn oft dorthin, wenngleich er auch kurz davor immer zurückschreckte und zurückging. Er wollte gerne etwas mehr politischen Einfluss; doch wollte er dabei genauso stark unabhängiger Individualist bleiben. Einfach war das nicht. Und einfach war es auch nicht zwischen Grass und Brandt. Zwar bezeichnete Grass Brandt als Freund.[303] Man hatte sich in den 1960er Jahren auch von Familie zu Familie besucht. Doch ganz nahe waren sich die beiden dann nicht gekommen, wie Grass zugeben musste. Es blieben da immer Spuren von Distanz, von langen Pausen, von schwer ergründbarem Schweigen – vor allem (und wie bei so vielen anderen) bei Brandt. Grass mochte und bewunderte Brandt, aber er litt darunter, dass sein Held diese Bewunderung nicht gleichermaßen innig zurückgab. Grass hatte sich 1972 für Brandt in die Wahlschlacht geworfen und unermüdlich für den Kanzler geworben. Dann kam aber von Brandt nichts. Grass war schwer enttäuscht und warf dem Kanzler Anfang 1973 in der Fernsehsendung „Panorama" „uninspiriertes Vor-Sich-Hin-Wursteln" vor.[304] 1973 brachen eben viele Fundamente der Kanzlerschaft Brandts weg, auch die intellektuellen.

Im unmittelbaren Umfeld des Kanzlers, im Palais Schaumburg, aber verstärkte sich der intellektuelle Einfluss in der zweiten Regierungsperiode noch. Zum wichtigsten Berater, zumindest zum entscheidenden Gesprächspartner des Kanzlers stieg in dieser Zeit der Schriftsteller und Journalist Klaus Harpprecht auf. Brandt hatte Harpprecht kurz nach den Bundestagswahlen zum Chef der „Schreibstube", also zum Hauptverantwortlichen für die Kanzlerreden gemacht. Harpprecht arbeitete auf Honorarbasis, war also kein in die Hierarchie des Amtes eingegliederter, weisungsgebundener Beamter. Das Verhältnis zwischen Brandt und Harpprecht war exklusiv. Harpprecht hatte jederzeit Zugang zum Kanz-

---

[303] Vgl. Merseburger, S. 477.
[304] Vgl. Jürgs, S. 274 ff.

ler. Und so hockten die beiden, der Regierungschef und sein Schriftsteller, oft Stunde um Stunde zusammen, grübelten und räsonierten gemeinsam in langen historischen Perspektiven über Grundsätzlichkeiten politischer Ethik und politischer Kultur, über Grundfragen von Ost und West,
sich dabei immer weiter von den lästigen Niederungen der Alltagspolitik
und innersozialdemokratischen Richtungskämpfen entfernend. Harpprecht statt Ehmke – das war ein entscheidender Wechsel von der ersten
zur zweiten Regierungszeit Brandts. Brandt verlor seinen Motor und Antreiber und er gewann ein ebenso kontemplatives Alter Ego, das nicht
mehr wettmachen konnte und wollte, was dem Kanzler fehlte.

Harpprecht und Brandt kannten sich schon seit den späten 1950er
Jahren. Damals hatte Harpprecht auf Vermittlung von Egon Bahr begonnen, Rundfunkkommentare für den Sender Rias zu verfassen. Später
wurde Harpprecht Leiter der Bonner Vertretung des Berliner Nachbar-
senders SFB. So hatte Harpprecht dann ab und an auch Kontakte mit dem
Regierenden Bürgermeister von Berlin, eben Willy Brandt. Die Beziehung baute sich aus, als Harpprecht die Aufgabe annahm, ein zunächst
extrem weitschweifiges, überladenes Manuskript von Brandt und dem
Politologen Richard Löwenthal – eine Biographie über Ernst Reuter – zu
straffen und diesem stilistischen Schliff zu geben. Dadurch kam man sich
näher; allmählich wuchs daraus – wie Harpprecht später stolz festhielt –
„herzliche Freundschaft"[305]. Immer einmal wieder schrieb Harpprecht, in
den 1960er Jahren zwischenzeitlich Leiter der Zeitschrift „Monat" und
des S. Fischer Verlages, für seinen prominenten Freund politische Reden,
vor allem in der Zeit der Großen Koalition. Auch zur Regierungserklärung des neuen sozialdemokratischen Kanzlers 1969 steuerte er einige
Passagen bei. Die vielleicht wichtigste, wirksamste politische Rede, die
Harpprecht in seinem Leben formulierte, trug Brandt im Herbst 1972 auf
dem Wahlsonderparteitag der Sozialdemokraten in Dortmund vor. Wahrscheinlich war das der letzte Anstoß für Brandt, seinem Lieblingsschrift-
steller die Leitung der „Schreibstube" im Kanzleramt anzutragen.

Tatsächlich erzielte die Dortmunder Rede Brandts in einer gewissen
Weise eine epochale Wirkung. Jedenfalls tauchten hier erstmals Begriffe
auf, die man heute noch mit dem Abschnitt des sozialliberalen Auf-

---

[305] Harpprecht, S. 9.

bruchs, der Reformära Brandts verbindet. Und das hatte viel mit den Begriffskünsten Harpprechts zu tun. Die Stärken des Leiters der „Schreibstube" waren unzweifelhaft. Er verfügte, wie sein Chef selbst, über eine feine Witterung für geistige Strömungen. Er besaß dazu die Fähigkeit, solche lebensgefühligen Unterströmungen einer Gesellschaft in pointierte Formulierungen zu übersetzen, sie durch prägnante Allegorien auf einen Namen, ja auf ein politisches Programm zu bringen. Überdies war Harpprecht ein glänzender Stilist, der auch die hölzernen Vorlagen aus der Ministerialbürokratie noch in funkelnde Ansprachen des Staatschefs an das Volk verwandeln konnte. Durch die Dortmunder Parteitagsrede Brandts brachte Harpprecht erstmals den Begriff „Compassion" in die politische Debatte der Republik. Auch die „Neue Mitte" ging auf den Chef der Schreibstube zurück. Und Brandts Versprechen von einer besseren „Lebensqualität" war ebenfalls eine sprachliche Kreation seines Redenschreibers. Das war mehr als gelungenes, routiniertes Marketing, mehr als kurzfristige Slogans, schnell vergängliche Werbesprüche. Harpprecht und Brandt hatten mit diesen Sentenzen ein spezifisches Zeitgefühl der frühen 1970er Jahre gebündelt, in ein politisches Projekt transferiert und dadurch auch langfristig für große Gruppen der Gesellschaft mentalitätsbildend und identitätsstiftend gewirkt. Eine geringe Leistung war das nicht; ihren Nachfolgern gelang dergleichen kaum noch.

Und doch blieben viele Beobachter skeptisch, ob Harpprecht dem Kanzler wirklich gut tat. Der schwäbische Pfarrerssohn neigte oft zum Pathos, ja zu einem etwas appellativen Predigerton. Auch die Dortmunder Parteitagsrede war keineswegs frei davon. Als sich Brandt vor den sozialdemokratischen Delegierten im Finale des Bundestagswahlkampfes für „Compassion" stark machte, schloss er seine Ausführungen dazu mit der Gewissensmahnung: „Habt doch den Mut zu dieser Art Mitleid! Habt Mut zur Barmherzigkeit! Habt Mut zum Nächsten! Besinnt Euch dieser so oft verschütteten Werte! Findet zu Euch selbst."[306] Das war doch mehr die Sprache amerikanischer Erweckungsprediger als die eines bundesdeutschen Kanzlers. Und es war auch nicht, wie viele Freunde des Kanzlers besorgt feststellten, die originäre Sprache Brandts. Harpprecht verformte Brandt, wie einige damals beobachteten. Brandt war stockender, suchender, gebrochener, was viele überzeugend, da authentisch, fanden.

---

[306] Zit. bei Merseburger, S. 655.

Doch Harpprecht hobelte immer alle Ecken, Unebenheiten und Dishar-
monien weg, hatte stets den Ehrgeiz, auch aus kleinen Ansprachen ein
großes rhetorisches Kunstwerk zu zaubern. Harpprecht griff gern und viel
in die Harfe, um das politische Publikum zu entzücken, zu betören.

Brandt gefiel es. Er hatte Harpprecht – der sich in seinem Briefkopf
als „Special Consultant to Chancellor Willy Brandt" bezeichnete[307] –
erkennbar gerne um sich. Denn Harpprecht konnte eloquent schmeicheln,
mit großzügig verteilten Liebenswürdigkeiten seinem Kanzler gefallen.
Brandt stilisierte sich 1973 schon selbst über die Maßen als großer Friedenskanzler. Und Harpprecht stärkte ihn in dieser Selbstwahrnehmung
und Pose noch. Auch überredete Harpprecht den Kanzler, ein weiteres
Buch zu schreiben, das dann unter dem Titel „Über den Tag hinaus" erschien.[308] Daran feilten die beiden an etlichen Tagen im Kanzleramt. Andere Besucher und Berater mussten oft lange draußen warten, wenn
Harpprecht und Brandt um Worte und Einfälle rangen. Ein bisschen ge-
spenstisch war es schon: Die Republik rutschte 1973 in mehrere Krisen
gleichzeitig, aber der Kanzler und sein Schriftsteller zogen sich oft zu
einem „abschweifenden, ablenkenden Plausch" zurück, wie es ein scharf
beobachtender Redakteur der „Zeit" damals nahezu fassungslos kom-
mentierte.[309] Auch andere in Bonn und in der Republik wunderten sich,
dass der Kanzler ihres Landes so viel auf die Meinung eines – wie man
sich zuraunte – nicht immer glücklich operierenden Intellektuellen gab.
Das jedenfalls insinuierte ein Schriftstellerkollege Harpprechts, Horst
Krüger, in einem langen, nachgerade vernichtend, nahezu bösartig for-
mulierten „Zeit"-Essay vom Dezember 1973.[310] Gleichviel was daran
war, alles in allem jedenfalls stützte Harpprecht zu sehr die Unarten
Brandts, seinen Hang zum Rückzug, seine Neigung zum wolkigen Hö-
henflug, seine Schwäche für die historische Selbststilisierung. Harpprecht
war zu sehr „Denkmalpfleger" denn nüchterner Berater in einer am Ende
des Reformrausches zunehmend ernüchternden Republik.

Als „Denkmalpfleger" des Kanzlers galt den journalistischen Beob-
achtern in Bonn auch der zweite Intellektuelle in der Regierungszentrale,

---

[307] Vgl. hierzu und im Folgenden Baring, S. 596 ff.
[308] Vgl. Schöllgen, S. 218; Merseburger, S. 665.
[309] Eduard Neumaier, Der Kanzler und sein Hofstaat, in: Die Zeit, 7.12. 1973.
[310] Vgl. Horst Krüger, Für Brandt in Bonn schreiben, in: Die Zeit, 7.12. 1973.

Günter Gaus.[311] Doch war dieses Urteil nur bedingt richtig. Die Präsenz von Gaus im Kanzleramt war ursprünglich gar nicht beabsichtigt. Vorgesehen war er vielmehr als erster „Ständiger Vertreter" der Bundesrepublik in Ostberlin. Doch die Regelungen der Installierung dieser innen- oder zwischendeutschen Botschaften zogen sich erheblich länger hin als ursprünglich erwartet. Und so musste Gaus, ganz unplanmäßig, von Frühjahr 1973 bis Frühjahr 1974, in Bonn ausharren. Dadurch hatte die Regierungszentrale nun plötzlich zwei Staatssekretäre: Gaus als Staatssekretär *im* Kanzleramt, Grabert als Staatssekretär *des* Kanzleramtes.[312] Beide hatten direkten Zugang zum Bundeskanzler. Beide konnten sich partout nicht leiden. Denn beide waren, wie man das bei Hofe in schöner Regelmäßigkeit antrifft, herzlich eifersüchtig aufeinander. Gaus zumal verachtete seinen Staatssekretärskollegen ziemlich unverhüllt.[313]

Nun war Grabert durchaus nicht der einzige, auf den Gaus herabsah. Es gab da ganze Legionen von Gaus-Geschädigten, gerade auch im Medienbereich, die Opfer der Arroganz des früheren Chefredakteurs des „Spiegel" geworden waren. Eine wohlwollende Presse jedenfalls hatte Gaus nicht, als ihn Brandt zum Staatssekretär ernannte. Die Kommentarlage war eher höhnisch. Zumindest war alle Welt ganz konsterniert, als sie von der Berufung erfuhr. Schließlich hatte der Journalist Gaus, wie man wusste, beim „Spiegel" ein monatliches Gehalt von 40.000 DM bezogen; nun musste sich der Beamte Gaus, wie man schnell recherchierte, mit einem Monatsverdienst von etwa 7.600 DM bescheiden.[314] Und das bei dem Lebenswandel von Gaus, dem Liebhaber kalten Sekts und rassiger Pferde? Der „Herrenreiter" – das war die Charakterisierung, die nachgerade reflexartig kam, sobald auf Gaus irgendwo die Rede kam. Damit wollte man nicht nur andeuten, dass Gaus Besitzer eines Pferdes war. Das sollte den Dünkel von Gaus illustrieren, wie ihn viele wahrnahmen: selbstgefällig, maßlos ehrgeizig, von oben herab, elitär. Diesen Eindruck konnte man zweifellos gewinnen. Gaus war ein scharfsinniger Mann, eine brillanter Analytiker mit interessanten, jederzeit originellen Überlegungen zur Politik. Aber er zeigte wenig Geduld mit Menschen,

---

[311] Vgl. Klaus Dreher, Reizender Posten in einer zugigen Ecke, in: Süddeutsche Zeitung, 7.11. 1973.

[312] Vgl. Eghard Mörbitz, Der Reiz, ein Täter zu werden, in: Frankfurter Rundschau, 23.6. 1973.

[313] Vgl. Merseburger, S. 664.

[314] Vgl. Walter Henkels, Günter Gaus – Sozialdemokrat ohne Parteibuch, in: Bonner Generalanzeiger, 26.6. 1973.

die nicht gleichermaßen interessant und scharfsinnig waren.[315] Takt, Großzügigkeit und Milde waren nicht die Gaben dieses Mannes mit dem strengen, spitzen Gesicht und seinen oft harten Verdikten. Gaus war sehr von sich überzeugt, hielt sich gewiss für einen der Größten im geistigen und politischen Leben der deutschen Bundesrepublik.

In dem einen Jahr im Kanzleramt wäre er wohl gerne ein deutscher Henry Kissinger gewesen. Mit dieser Attitüde trat er im Palais Schaumburg auf, nervte alle anderen. Es war jedenfalls nicht einfach mit Gaus. Denn er hatte schließlich keinen richtigen Job, keine spezielle Aufgabe, kein eigenes Ressort, keine sinnvolle Funktion. Er verfügte stattdessen über eine Menge Zeit und Muße. Er hielt in den Fluren und Büros der Regierungszentrale viele kluge Reden und nörgelte ebenso viel über diesen und jenen. Grabert und Harpprecht konnten es über die Monate kaum noch ertragen. Seinem Tagebuch vertraute Harpprecht wieder und wieder seine ganze Frustration über die „Selbstbezogenheit und die pueril unkontrollierte Eitelkeit"[316] seines Kollegen an. Natürlich konkurrierten die beiden miteinander um den Rang des Chefintellektuellen, des Sprachästheten im Kanzleramt. Gaus hielt Harpprecht „feuilletonistisch" nicht für unbegabt, aber dessen Schreibstil war ihm, der in der Tat kühler, präziser, schärfer formulierte, doch zu „blumig".[317] Und Gaus hatte durchaus treffend erkannt, dass Harpprechts Einfluss auf Brandt nicht unproblematisch war, da er dessen Stärken stützte, aber die selbstdestruktiven Neigungen des Kanzlers zu Flucht und Verdrängung nicht dämpfte. Im Frühjahr 1974 hatte das müßige Warten für Gaus in Bonn endlich ein Ende. Er konnte nach Niederschönhausen umziehen und sein Amt als „Ständiger Vertreter" in Ostberlin antreten.

Immer noch im Kanzleramt war Egon Bahr, nun allerdings nicht mehr als Staatssekretär, sondern als „Minister für besondere Aufgaben". Aus dem alten Küchenkabinett der ersten Regierungsperiode war er also als Einziger noch übrig geblieben. Doch erging es Bahr nun ganz ähnlich wie Gaus. Auch der neue Minister wusste nicht recht, was er mit seiner

---

[315] Vgl. Carl-Christian Kaiser, Selbstverleugnung als tägliche Pflicht, in: Die Zeit, 24.10. 1975; Egon Bahr, Neuland betreten, in: Sozialdemokratischer Pressedienst, 27.11. 1994, S. 2.
[316] Harpprecht, S. 73; ebenso: S. 74, 235, 315, 554.
[317] Vgl. Merseburger, S. 664.

Zeit beginnen sollte.[318] Ihn traf das noch mehr als Gaus, da Bahr in den sechs Jahren zuvor unter hohem Druck, mit viel Tempo, mitunter fast wie im Rausch hatte arbeiten müssen, Politik im großen Maßstab hatte treiben dürfen. Doch nun waren die fundamentalen Vertragswerke mit dem Osten abgeschlossen. Für Bahr blieb da nur noch wenig zu tun. Dergleichen ist für viele Menschen schwer zu verkraften. Auf die anderen im Kanzleramt wirkte Bahr oft gleichgültig, ja resigniert.[319] Brandt machte sich Sorgen um die Gesundheit, ja das Überleben seines langjährigen Mitarbeiters und Freundes.[320] Tatsächlich brach Bahr dann eines Tages mit einem Kreislaufkollaps zusammen, fiel danach für mehrere Monate aus. [321]Kurzum: Die alte Beratercrew von Brandt aus den erfolgreichen Jahren der sozialliberalen Koalition stand dem Kanzler 1973, der „Zeit des großen Missvergnügens"[322], nicht mehr zur Verfügung.

Neid, Eifersucht und Depressionen

Und an der Zusammensetzung der neuen Mannschaft im Kanzleramt war eben vieles problematisch. An individueller intellektueller Brillanz fiel das zweite Küchenkabinett Brandts gewiss nicht hinter dem ersten zurück. Vielleicht sogar im Gegenteil. Aber aus den Individuen des Kanzlerumfeldes der Jahre 1973/74 formte sich keine geschlossene Handlungseinheit. Das hatte mehrheitlich mit den Eifersüchteleien und Ehrgeizigkeiten der Denker und Schreiber zu tun. Gaus mochte Harpprecht nicht – und umgekehrt galt das erst recht. Auch Bahr hatte seine Probleme mit Harpprecht. Alle zusammen stöhnten und lästerten sie über den Chef des Kanzleramts, Horst Grabert. Es wurde viel böse und höhnisch übereinander geredet im Palais Schaumburg jener beiden letzten Jahre der Brandt-Ära. Hilflos und verzweifelt fast mahnte der Kanzler seine Leute immer wieder, sich doch bitte, ja bitte zu vertragen. Aber das erreichte

---

[318] Vgl. Schöllgen, S. 196.
[319] Vgl. Harpprecht, S. 433.
[320] Ebd., S. 439.
[321] Vgl. Horst Grabert, Wehe, wenn Du anders bist! Ein politischer Lebensweg für Deutschland, Dößel 2003, S. 151.
[322] Merseburger, S. 667.

die intellektuellen Individualisten nicht, von denen sich eben jeder für den Klügsten und Geistreichsten hielt und darunter litt, wenn ein anderer ungebührlich lange mit dem Kanzler parlierte. Die ganze Atmosphäre hatte sich dadurch in der Regierungszentrale von der ersten zur zweiten Legislaturperiode verändert. Die Mitglieder des ersten Küchenkabinetts empfanden so etwas wie Glück, Lust, Tatendrang, als sie in Gesprächsrunden und Morgenlagen beieinander saßen. Das zweite Küchenkabinett war dagegen gelähmt durch Rivalitäts- und Neidgefühle, durch Eitelkeiten und Intrigen, schließlich durch Besserwisserei, Sarkasmus und Resignation. Auch der Alkohol, so war zu hören, spielte nun eine größere Rolle.[323] Am Ende klagte der Kanzler bitter darüber, dass ihm sein eigenes Amt mehr Last als Stütze bedeute.[324]

Allerdings hatte der Kanzler sein Amt auch nahezu systemwidrig organisiert. Eifersüchteleien und Rivalitäten zwischen Höflingen waren an sich nichts Besonderes; im Umfeld der politischen Macht war das eher die Regel als die Ausnahme. Auch in den Küchenkabinetten anderer Kanzler finden wir persönliche Fehden und Konkurrenzen. Entscheidend war dann, dass die formalen Entscheidungs- und Hierarchiestrukturen für Ordnung und Verbindlichkeit in dem sonst drohenden Chaos des Jeder-gegen-Jeden sorgten. An einer solchen eindeutigen Hierarchie aber fehlte es im Kanzleramt nach dem Wahlsieg von 1972. Das Amt hatte einen Leiter, Grabert, der aber Chef nicht wirklich sein konnte. Denn im Amt saß noch ein Minister, Bahr, der zumindest nominell über ihm rangierte. Im Amt logierte überdies, wir sahen es, noch ein zweiter Staatssekretär, Gaus, der im gleichen Rang wie der Kanzleramtsvorsteher angesiedelt war. Und schließlich hatte sich in einer Kammer unmittelbar unter dem Dach des Palais Schaumburg noch der Hauptberater des Kanzlers eingenistet, Harpprecht, der seine eigene private Sekretärin mitgebracht hatte, auf Honorarbasis arbeitete und hierarchisch nirgendwo ein- oder angebunden war. Der Kanzleramtsleiter jedenfalls hatte ihm Weisungen nicht zu geben; und Harpprecht ließ das auch nicht zu. So blieben die wichtigsten Berater des Kanzlers 1973/74 eine lose Ansammlung intellektueller Individualisten. Es existierten kein Dirigent und keine klare Or-

---

[323] Vgl. Schöllgen, S. 196.
[324] Vgl. Baring, S. 595 ff.; Harpprecht, S. 315.

chesterstruktur, die aus begabten Solisten einen harmonisch klingenden, gemeinschaftlichen Chor hätte machen können.[325]

Und nochmals: Die Solisten waren ihrem Kanzler von Temperament und Mentalität zu ähnlich. Brandts große Stärke war die weite politische Perspektive, der Zukunftsentwurf, auch die Wertefundamentierung von Politik. Brandt dachte in großen internationalen Zusammenhängen, diskutierte mit Vorliebe über europäische Friedensordnungen oder eine gerechte Weltwirtschaftsstruktur. Brandt beschrieb seine politischen Ziele vom Jahr 2000 her, nicht aus den Gegenwärtigkeiten des Jahres 1973 heraus. Zwischen 1968 und 1972 traf er mit diesem politischen Ansatz den Geist der Zeit in den jungen und mittelalten akademischen Mittelschichten. Damit öffnete Brandt, öffneten auch seine semantischen Schreib- und Wortartisten die Sozialdemokratie für neue Wählerkreise, hoben sie über die klassische Facharbeiterschaft hinaus, in das Bildungsbürgertum hinein. Das hatte die SPD vitalisiert, modernisiert und schließlich mehrheitsfähig gemacht. Das war eine zweifellos historische Leistung Brandts.[326]

Aber 1973 verlangte die Republik nicht mehr nach weiteren epochalen Reformprojekten. Sie suchte nach pragmatischen Antworten auf die vielen Widrigkeiten, Probleme und Krisen, die das Land neuerdings belasteten: die Inflation, der Erdölschock, die Fahrverbote, der Fluglotsenstreik, die Vorboten der Massenarbeitslosigkeit. All das war Brandt eher lästig. Ihn faszinierte der weite Blick, nicht das Klein-Klein des politischen Alltags mit den taktischen Winkelzügen und zähen Verhandlungen in Gremien, Ausschüssen, Kommissionen. Brandt machte auch das disziplliniert mit; aber inmitten solcher Sitzungen konnte er plötzlich geistig wegtauchen, sich innerlich abmelden, den Blick starr auf einen imaginären Punkt gerichtet. Sein Gesicht wandelte sich dabei zur Maske. Auch die Depressionen, die Brandt sich von Zeit zu Zeit nahm, waren Vehikel der Flucht und des Ausstiegs. Allein Ehmke hatte in seinen Jahren als Kanzleramtschef Brandt energisch und hemdsärmelig in die Zwänge des Alltags zurückgestoßen, ihn zu regieren und zu entscheiden gezwungen, ob der Kanzler nun wollte oder nicht. Seine neuen Getreuen aber ließen Brandt in seiner Schwermut, seiner Introversion, seiner Versunkenheit.

---

[325] Vgl. Niclauß, S. 149; Merseburger, S. 664.
[326] Vgl. Stern, S. 128.

Sie stärkten ihn darin eher, partizipierten an den sinnigen Grübeleien, am Zustand der Transzendenz. Niemand drängte Brandt nach Ehmkes Abgang noch zur Handlung, zum unmissverständlichen Votum, zur energischen Tat. Doch gute Berater in der Politik dürfen so nicht sein. Sie dürfen ihren politischen Helden nicht doppeln oder spiegeln. Sie müssen sich von ihm unterscheiden, müssen ihn mit eigenen, differenten Begabungen ergänzen, erweitern, korrigieren und ausgleichen. Daran fehlte es im Umfeld des Kanzlers in den Jahren 1973/74.

Nun war es in der Tat nicht ganz einfach mit Brandt. Gewiss, er war ohne Zweifel ein guter Zuhörer, nicht aufbrausend, nicht besserwisserisch wie zuweilen Schmidt. Brandt war für neue Informationen und Deutungen offen und lernbereit. Insofern war es angenehm, für ihn zu arbeiten. Auch lockerte er in Gesprächsrunden Spannungen immer dadurch auf, dass er einen seiner vielen Witze erzählte, über die er – glucksend und gluckernd noch vor der eigentlichen Pointe – stets selber am meisten lachte.[327] Seine Leute mochten das an ihm, ertrugen daher auch, dass sie etliche Anekdoten des Kanzlers nicht nur einmal zu hören bekamen. Mit mehreren seiner Zuarbeiter war Brandt auch auf „Du" und „Du". Und doch kam keine allzu intime Vertraulichkeit auf. Brandt hielt immer auf Distanz, ließ niemanden zu weit an sich heran, zeigte sich sofort verschlossen, verweigerte Zugang und auch Zuneigung. Brandt hatte enge Vertraute, glühende Anhänger, ja gläubige Fans und Apostel – aber Freunde? Brandt war, so urteilten Viele, die ihn kannten, zur Freundschaft nicht fähig.[328] Das allein unterschied ihn nicht von anderen Kanzlern. Macht und Freundschaft scheinen sich schwer zu vertragen. Doch Brandt neigte stattdessen stark dazu, für Schmeicheleien empfänglich zu sein. Zumindest in seiner zweiten Regierungsperiode umgab er sich zu sehr mit Leuten, die die Pflege seines Denkmals betrieben. Es war schon erstaunlich, in welchem Maße gerade Intellektuelle, denen es sonst immer erheblich leichter fiel, sich durch Gegensatz und Kritik als durch Zustimmung und Identifikation – noch dazu mit der Macht – zu definieren, ihre Fähigkeiten für Brandt zur Verfügung stellten. Der Friedenskanzler schien für sie eine Art Heils- und Heillandrolle inne zu haben. Das Problem war, dass Brandt nach 1972 ganz in dieser Rolle aufging und darin in

---

[327] Vgl. von Wechmar, S. 267.
[328] Vgl. Baring, S. 606; Schöllgen, S. 211; Koch, S. 390.

seinem Umfeld nur Bestätigung fand. Besser aber wäre wohl gewesen, wenn seine Vertrauten ihn aus den glitzernden Höhen einer nahezu sakralen Friedenskanzlerschaft in die rauen Niederungen einer zunehmend schwierigeren Regierungspolitik zurückgeholt hätten.

Diesseits der Küche: Der Fraktionsvorsitzende Wehner

Wichtiger aber vielleicht als alles das war, dass der Fraktionsvorsitzende der stärksten Regierungspartei dem Brandtschen Küchenkabinett nicht angehörte. In keiner Kanzlerschaft der bundesrepublikanischen Geschichte war der Abstand zwischen dem Regierungschef und dem Fraktionschef seiner Partei so groß wie unter Brandt. Vor allem in den letzten beiden Jahren dieser Regierungszeit war es nicht nur Abstand, da war es gegenseitige Animosität, ja Feindschaft.

In den ersten Monaten der neuen sozialliberalen Regierung schien es noch einigermaßen zu gehen, zwischen Brandt und Wehner. Beide telefonierten mehrere Male in der Woche miteinander, kamen auch zu Vieraugengesprächen zusammen um strategische Fragen durchzugehen, die Handlungsweisen von Fraktion und Kabinett eng miteinander zu verklammern.[329] Anfang 1970 lobte der Kanzler den Fraktionschef noch: „Wehner ist für mich der wichtigste Minister, obwohl er dem Kabinett nicht angehört."[330]

Doch lange hielt die Harmonie nicht. Mit der Zeit sprachen Wehner und Brandt in intimen Kreisen zwar schlecht übereinander, aber kaum mehr miteinander. Die „Unvereinbarkeit ihrer Seelen"[331] war zu groß. Der eine, der Fraktionschef war zutiefst misstrauisch, autoritär sozialisiert, ein harter Intrigant, asketisch und puritanisch in seiner Lebensweise; der andere, der Kanzler, war eher diskursiv, fast ein bisschen antiautoritär, freiheitlich gesinnt und den Annehmlichkeiten des Lebens durchaus zugetan. Der Fraktionschef hielt den Kanzler für einen Dandy; der Kanzler den Fraktionschef für einen verklemmten Kleinbürger.

---

[329] Vgl. Brausewetter, S. 24.
[330] Zit. in: Mal gegenhalten, in: Der Spiegel, 9.2. 1970.
[331] Ehmke, S. 197.

Die ganz unverzichtbare Brücke vom Kanzleramt in die Fraktion schlug allein Horst Ehmke. Er besuchte Montag für Montag die Familie Wehner zum Frühstück, um die Politik der Woche mit dem sozialdemokratischen Fraktionschef durchzugehen und abzusprechen. Der Leiter des Kanzleramts war, wie er in seinen Memoiren schrieb, „Botschafter" und „Dolmetscher" zwischen Wehner und Brandt – da die beiden unmittelbar miteinander kaum noch kommunizierten. „Das war in jenen Jahren eine meiner wichtigsten Aufgaben"[332], resümierte Ehmke.

Schließlich war es nicht nur die Funkstille zwischen Brandt und Wehner, die die sozialliberale Koalition belastete. Am Ende arbeitete Wehner ganz gezielt gegen seinen Kanzler, dem er seit 1973 nicht mehr viel zutraute. Man hat es hinlänglich oft beschrieben, wie Wehner die Position des Kanzlers – „der Herr badet gern lau" – unterminierte. Kurzum und zusammen: Es ist nicht leicht für einen Kanzler und sein Küchenkabinett, ohne Einbindung des Fraktionsvorsitzenden der stärksten Regierungspartei zu agieren. Es ist unmöglich, die Macht zu halten, wenn man den mächtigen Anführer der Parlamentarier gar gegen sich hat.

---

[332] Ehmke, S. 197.

VI Kleeblätter bringen Glück und können effizient sein: Helmut Schmidt

Helmut Schmidt ist der Kanzler, der am konsequentesten und strategisch stringentesten mit seinem Küchenkabinett regiert hat. Dass der Hanseat keine großen Gesprächskreise schätzte, hatte sich ja schon während der Großen Koalition gezeigt. Daher war es folgerichtig, dass Schmidt selbst immer nur kleine Küchenkabinette beschäftigte.[333] Schon im Verteidigungsministerium scharte Schmidt ein „kleines Team ideenreicher Leute"[334] um sich, in deren Zentrum Willi Berkhan stand. Schmidt hatte Berkhan unmittelbar nach dem Krieg in den Sitzungen des Sozialistischen Studentenbundes in Hamburg kennen gelernt. Schmidt ist bis heute überzeugt, dass Berkhan ihm seine erste Kandidatur für den Bundestag als Kreisvorsitzender der SPD in Hamburg ermöglicht hatte.[335] In Schmidts Verteidigungsministerium wurde Berkhan Parlamentarischer Staatssekretär und hielt die Verbindung zur SPD-Fraktion. Schmidt hatte gemeinsam mit seinem Freund ein Grundstück am Brahmsee erworben, zusammen hatten die beiden Ehepaare dort Ferienhäuser errichtet. Berkhan und Schmidt teilten in frühen Bonner Abgeordnetenjahren Wohnung und Auto. Die Freundschaft blieb stabil, auch weil Berkhan dem politisch talentierteren Schmidt nie Steine in den Weg legte und dessen Führungsrolle in der Politik vorbehaltlos akzeptierte. Auch als Kanzler suchte

---

[333] Vgl. Sibylle Krause-Burger, Helmut Schmidt. Aus der Nähe gesehen, Düsseldorf / Wien 1980, S. 214 und Mainhardt Graf von Nayhauß, Helmut Schmidt. Mensch und Macher, Bergisch-Gladbach 1988, S. 49.
[334] Jonathan Carr, Helmut Schmidt, Düsseldorf u.a. 1993, S. 80.
[335] Vgl. Schmidt, Weggefährten, S. 480.

Schmidt immer den Rat des Freundes.[336] So blieb Berkhan bis zu seinem Tode Schmidts „inoffizieller pragmatischer Ratgeber"[337].

Daneben hatte Schmidt mit seinem beamteten Staatssekretär Joachim Birckholtz und dem Zeit-Redakteur Theo Sommer zwei weitere Fachkräfte aus Hamburg gewonnen, die vorübergehend in sein Team aufrückten und einen Planungsstab aufbauten. Ergänzt wurde die Runde durch den „one dollar man", Thyssen-Manager Ernst Wolf Mommsen, der die „Geschäftsführung"[338] des Ministeriums übernahm sowie durch den Generalinspekteur der Bundeswehr Ulrich de Maizière. Der Verteidigungsminister hatte sich ein effektives Team zusammengestellt, das ihm Sachverstand und Tatkraft bot. „Schmidts Bereitschaft auf der Suche nach Spitzenberatern über die SPD hinauszuschauen"[339] war ein Faktor, der ihm auch als Kanzler mehr als einmal Probleme mit der eigenen Partei bereiten sollte.

Schmidt verpflichtete seine engsten Berater zur äußersten Diskretion. Dafür wurde innerhalb der Runde auch „Tacheles" geredet, und Schmidt versuchte auch nur selten seine eigene Meinung gegen die der Mehrheit seiner Vertrauten durchzusetzen.[340] Durch die verschiedene Herkunft seiner Berater hatte Schmidt immer die Garantie, dass neue Ideen produziert wurden, er nicht allein die Arbeitslast zu tragen hatte. Der Verteidigungsminister war ganz anders als sein Ruf. Er hörte den Mitarbeitern zu, duldete, ja forderte Widerspruch. Und auf einmal ertrug der als Fraktionschef noch so ungeduldig aufbrausende Schmidt selbst lange Diskussionen, da er sicher war, dass am Ende der Debatte ein tragfähiges Ergebnis herauskommen würde. Schmidt bewies auf der Hardthöhe seine Teamfähigkeit innerhalb des Ministeriums. In Kabinett, Partei und Fraktion blieb er aber der unbändige Antreiber, Nörgler und pragmatische Querkopf, der immer wieder Entscheidungen forderte und seinen Kollegen das Leben nicht gerade einfach machte. Und Willy Brandt musste 1974 nicht zuletzt auch wegen Schmidts politischen Vorstößen das Kanzleramt räumen.

---

[336] Vgl. Schwelien, S. 109.
[337] Carr, S. 27.
[338] Krause-Burger, S. 130.
[339] Carr, S. 80.
[340] Vgl. Krause-Burger, S. 131.

So effizient wie Hans Globke: Manfred Schüler

Im Palais Schaumburg sortierte Schmidt sein Küchenkabinett neu. Anders als später Helmut Kohl war Schmidt davon überzeugt, auch mit wechselnden Beratern Akzente setzen zu können. Emotionale Bindungen an Mitarbeiter spielten für ihn keine Rolle. „Er sammelte eine Gruppe von Mitarbeitern um sich, die viel Einfluß auf politische Entscheidungen auf nationaler Ebene gewannen, die aber kaum die Aufmerksamkeit der Öffentlichkeit auf sich zogen."[341] Das Fachberatergremium, das ihm im Verteidigungsministerium so effektiv zur Seite gestanden hatte, war schon im Finanzministerium nicht mehr zielführend gewesen. Von dort brachte Schmidt jetzt seinen 42jährigen Staatssekretär Manfred Schüler mit, der Kanzleramtschef wurde. Schüler war vorher schon Vorstands-Assistent in Industrieunternehmen und Zuarbeiter der SPD-Fraktion gewesen und hatte daher einige Erfahrung in Verwaltungsabläufen. Er organisierte die Regierungszentrale in einer Perfektion, die vor ihm wohl nur Hans Globke erreicht hatte.[342] Er wurde zu Schmidts zuverlässigstem Zuarbeiter und Berater,[343] teilte mit ihm sogar die Leidenschaft fürs Tabakschnupfen,[344] das sich beim Kanzler gar zu einer „Form von Sucht"[345] entwickelte. Gerade zu Beginn der Kanzlerschaft vermittelte Schüler aber auch mehr als einmal zwischen Brandt und Schmidt, zunächst durchaus mit Erfolg. Denn Reibungsverluste zwischen Partei- und Regierungsführung gab es kaum in der Anfangszeit der Ära Schmidt.

Regierungssprecher und Berater des Kanzlers: Klaus Bölling

Neben Schmidt und Schüler gehörte noch Klaus Bölling zu denjenigen Vertrauten, die „Herrschaftswissen"[346] besaßen. Für das Küchenkabinett

---

[341] Carr, S. 139.
[342] Vgl. Henkels, Keine Angst, S. 193.
[343] Vgl. ausführlicher dazu Walter/Müller, S. 487 ff.
[344] Vgl. Nayhauß, Schmidt, S. 148.
[345] Henkels, Keine Angst, S. 193.
[346] Klaus, Bölling, Die letzten 30 Tage des Kanzlers Helmut Schmidt. Ein Tagebuch, Reinbek bei Hamburg 1982, S. 114.

war Bölling mindestens ebenso wichtig wie Schüler. Der ehemalige RIAS- und NDR-Journalist hatte schon in den sechziger Jahren den damaligen Hamburger Innensenator Helmut Schmidt beraten, der ihn schon damals als Pressesprecher gewinnen wollte.[347] Der zehn Jahre jüngere Bölling selbst bot Schmidt nach dessen Wechsel ins Kanzleramt an, ihm „zu helfen",[348] und ehe er sich versah, war er schon als Staatssekretär und Regierungssprecher engagiert.[349] „Mein Freund Klaus"[350] wurde für Helmut Schmidt zum Imageberater, wie dies vorher nur Karl Hohmann für Ludwig Erhard gewesen war. Ähnlich wie Hohmann sorgte sich auch Bölling mitunter „wie eine Mutter um das Wohl"[351] seines Chefs. Bölling durfte jeden Tag zehn Minuten allein mit Schmidt sprechen.[352] Keiner verstand es so gut wie Bölling, den Willen des Kanzlers in die Öffentlichkeit zu transportieren.[353] Es ist vor allem Bölling zu verdanken, dass Schmidt heute immer noch als Macher, Weltökonom und Krisenmanager der deutschen Politik gilt.

Der Regierungssprecher besaß viele Freiheiten und sorgte auch dafür, dass die Bonner Journalisten mit Hintergrundinformationen aus dem Kanzleramt versorgt wurden.[354] Er riet Helmut Schmidt, alle sechs bis acht Wochen ausgewählte Journalisten zu informellen Treffen einzuladen, was dieser auch beherzigte. Hier sprach Schmidt meist offener als Bölling dies in seinen eigenen Informationsrunden tat, was dem Kanzler das Wohlwollen vieler auch konservativer Journalisten einbrachte.[355]

---

[347] Vgl. Hartmut Soell, Helmut Schmidt. Band 1: Vernunft und Leidenschaft, 1918 – 1969, München 2003, S. 999.

[348] Nayhauß, Schmidt, S. 49.

[349] Es ist mehr als zweifelhaft, dass Bölling als SPD-Mitglied Schmidt von der Fraktion aufgezwungen wurde, wie der der FDP angehörenden und bis dahin amtierende Regierungssprecher Brandts, Rüdiger von Wechmar, von Schmidt hörte, nachdem er der ihm schon den Verbleib auf dem Posten des Regierungssprechers zugesagt hatte (vgl. Rüdiger von Wechmar, Akteur in der Loge. Weltläufige Erinnerungen, Berlin 2000, S. 295 f.).

[350] Zit. nach Nayhauß, Schmidt, S. 48.

[351] Nayhauß, Schmidt, S. 38.

[352] Vgl. Nayhauß, Macht, S. 253.

[353] Vgl. Schwelien, S. 208.

[354] Vgl. Weth, S. 195 ff.

[355] Vgl. Nayhauß, Schmidt, S. 51 ff. und Henkels, Keine Angst, S. 276.

Im Gegensatz zu Bölling, der auch politischer Berater war,[356] war sein Stellvertreter Armin Grünewald nur für die kleineren Dienste im Bundespresseamt zuständig. „Grünewald und Bölling passten nicht zusammen. Der oberste Regierungssprecher hatte sich seinen Stellvertreter allerdings nicht aussuchen können, denn der war noch von Willy Brandt, genauer gesagt, vom damaligen Kanzleramtschef Horst Ehmke berufen worden."[357] Grünewald erarbeitete sich in der Folge jedoch den Respekt der übrigen Mitarbeiter, des Regierungssprechers und auch des Kanzlers, weil er als promovierter Volkswirt und ehemaliger Bonner Büroleiter der Stuttgarter Zeitung entscheidende Kontakte zur Wirtschaft und den Wirtschaftsjournalisten herstellen konnte. Trotzdem gelangte er nie in den engsten Beraterkreis um Helmut Schmidt, auch wenn er mit diesem zuzeiten gemeinsam Klavier spielte.[358]

Neben Schüler und Bölling gehörte Marie Schlei zum Küchenkabinett des Kanzlers, ebenso Pragmatikerin wie die anderen drei Kleeblätter.[359] Die Berlinerin war Schmidts Verbindung zur Fraktion.[360] Sie versuchte diejenigen, die von Schmidts hart führendem Kurs abgeschreckt wurden, wieder für die Politik des Kanzlers zu gewinnen.[361] Das erforderte hohes Engagement und bedingungslosen Einsatz, den Marie Schlei nach den Bundestagswahlen 1976 wohl nicht mehr fortsetzen konnte und wollte. Sie wurde Ministerin für wirtschaftliche Zusammenarbeit.

So rückte der vormalige Staatsminister im Auswärtigen Amt Hans-Jürgen Wischnewski in das Kleeblatt auf, das den Kanzler über Jahre beraten sollte. Jetzt herrschte „Herrenclubatmosphäre"[362] im Küchenkabinett. Wischnewski war vier Jahre jünger als Schmidt und besaß die Gabe, „sich mit sicherem Instinkt an den Kern eines Problems heranzutasten und jede Chance für eine Lösung oder einen Kompromiß zu ergreifen"[363]. Der Staatsminister war als ehemaliger Bundesgeschäftsführer der

---

[356] Bölling wurde bei nahezu allen wichtigen Entscheidungen dazugezogen, etwa bei Kabinettsumbildungen (vgl. Nayhauß, Schmidt, S. 220).

[357] Nayhauß, Schmidt, S. 106.

[358] Nayhauß, Schmidt, S. 107.

[359] Vgl. Schwelien, S. 210.

[360] Vgl. Nina Grunenberg, Vier Tage mit dem Bundeskanzler, Hamburg 1976, S. 21.

[361] Vgl. Schmidt, Weggefährten, S. 491; Martin Rupps: Troika wider Willen. Wie Brandt, Wehner und Schmidt die Republik regierten, Berlin 2004, S. 236.

[362] Krause-Burger, S. 23.

[363] Carr, S. 140.

SPD mit allen Belangen der Partei vertraut. Er übernahm alle Aufgaben von Marie Schlei[364] und pflegte nun auch – viel effektiver als die Staatsministerin und Manfred Schüler dies vermocht hatten – die Kontakte zu Willy Brandt und Herbert Wehner.[365] Mit Helmut Schmidt verband Wischnewski gar eine Art „Freundschaft".[366] Ben Wisch, wie Wischnewski wegen seiner guten Kontakte zur arabischen Welt genannt wurde, war so etwas wie der Feuerwehrmann des Kleeblatts. Er kannte sich innenpolitisch aus, war wie in Mogadischu 1977 der außenpolitische Troubleshooter und eben der Partei- und Fraktionsmanager im Kanzleramt. Doch es sollte sich erst später zeigen, dass dies selbst für einen findigen Mann wie Wischnewski zu viele Aufgaben auf einmal waren.

Zunächst arbeitete die Regierungszentrale lautlos und effektiv. Schmidt strukturierte das Kanzleramt wie das „Vorstandssekretariat einer Aktiengesellschaft"[367]. Er wollte die Politik wie ein Wirtschaftsunternehmen managen. Das Kleeblatt beriet über die grundlegenden politischen Entscheidungen, hier waren die Kanzlerberater dazu verpflichtet, ihrem Chef auch zu widersprechen.[368] Mittelfristige Konzepte durften thematisiert werden, Abschweifungen duldete der Kanzler hingegen nicht. „Was Schmidt an geistiger Anregung brauchte, holt er sich außer Haus"[369], wie etwa in Gesprächszirkeln mit Journalisten.[370] Es dominierte ein kollegialer Ton, Schmidt praktizierte außer bei den SPD-Genossen, die er duzte, das sogenannte „Hamburger Du": Er siezte seine Ratgeber und sprach sie gleichzeitig mit dem Vornamen an. Das schaffte Vertrauen.

Der Beamtenapparat hingegen administrierte, erledigte auch Bagatellen und führte klare Anweisungen aus.[371] Manfred Schüler war der Boss im Kanzleramt, Schmidt vertraute ihm bedingungslos.[372] Schüler kümmerte sich um die Personalfragen und die Kommunikation und Ko-

---

[364] Vgl. Schmidt, Weggefährten, S. 494.
[365] Vgl. Krause-Burger, S. 18; Rupps, Troika, S. 181.
[366] Rupps, Troika, S. 147.
[367] Nayhauß, Schmidt, S. 19.
[368] Vgl. Schmidt, Weggefährten, S. 492 ff. und Krause-Burger, S. 18.
[369] Grunenberg, S. 19.
[370] Vgl. Soell, S. 457.
[371] Vgl. Nayhauß, Schmidt, S. 12.
[372] Vgl. Schmidt, Weggefährten, S. 488 f.

operation innerhalb des Amtes. Er repräsentierte genau wie Schmidts Persönliche Referenten Udo Löwke, Klaus Dieter Leister und Peter Walter den Typ geräuschloser, belastbarer Zuarbeiter, den Schmidt sehr schätzte. Sie ertrugen es mit Gleichmut, wenn der Kanzler wie zu Beginn seiner Amtszeit mit einem lautstarken Pfiff aus der Trillerpfeife sein Erscheinen im Palais Schaumburg ankündigte.[373] Schmidt gab „Befehle".[374] Löwke schrieb vorwiegend Reden, Leister plante Schmidts Termine. Das bedeutete, dass die Arbeitszeit des bei Amtsantritt 38-jährigen Leister sich nach der des Kanzlers zu richten hatte. Der Volljurist, der im Wirtschaftsministerium seine Karriere begonnen hatte, war auch abends und am Wochenende an seinem Schreibtisch zu finden, er fuhr mit Schmidt in den Urlaub und auf Auslandsreisen.[375] Wichtige politische Ratschläge erteilte er seinem Chef aber nicht: Im Kleeblatt waren die Referenten nur als Protokollanten gefragt.[376]

So erging es auch dem zweiten Persönlichen Referenten Peter Walter. Er war aber im Gegensatz zu Leister für die Verbindungen zu den Bundestagsabgeordneten zuständig. Auch der junge Walter begleitete Schmidt in den Urlaub, versorgte den Chef mit Pressemappen und hielt den Kontakt mit den Bonner Kollegen.[377] Da Schüler in der Regel zum selben Zeitpunkt wie Schmidt seinen Urlaub nahm, besetzten die Persönlichen Referenten in dieser Zeit eine Schlüsselposition.

Schmidts Reden wurden von vier dafür beschäftigten Ghostwritern erstellt. Wichtige Vortragsmanuskripte schrieb jedoch meist Bölling.[378] Der langwierige Prozess bis zur Veröffentlichung der Rede war für die Beamten ermüdend. Bei Redemanuskripten stellten sich alle bis dahin amtierenden Kanzler häufig quer. Schmidt war da keine Ausnahme.[379] Er korrigierte jede Rede persönlich durch, häufig erst in der Nacht bevor er sie halten sollte. Dann mussten natürlich – meist gegen Morgen – seine

---

[373] Vgl. Nayhauß, Schmidt, S. 19.
[374] Schwelien, S. 209.
[375] Eigentlich machte Schmidt gar keinen Urlaub. Auf wiederholte penetrante Nachfrage nach der Anzahl der Urlaubstage des Bundeskanzlers sagte der stellvertretende Regierungssprecher Armin Grünewald: „Der Kanzler ist immer im Dienst, er hat nie Urlaub." (zit. nach Nayhauß, Schmidt, S. 177).
[376] Vgl. Schmidt, Weggefährten, S. 492.
[377] Vgl. Grunenberg, S. 7 und Nayhauß, Schmidt, S. 321.
[378] Vgl. Henkels, Keine Angst, S. 200.
[379] Vgl. ebd.

Änderungswünsche ins Manuskript eingefügt werden.[380] Schmidts Redenschreiber waren kompetent und zuverlässig, doch der Kanzler wollte lieber selbst die Kontrolle behalten und verschwendete damit Zeit, die er besser auf Gespräche mit dem Fraktions- und dem Parteichef hätte verwenden sollen. Das mussten bei Schmidt oft genug andere machen. Er hatte sich mit Wehner und Brandt nur noch wenig zu sagen und verlor sich im Regierungsalltag. Die Übersicht über die sozialdemokratischen Leitlinien, die seiner pragmatischen Tagespolitik eine langfristige Perspektive hätten eröffnen können, gingen ihm und seinem Küchenkabinett auch durch ihre Arbeitsorganisation verloren.

Abgeschottet gegen externe Berater: Schmidts Blickwinkel verengt sich

Einen erweiterten oder externen Beraterkreis, wie ihn viele andere Kanzler hatten, besaß Schmidt nicht. Ihn schreckte das Beispiel seines Vorgängers, der sich von Intellektuellen zu sehr vereinnahmen und sich nach Schmidts Meinung falsch beraten ließ. Er setzte „Intellektuelle mit Journalisten und Schriftstellern gleich, die nicht selbst in der Politik stehen, sondern sie nur beobachten. Wegen dieses Blicks ˈvon draußenˈ müßten ihnen zwangsläufig Informationen fehlen, entstünden Fehlurteile.“[381] Das verhinderte die Erweiterung von Schmidts Denk- und Regierungsperspektive.

Schmidt arbeitete so viel wie kein Kanzler vor oder nach ihm. Morgens kam der Morgenmuffel zeitig ins Büro und erledigte Schreibarbeiten. Er beschäftigte mehrere Vorleser, die die tägliche Zeitungslektüre für ihn vorstrukturierten.[382] Auch Bücher ließ er vorlesen und sich die wichtigsten Stellen anstreichen.[383] Scheinbar unwichtige Führungsaufgaben überließ er seinen Untergebenen. Morgens leitete in der Regel nicht der Kanzler selbst – wie das unter Brandt noch der Fall gewesen war – sondern der Chef des Bundeskanzleramtes die „kleine Lage“, die die Staats-

---

[380] Vgl. Nayhauß, Schmidt, S. 204 ff.
[381] Martin Rupps, Helmut Schmidt. Eine politische Biographie, Stuttgart / Leipzig 2003, S. 183.
[382] Vgl. Ben Witter, Prominentenporträts, Frankfurt am Main 1977, S. 47.
[383] Vgl. Nayhauß, Schmidt, S. 204.

sekretäre und Abteilungsleiter umfasste.[384] Hier wurden kurz die tages-
aktuellen Vorgaben besprochen. Der Kanzler ließ sich darüber berichten.
Mittags fuhr Schmidt nicht wie Adenauer und Erhard nach Hause, sondern aß seine Suppe im Büro, um gleichzeitig weiter arbeiten zu können.[385] Das Kleeblatt tagte jeweils dienstags, diese Besprechungen bean-
spruchten viel Zeit. Dazu kamen die regelmäßigen Fraktions- und Kabi-
netts- und Bundestagssitzungen. Der Kanzler arbeitete am Abend gerne
Akten auf und verließ das Amt selten vor Mitternacht.

Das Verhältnis von Schmidt zu seinen Beamten war ansonsten
freundlich, aber auch distanziert.[386] Sie sorgten sich um ihren Chef, nicht
nur wegen dessen angeschlagener Gesundheit. Der Kanzler reagierte auf
ihre Ratschläge allerdings nicht so sensibel wie auf die des Kleeblatts.[387]
Schmidt beschäftigte eine Unmenge von Zuarbeitern und Ghostwritern.[388]
Vor allem die wirtschafts- und außenpolitischen Berater, die unaufhörlich
Stellungnahmen, Zusammenfassungen und Expertisen anzufertigen hatten, die der Regierungschef kaum alle lesen konnte.[389] Der Kanzler belastete seine Mitarbeiter gern und häufig. Für viele waren Überstunden
und Wochenendarbeit an der Tagesordnung. Dabei tat sich der Kanzler
schwer, wichtige Aufgaben zu delegieren.[390]

Schmidt versuchte auch über sein Küchenkabinett seinen Arbeitsstil
auf die Beamten zu übertragen. Die waren damit keinesfalls einverstanden. Eine Umfrage unter den fast 500 Mitarbeitern im Kanzleramt ergab
1979, dass das Betriebsklima keinesfalls gut eingeschätzt wurde. Die
Beamten beklagten sich über die mangelnde Kommunikation. Der Kontakt mit den direkten Vorgesetzten sei in Ordnung, nur die Anbindung an
Schmidt und sein Küchenkabinett sowie das wechselseitige Vertrauensverhältnis hielt die Mehrheit der Mitarbeiter für verbesserungswürdig.[391]
Schmidt und seine engsten Berater hatten einen eigenen Trakt im neuen

---

[384] Vgl. Bölling, S. 7 und Nayhauß, Schmidt, S. 148. Weitere Informationen dazu bei Grunenberg, S.
32 ff.
[385] Vgl. Wechmar, S. 296 und Grunenberg, S. 18 (dort finden sich auch genaue Hinweise zum Tagesablauf des Kanzlers).
[386] Vgl. Nayhauß, Schmidt, S. 133.
[387] Vgl. ebd., S. 117.
[388] Vgl. Henkels, Keine Angst, S. 200.
[389] Vgl. Bölling, S. 27.
[390] Vgl. Grunenberg, S. 64.
[391] Vgl. Nayhauß, Schmidt, S. 321.

Kanzleramt erhalten, zu dem die meisten Mitarbeiter keinen Zugangs-
ausweis besaßen.

Nach Veröffentlichung dieser Umfrage, die Schmidt und seine Berater zunächst für „Quatsch"[392] gehalten hatten, mussten Schüler und
Schmidt Versäumnisse in der Amtsführung einräumen. Sie versuchten in
der Folge, das Betriebsklima zu verbessern, allerdings nur mit mäßigem
Erfolg. Der weitere Kreis der Berater verkehrte vor allem schriftlich mit
Schmidt.[393] Auch der schon unter Brandt eingestellte Wahlkampfstratege
und Chef der Planungsabteilung, Albrecht Müller, gehörte nie zum Küchenkabinett. Bölling, Schüler und Wischnewski behielten ihre elitäre
Stellung innerhalb des Kanzleramtes, und sie umwehte weiterhin etwas
„geheimnisvoll Unpersönliches"[394].

Im Küchenkabinett selbst herrschte wechselseitige Loyalität, alle
Beteiligten teilten Schmidts Bestrebungen, zu schnellen und praktikablen
Entscheidungen zu kommen. Dabei wurde die „Arkan-Politik"[395] nicht
übertrieben, wie dies etwa bei Erhard der Fall gewesen war, weil die Berater über Wischnewski mit den anderen entscheidenden Machtzentren
vernetzt waren. Das Küchenkabinett ähnelte auch ein wenig dem der
Großen Koalition, weil es zumindest ansatzweise Bestrebungen gab, die
engen Berater auch formell in den politischen Betrieb einzugliedern. Regierungssprecher Bölling etwa durfte am Kabinettstisch Platz nehmen,[396]
eine Regelung die Schmidts Nachfolger für ihre Pressesprecher übernahmen. Und in außergewöhnlichen Krisenzeiten reagierten das Regierungssystem und seine Akteure auch instinktiv mit der Verbreiterung der Legi-
timitätsgrundlage. So wurde etwa im Deutschen Herbst, als die RAF Ar-
beitgeberpräsident Hans-Martin Schleyer und eine Lufthansa-Maschine
entführte, Schmidts Küchenkabinett gegenüber dem Krisenstab ent-
machtet.[397] Anschließend agierte Staatsminister Wischnewski nur noch
im Auftrage der entscheidenden Politiker von Regierungs- und Oppositi-
onspartei.

---

[392] Nayhauß, Schmidt, S. 320. (Dort finden sich auch weitere Hinweise zum internen Arbeitsablauf
im Kanzleramt).
[393] Vgl. Grunenberg, S. 63.
[394] Henkels, Keine Angst, S. 204.
[395] Krause-Burger, S. 215.
[396] Vgl. Nayhauß, Macht, S. 253.
[397] Vgl. Schwelien, S. 126.

Im Regelfall war aber Schmidts Küchenkabinett ein entscheidender Faktor im Regierungssystem der Bundesrepublik der ausgehenden siebziger Jahre. Das Kleeblatt funktionierte, hier wurden die entscheidenden Dinge vorentschieden, Arbeitsabläufe festgelegt und mittelfristige Strategien erarbeitet. Es erwies sich als geschickt, den Regierungssprecher in die Entscheidungen miteinzubeziehen: So entstand ein kongruentes Bild der Regierung in der Öffentlichkeit, und es wurde nicht mit mehreren Zungen gesprochen, wie dies etwa unter Helmut Kohl der Fall sein sollte.

Schmidts Regierungsstil spiegelte auch ein wenig den Zeitgeist. Der Kanzler konzentrierte sich auf das Machbare. Große Reformpläne, die in der Ära Brandt im Küchenkabinett entstanden, verschwanden in den Schubladen der Mitarbeiterschreibtische.[398] Jetzt wurde pragmatisch den Problemen des Alltags begegnet. In diesen sonst so „alternativen" siebziger Jahren bot der Kanzler mit seinem Macher-Image vielen Menschen Stabilität, garantierte Sicherheit. Das entsprach vielleicht nicht immer dem Duktus jener Jahre, doch Schmidt und sein Regierungsstil wurden von vielen Bürgern goutiert, wie Meinungsumfragen zeigten. Zwar wurde auch der autoritäre Stil des Kanzlers angeprangert, doch Schmidts Küchenkabinett wurde nie von größeren Teilen der Bevölkerung verdächtigt, undemokratisch zu agieren.

Schmidt wollte im komplexer werdenden Politik- und Verwaltungsbetrieb die Entscheidungszirkel klein halten. Das garantierte ihm die Effektivität, die nur Adenauer vorher in den Regierungsbetrieb einführen konnte. Auch in den fünfziger Jahren war es schließlich um einfache Dinge gegangen: Die Wirtschaft sollte wachsen, die außenpolitischen Bindungen stabil gehalten, Krisen abgewendet werden. Eben das lag auch vielen Menschen angesichts einer sich rasch wandelnden Gesellschaft am Herzen. Der Kanzler und sein Küchenkabinett versuchten diese Wünsche zu erfüllen.

Helmut Schmidt hält noch heute die Organisation des Kleeblattes für nahezu perfekt.[399] Er schätzte seine engsten Mitarbeiter so, dass er sich auch im Wahlkampf von ihnen beraten lassen wollte. Das Wahlkampfteam 1976 war noch vom Bonner Erich-Ollenhauer-Haus zusammenge-

---

[398] Vgl. Grunenberg, S. 88.
[399] Vgl. Schmidt, Weggefährten, S. 497, und Krause-Burger, S. 19.

stellt worden. Schmidts Küchenkabinett konnte kaum eingreifen und der Kanzler traute den Parteifunktionären nicht, die aus ihm eine Art Erhardschen Volkskanzler machen wollten.[400] Vier Jahre später wollte Schmidt unbedingt Hans-Jürgen Wischnewski als Wahlkampfleiter haben und sich nicht auf den Bundesgeschäftsführer und Brandt-Vertrauten Egon Bahr verlassen. Schmidt hatte Glück und bekam seinen Willen: Wischnewski wurde auf dem Berliner Parteitag auch zum stellvertretenden Parteivorsitzenden gewählt.[401] Der neue Wahlkampfleiter, der von Bölling unterstützt wurde, wusste, was sein Kanzler wollte. Er schneiderte ihm eine Imagekampagne auf den Leib, die durch die Wahlkampfsituation wirkungsvoll unterstützt wurde. Schmidt profilierte sich als Garant der Sicherheit und der weltpolitischen Kompetenz gegen seinen Herausforderer Franz Josef Strauß. Doch Schmidt und seine Berater hatten nur einen Pyrrhussieg errungen.

Das Kanzleramt-Team zerfällt von innen

Denn nach der Bundestagswahl 1980 fiel das Küchenkabinett auseinander. Außen- und wirtschaftspolitische Berater, die für Schmidt Expertisen und Vorlagen erarbeitet hatten, warfen der Reihe nach das Handtuch.[402] Das hatte auch strukturelle Gründe. Seine beiden Persönlichen Referenten Klaus Dieter Leister und Peter Walter hatten nach sechsjähriger Zusammenarbeit 1978 und 1979 ihren Chef verlassen; beide, weil sie ehrgeizig und emsig waren, also Tugenden besaßen, die Schmidt schätzte und förderte. Der 41-jährige Leister war bereits Ministerialdirigent, konnte aber nicht gegen den Willen der gesamten Bürokratie im Kanzleramt zum Ministerialdirektor befördert werden. So wurde er schließlich Abteilungsleiter im Bundesministerium für wirtschaftliche Zusammenarbeit.

Auch Peter Walter wollte nicht mehr länger Schmidts „Aktentaschenträger"[403] spielen. Er war mit 35 Jahren bereits an der Karriereend-

---

[400] Vgl. Nayhauß, Schmidt, S. 259.
[401] Vgl. ebd., S. 347.
[402] „Wer sich verbessern konnte (...) ging." (Nayhauß, Schmidt, S. 386).
[403] Nayhauß, Schmidt, S. 322.

stufe des mittleren Beamtendienstes angekommen. Da Walter kein Abitur hatte, konnte er nicht ohne weiteres in den höheren Dienst, etwa als Regierungsrat, übernommen werden. So wechselte Schmidts zweiter Persönlicher Referent als Parlamentsreferent zum Hamburger Wirtschaftssenat, weil er hier noch Aufstiegschancen sah.[404] Neuer Leiter des Kanzlerbüros wurde ein Vertrauter Böllings aus dem Bundespresseamt: Werner Bruns. Er bekam den Apparat nur langsam in den Griff. Gerade in den kritischen Phasen um das Jahr 1980 wirkten sich die dadurch entstehenden Reibungsverluste – und sei es nur zwischen Bürochef und Sekretärin – auch auf den Output der Regierungszentrale aus. Die Arbeit von Schmidts Persönlichem Büro wurde nie wieder so effektiv wie unter dem eingespielten Team Leister / Walter.

Auch einige Redenschreiber wechselten die Position. Schmidt und sein Kanzleramtschef achteten bei deren Neubesetzung wieder einmal nicht auf das Parteibuch, sondern nur auf die Fähigkeiten der zukünftigen Mitarbeiter. So wurde etwa der FDP-Mann Rolf Breitenstein neuer Chefredenschreiber. Damit zog die Führung des Kanzleramtes wieder einmal den Ärger der Mitarbeiter in der Parteizentrale auf sich, von denen sich einige auch Hoffnungen auf einen Wechsel in die Regierungszentrale gemacht hatten. Schmidt missachtete hier wieder Machtmechanismen, die ihn vielleicht in der Effektivität seiner Arbeit behindert hätten, ihm aber langfristig Loyalitäten und Sicherheiten verschafft hätten, über die er nun in Krisenzeiten nicht verfügte.

Die Organisation eines fähigen und effizienten Beamtenapparates, der ein Küchenkabinett unterstützt, liegt nicht immer allein in der Hand des Kanzlers und seiner Personalberater. In Schmidts Fall trugen sowohl seine Arbeitsorganisation, die viele Mitarbeiter abstieß, als auch die beamtenrechtlichen Regelungen zu Gehalts- und Beförderungsrichtlinien, als auch die Nichtbeachtung des SPD-Mittelbaus zur Erosion seiner Macht bei.

Das Betriebsklima verschlechterte sich weiter. Am nachträglichsten für das Regierungsgeschäft wirkte sich aber die Auflösung des Kleeblatts aus: Wischnewski musste wohl oder übel in der Parteizentrale die Fäden in die Hand nehmen. Die Bemühungen des Kanzlers scheiterten, ihn als

---

[404] Vgl. hierzu und zum Folgenden Nayhauß, Schmidt, S. 323.

Nachfolger des Fraktionsvorsitzenden Herbert Wehner durchzusetzen.[405] Und der Rest des Kleeblatts hatte sich regelrecht kaputtgearbeitet. Manfred Schüler und Klaus Bölling baten den Kanzler nach sechs Jahren um einen Berufswechsel. Der Chef entsprach dem, auch weil er wusste, dass zumindest Schüler ebenso wie er selbst unter arbeitsbedingten Krankheiten litt.[406] Bölling hingegen wurde an einen politischen Nebenkriegsschauplatz versetzt. Er wurde der Nachfolger von Staatssekretär Günter Gaus, dem ehemaligen Kanzlerberater Brandts, der als Ständiger Vertreter der Bundesrepublik in Ost-Berlin Schmidt mit dem ehemaligen Reichskanzler der Weimarer Republik und Minister im ersten Kabinett Hitler, Franz von Papen, verglichen hatte.[407] Gaus wurde in der Folge vom SPD-Parteivorsitzenden Willy Brandt als deutschland-politischer Berater angeheuert. „Eine Ohrfeige für Schmidt!"[408]

Die Risse in der Troika Brandt, Wehner und Schmidt waren unübersehbar geworden.[409] Die Zeiten waren vorbei, zu denen Schmidt mit Brandt vor jeder SPD-Präsidiumssitzung noch zu einem 30-minütigen jour-fixe zusammengetroffen war.[410] Die Kommunikation zwischen den verschiedenen Machtzentren wurde noch weiter zurückgefahren, Koordination gab es fast überhaupt nicht mehr.

Koordination und Krisenmanagement? Fehlanzeige

Das lag bestimmt nicht allein, aber eben auch an der Organisation des Küchenkabinetts: „Helmut Schmidt hatte zur Jahreswende 1980/81 natürlich nicht die leiseste Ahnung, daß mit der Trennung von vielen zum Teil engen Mitarbeitern, wie Schüler und Bölling, sein Abstieg begann,

---

[405] Vgl. Nayhauß, Schmidt, S. 396.
[406] „Wir waren uns nach der Bundestagswahl 1980 einig, dass er aus dem Staatsdienst und aus dem politischen Geschäft ausscheiden und in den Vorstand der Kreditanstalt für Wiederaufbau eintreten würde. Schüler hatte mehrfach schon Bemerkungen über seine langjährige Überlastung und seine Gesundheit gemacht, und ich fühlte mich verpflichtet, ihn gehen zu lassen." (Schmidt, Weggefährten, S. 496).
[407] Vgl. Bölling, S. 111.
[408] Nayhauß, Schmidt, S. 396.
[409] Vgl. Franz Walter, Die SPD. Vom Proletariat zur Neuen Mitte, Berlin 2002, S. 212.
[410] Vgl. Grunenberg, S. 13 f.

an dessen Ende der Rücktritt stand."[411]. Durch Böllings Weggang verschlechterte sich die Öffentlichkeitsarbeit, Schmidts Amtsführung geriet in die Schlagzeilen.[412] Böllings Nachfolger, der Zeit-Journalist Kurt Becker, bekam das Bundespresseamt nie richtig in den Griff.[413] Mit Bölling war auch dessen Stellvertreter Grünwald gegangen, so dass Becker kaum auf professionelle Hilfe bei der Amtsführung zurückgreifen konnte. Der Pressechef hatte in Bonn zuwenig Kontakte und kannte sich auch in der SPD nicht aus. Der neue Regierungssprecher kam mit Schmidts Arbeitsstil nicht zurecht und ihm unterliefen Fehler, die Bölling nicht unterlaufen waren.[414] Im Nachhinein bezeichnete Schmidt selbst die Berufung Beckers als „Fehler"[415]. Dessen Defizite in der Pressearbeit wären mittelfristig schon auszubügeln gewesen. Doch Schmidt war von Bölling weit mehr gewohnt, als er nun von seinem Nachfolger geboten bekam. Der Quereinsteiger ohne große politische Erfahrungen war mit dem Managen der auseinander driftenden Koalition überfordert.[416] Er besaß in Bonn keine Kontakte und war auch in der SPD nicht sehr beliebt. Im Frühjahr 1982 entließ der Kanzler seinen „Bewunderer und Freund"[417]und holte Klaus Bölling aus Ost-Berlin zurück.

Auch Wischnewskis Nachfolger als Staatsminister im Kanzleramt, Gunter Huonker, agierte glücklos. Huonker besaß zwar wirtschafts- und außenpolitischen Sachverstand, den Schmidt sehr schätzte.[418] Der Kanzler übersah aber, dass der 42-jährige Huonker trotz seiner Zugehörigkeit zur Parteilinken in der SPD keinerlei Hausmacht hatte und ihm auf diesem Feld, das Wischnewski noch so erfolgreich bestellt hatte, keine Erträge einbringen konnte. Huonker galt zwar als einer der Vertrauten Wehners, doch der hatte selbst seine Fraktion in den letzten Jahren nicht mehr im Griff. Wehner fiel oft wegen Krankheit aus und der 75-jährige vormalige Zuchtmeister besaß auch nicht mehr die Energie und vielleicht auch nicht den Willen, seine Abgeordneten hinter den Kanzler zu brin-

---

[411] Nayhauß, Schmidt, S. 390.
[412] Vgl. Carr, S. 213.
[413] Vgl. Nayhauß, Schmidt, S. 388 f. und S. 443.
[414] Vgl. etwa Nayhauß, Schmidt, S. 437.
[415] Schmidt, Weggefährten, S. 239.
[416] Vgl. Schmidt, Weggefährten, S. 239.
[417] Schwelien, S. 168.
[418] Vgl. ebd., S. 495.

gen. Huonker war da erst recht überfordert, im Übrigen auch recht unsicher[419]. Wie Bölling, holte Helmut Schmidt im Frühjahr 1982 auch Hans-Jürgen Wischnewski ins Kanzleramt zurück. Doch das Küchenkabinett war nicht mehr das alte.

Nachfolger von Manfred Schüler als Chef des Kanzleramtes wurde Manfred Lahnstein. Der 43-jährige Rheinländer und „Bonvivant"[420] „mit einer imponierenden Vielfalt an Talenten (unter anderem baut er Wein an und spielt Posaune)"[421], war Schmidt wegen dessen finanzpolitischem Sachverstand aufgefallen. Lahnstein galt als Optimist, der Behörden zu führen gewohnt war.[422] Er hatte bereits unter Brandt im Kanzleramt gearbeitet, kannte also die Arbeitsabläufe. Lahnstein konnte als einziges Mitglied des neu zusammengesetzten Kleeblattes seinem Vorgänger zumindest ansatzweise das Wasser reichen. Doch die Hauptkomponente, die Schmidts Küchenkabinett in dieser Zeit am meisten fehlte, konnte auch er nicht ersetzen: die Vernetzung mit Partei und Fraktion.[423]

Im Frühjahr 1982 bildete Schmidt, wie bereits angedeutet, sein (Küchen-)Kabinett erneut um. Bölling und Wischnewski, auf die sich Schmidt im Folgenden im Zweifel immer wieder verließ, kehrten zurück.[424] Lahnstein musste im Finanzministerium den überarbeiteten Hans Matthöfer ersetzen und der Bundeskanzler bestellte Gerhard Konow zum Leiter der Regierungszentrale. „Konow war bereits von 1977 bis 1980 Abteilungsleiter für Innere Angelegenheiten im Kanzleramt gewesen."[425] Er gehörte zu den letzten Vertrauten des Kanzlers, wollte die Koalition retten, doch seine Amtszeit war denkbar kurz.[426] Die wichtigste Aufgabe des Kanzleramtschefs bestand darin, Schmidts vielgelobte Abschiedsrede zu erarbeiten.

---

[419] „Bis tief in die Nachtstunden sah man Huonker in seinem Büro sitzen, der unter der Bürde seines Amtes rasch zu altern begann", so die Beobachtung eines damaligen Redenschreibers von Schmidt: Jochen Thies, Helmut Schmidts Rückzug von der Macht. Das Ende der Ära Schmidt aus nächster Nähe, Stuttgart-Bonn 1988, S. 37.

[420] Thies, S. 36.

[421] Carr, S. 141.

[422] Vgl. Carr, S. 141.

[423] Vgl. Wolfgang Jäger / Werner Link, Republik im Wandel (1969-1982). Die Ära Schmidt 1974-1982. Geschichte der Bundesrepublik Band 5, Stuttgart 1987, S. 220.

[424] Vgl. Weth, S. 203 ff. und das Beispiel bei Bölling, S. 78 f.

[425] Nayhauß, Schmidt, S. 443.

[426] Vgl. Bölling, S. 47 und Nayhauß, Schmidt, S. 469.

Und auch Schmidts „langjähriger Nothelfer Hans-Jürgen Wisch-newski"[427] und der „Kanzlerberater"[428] Klaus Bölling konnten das sin-kende Regierungsschiff nicht mehr über Wasser halten. Wischnewski versuchte immerfort die Verspannungen zwischen Kanzleramt und Außenministerium, die sich in den letzten Monaten verhärtet hatten, zu lockern: ohne Erfolg.[429] „Genschers Seelenarzt"[430] konnte die aus der Koalition ausbrechende FDP nicht halten.[431] Zu viele Aufgaben, die er in Krisenzeiten nicht alle allein bewältigen konnte, überlasteten den Staatsminister. Er war zu spät gekommen.

Wie bei vielen anderen Kanzlern auch, war das Küchenkabinett keinesfalls allein für das Scheitern der Koalition verantwortlich. Immer wieder zeigte sich, dass die gesellschaftlichen und politischen Rahmenbedingungen für die Berater nur bedingt steuerbar waren. Kommunikation, Moderation und Beratung waren wichtige Techniken, die ein Küchenkabinett beherrschen musste. Wurde der Außendruck auf den Kanzler wie in Schmidts Fall zu groß, wäre auch ein funktionaleres Küchenkabinett machtlos gewesen.

Wie zu Beginn der Ära Adenauer zeigten die häufigen Personalwechsel die Schwierigkeiten der Administration. Die unbeholfenen Versuche, die Arbeitsabläufe zu optimieren, verstärkten die erheblichen Reibungsverluste dabei sogar zunächst noch. Adenauer bekam die Dinge dank Globke wieder in den Griff. Schmidt misslang dieser Versuch.

Bölling fragte sogar den nun nicht mehr helfen könnenden Schüler um Rat.[432] Doch auch der wusste nicht, wie die Koalition noch zur retten war. Wie schon in der Endphase der Regierung Erhard erhielten Kanzleramt und Regierungschef jetzt ungefragt Ratschläge von außen, wie die Koalition mit der FDP noch zu retten sei.[433] Doch sie nützten nichts, und Schmidt wusste im Gegensatz zu Erhard auch ganz genau, dass seine Tage als Kanzler gezählt waren. Der Regierungssprecher schaffte es immerhin, Schmidts Image wieder aufzupolieren. Es gelang ihm und dem

---

[427] Carr, S. 237.
[428] Nayhauß, Macht, S. 254.
[429] Vgl. Bölling, S. 51 und 63.
[430] Bölling, S. 35.
[431] Vgl. Rupp, Troika, S.299.
[432] Vgl. Bölling, S. 52.
[433] Vgl. ebd S. 87.

Rest des Kleeblatts, die FDP und namentlich deren Vorsitzenden Hans-Dietrich Genscher sowie Wirtschaftsminister Otto Graf Lambsdorff als Totengräber der sozial-liberalen Koalition zu brandmarken.[434] Doch es blieb der letzte Erfolg des einst so effektiv arbeitenden Kleeblatts.

Helmut Schmidt hatte Glück mit seiner Regierungsorganisation. Wie Adenauer und anfangs Brandt hatte Schmidt zuverlässige Vertraute gefunden, die arbeitsteilig agierten. Die Kompetenzen waren klar definiert; Loyalität zum Chef und absolute Verschwiegenheit kennzeichneten beim einen wie beim anderen Kanzler das Küchenkabinett. Auch mit den in der Hierarchie tiefer angesiedelten Beamten kamen Schmidt und Adenauer gut zurecht. Sie wurden nie persönlich oder privat, waren aber in der Lage, ein gutes Betriebsklima zu schaffen.

Im Gegensatz zu Erhard, Brandt und Kiesinger gaben Adenauer und Schmidt wenig auf Ratschläge solcher externer Berater, die sie kaum kannten und denen sie nicht bedingungslos vertrauten. Sie arbeiteten mit ihrem Küchenkabinett und ließen sich von diesem beeinflussen. Nie waren die Berater so mächtig und agierten gleichzeitig so im Sinne des Regierungschefs, wie bei Adenauer und Schmidt, eben weil diese die Führungszügel niemals aus der Hand gaben, wie etwa die anderen drei bis dahin amtierenden Kanzler. Adenauer und Schmidt waren auf der einen Seite weniger elitär als etwa Erhard oder Kiesinger, verfügten aber auf der anderen Seite über einen stärkeren Machtwillen und eine festgefügtere Meinung als Erhard, Kiesinger und Brandt. Ob das den sachpolitischen Entscheidungen immer zuträglich war, bleibt dahingestellt. Fest steht, dass es ihnen in den meisten Fällen mehr zum Machterhalt nutzte als den anderen, eben weil sie zu den meisten Zeiten ein effektiv arbeitendes Küchenkabinett hinter sich wussten.

Schmidts Stern begann erst zu sinken, als er sich selbst und sein Küchenkabinett gesundheitlich so ausbeutete, dass es auseinanderfallen musste. Die Arbeitsbelastung war zu hoch, die Delegation der Aufgaben unzureichend.[435] Die Persönlichen Referenten etwa wurden nur mit administrativen Aufgaben betraut.[436] Die große Linie der Politik ging immer mehr verloren, die Mitarbeiter waren sich in ihrer Arbeitsauffassung und

---

[434] Vgl. Schwelien, S. 245.
[435] Vgl. auch Henkels, Keine Angst, S. 193.
[436] Zu den Fähigkeiten eines dieser Referenten sehr kritisch Thies, S. 39.

politischen Denkweise zu ähnlich. Die Nachfolger hatten in der kritischen Phase der sozial-liberalen Koalition keine Gelegenheit, sich einzuarbeiten, geschweige denn, alle Funktionen eines Küchenkabinetts zu erfüllen. Als Schmidt verzweifelt versuchte, die alten Berater der Macht zurückzuholen, war auch für die nicht mehr viel zu retten, und Helmut Kohl übernahm mit seinen Privatberatern das Kanzleramt.

VII Das Politische wird privat: Helmut Kohl

Kein Kanzler regierte so lange wie er. Und kaum einer regierte so lange mit einem Küchenkabinett. Helmut Kohl war ein Kanzler, der vertraute Gesichter um sich herum schätzte. Auch deshalb begann er schon früh mit der Formierung seines Küchenkabinetts.

Seine vertrauteste Mitarbeiterin war Juliane Weber. Schon Mitte der sechziger Jahre stieß die damals 26-Jährige zum aufstrebenden CDU-Fraktionsvorsitzenden im rheinland-pfälzischen Landtag. Zunächst als Sekretärin engagiert, wurde sie mehr und mehr zu Kohls politischer Beraterin, war schließlich im Kanzleramt Persönliche Referentin und führt dem Altkanzler auch heute noch das Büro. Juliane Weber machte alle Höhen und Tiefen ihres Chefs mit.[437] Sie wirkte schon in Mainz bisweilen wie seine „lebende Doublette"[438]. Sie entwickelte ein stilles Einverständnis mit Kohl, spürte, wenn er etwas brauchte, machte sich so unentbehrlich. Schnell übernahm sie mehr als nur Schreibarbeiten.[439] Sie organisierte Termine, wendete „Unannehmlichkeiten ab"[440], kontrollierte auch die Anwesenheit von Sitzungsteilnehmern, um Kohl den Rücken von Intrigen freizuhalten.[441] „Juliane Weber, Kohls quicke Vorzimmerchefin und in dieser Funktion lebenslange Begleiterin, lernt in der Mainzer Staatskanzlei alles, was sie braucht, um den schier unaufhaltsamen Aufstieg ihres ungestümen Chefs mit geschickter Hand auf ihre Weise zu fördern."[442]

---

[437] Vgl. Filmer/Schwan, S. 243.

[438] Klaus Dreher, Helmut Kohl. Leben mit Macht, Stuttgart 1998, S. 315.

[439] Vgl. Eduard Ackermann, Mit feinem Gehör. Vierzig Jahre in der Bonner Politik, Bergisch Gladbach 1994, S. 149.

[440] Patricia Clough, Helmut Kohl. Ein Porträt der Macht, München 1998, S. 98.

[441] Vgl. Dreher, S. 122.

[442] Karl Hugo Pruys, Helmut Kohl. Die Biographie, Berlin 1995, S. 111.

Die Sekretärin als erste Beraterin des Kanzlers?

Juliane Weber musste nach Kohls Machtübernahme in Rheinland-Pfalz vor allem lernen, sich an den Arbeits- und insbesondere an den Regierungsstil ihres Chefs anzupassen. Denn der neue Ministerpräsident liebte es informell. Kohl erwies sich als ein Meister im Umgehen von Dienstwegen. Kabinettsbesprechungen wurden unter seiner Ägide zunehmend unwichtiger, die entscheidenden Beschlüsse in kleinen Gruppen vorbesprochen. Dienstliche und vor allem administrative Anweisungen erteilte Kohl auch mal zwischen Tür und Angel, oder er zog kleine Zettel aus seinen Jackentaschen, die Juliane Weber dann in Vorlagen übertragen musste.[443] Die Sekretärin kümmerte sich um Besucher und ließ diese genau spüren, ob sie Kohls Gunst besaßen oder nicht.[444] Ansonsten war es Webers Funktion, den Willen Kohls zu übersetzen, ohne dass der viele Worte zu machen brauchte.[445] Helmut Kohl schätzte sie als Organisatorin und Managerin.[446]

Doch Juliane Weber war noch mehr für ihren Chef. Mit ihr verbrachte er mehr Zeit als mit irgendjemandem sonst. Und so war die mit einem Verwaltungsexperten des ZDF verheiratete Weber auch privat bisweilen die erste Ansprechpartnerin für Kohl. „In empfindsameren Epochen als der unseren hätte man eine Beziehung wie die zwischen Kohl und Juliane, ohne dies als unschicklich zu betrachten, als einen Liebesbund, freilich exzeptioneller Art, bezeichnet."[447] Mit Hannelore Kohl befreundet, sorgte Weber wie eine Mutter für ihren Chef. Sie rückte ihm die Pantoffeln und die Pullover zurecht, in denen Kohl gerne am Abend durch sein Büro streifte. Wenn er auf Reisen war, telefonierten sie mehrmals täglich, auf ihrem Schreibtisch stand sein Foto. Sie versorgte ihren Chef mit Süßigkeiten, entfernte auch abends schon mal „diskret"[448] den Weinbecher. Und der „Instinktmensch"[449] Weber gestaltete die Kohlsche Umgebung heimelig. Sie dekorierte gemütliche Accessoires in Kohls

---

[443] Vgl. Pruys, S. 277.
[444] Vgl. Filmer/Schwan, S. 244.
[445] Vgl. Dreher, S. 315.
[446] Vgl. Helmut Kohl, Erinnerungen 1930 – 1982, München 2004, S. 345.
[447] Pruys, S. 281.
[448] Dreher, S. 314.
[449] Filmer/Schwan, S. 243.

Büro, sorgte dafür, dass Gäste gut beköstigt wurden und platzierte allerlei Nippes, den der Kanzler schätzte und der ihn an seine pfälzische Heimat erinnerte. Juliane Weber war für Kohl ein Stück Heimat, eine Verbindung zu einem Menschen seiner Prägung und Herkunft, eine „Liaison provincial"[450], die ihm Kraft und Sicherheit gab, gegen die von außen gegen ihn initiierten Intrigen zu bestehen.

Sie blieb die einzige Frau in Kohls unmittelbarer Umgebung.[451] Und auch das war offenbar nur möglich, da sie sich den Gepflogenheiten der Männer anpasste, „und dabei den Typ des lebenslustigen, pfälzischen Naturkindes verkörperte"[452]. Kohl tat sich schwer mit gutaussehenden und erfolgreichen Frauen, war unsicher und bisweilen linkisch. Er bevorzugte Männerrunden, in denen er lockerer und unbefangener erzählen konnte.[453] Vielleicht wusste die attraktive Weber dies. Sie störte zu keiner Zeit die Stimmung im Küchenkabinett, die der Herrenclubatmosphäre bei Helmut Schmidt nicht unähnlich war.

Juliane Webers Einfluss war keineswegs direkt.[454] Sie war ein ausführendes Werkzeug, das viele von Kohls Wünschen antizipierte. Doch wirklich direkt beraten hat sie Kohl nie. Sie hatte wie alle Frauen unter Kohl wenig zu sagen.[455] In politischen Debatten widersprach sie ihrem Chef fast nie. Sie ordnete sich unter, versuchte nie, Kohl zu manipulieren, wie dies etwa Adenauers letzte Sekretärin und Vertraute Anneliese Poppinga versucht hatte.[456] Juliane Weber war für Klimaverbesserungen in Kohls unmittelbarer Umgebung zuständig, eine Aufgabe, die sie meisterhaft erfüllte. Schon aufgrund ihrer unmittelbaren Nähe zu Kohl gehörte sie über seine gesamte politische Laufbahn zu seinem Küchenkabinett.

Das trifft auch auf Kohls professionellsten Berater Horst Teltschik zu. Der 1940 in Schlesien geborene Außenpolitiker hatte bei dem SPD-Theoretiker Richard Löwenthal studiert, eine Promotion begonnen und

---

[450] Dieser Begriff ist von Pruys entlehnt, der mutmaßte, Kohl und Weber hätten eine „Liaison dangereuse" (Pruys, S. 281).
[451] Vgl. Frank Bösch, Macht und Machtverlust. Die Geschichte der CDU, Stuttgart / München 2002, S. 248.
[452] Dreher, S. 316.
[453] Vgl. Clough, S. 105.
[454] Vgl. Pruys, S. 281.
[455] Vgl. Bösch, S. 254.
[456] Vgl. Filmer/Schwan, S. 243.

wollte eigentlich die wissenschaftliche Laufbahn einschlagen. Teltschik engagierte sich früh im Ring Christlich Demokratischer Studenten (RCDS) und lernte in den Sitzungen der Berliner Universitätsgremien eine Menge über politische Zusammenhänge und Entscheidungsprozesse. Doch die Unsicherheit einer Universitätskarriere trieb den Pragmatiker Teltschik als Leiter der Arbeitsgruppe Außen-, Sicherheits- und Deutschlandpolitik in die CDU-Zentrale nach Bonn.[457] Hier wurde Helmut Kohl auf ihn aufmerksam und bot ihm 1972 einen Job als Redenschreiber in seinem Mainzer Büro an.[458] Auf die Frage Teltschiks, was er als Außenpolitiker denn bei einem Ministerpräsidenten zu suchen habe, antwortete Kohl: „Sie werden für mich arbeiten, weil ich eines Tages Kanzler sein werde. Und wenn ich das bin, werden sie an meiner Seite sein."[459] Fortan war Teltschik die Allzweckwaffe des Pfälzers. Er organisierte, schrieb Reden und übertrug sogar Ansichten seines sozialdemokratischen Lehrers Löwenthal in Kohls Gedankengut.[460] Er widersprach seinem Chef immer mal wieder,[461] wurde anders als Juliane Weber auch zu einem inhaltlichen Berater, der sich auf vielen Politikfeldern auskannte. Als Kohl 1976 zum CDU-Fraktionsvorsitzenden im Bundestag gewählt wurde, bekam Teltschik den Posten des Büroleiters.

Kohls Küchenkabinett gewinnt an Profil

Ergänzt wurde Kohls Team noch vor Übernahme des Parteivorsitzes 1973 durch Wolfgang Bergsdorf. Wie auch auf Wolfgang Schäuble wurde Kohl auf den 1941 geborenen Politologen durch seine Gegnerschaft zu Rainer Barzel aufmerksam.[462] Bergsdorf war stellvertretender Pressesprecher im Konrad-Adenauer-Haus gewesen, trat aber 1971 zurück, als Barzel Vorsitzender der CDU wurde. Bergsdorf hatte sich in einem Zei-

---

[457] Vgl. Filmer/Schwan, S. 229.
[458] Vgl. Ackermann, S. 114.
[459] Zit. nach Dreher, S. 164.
[460] Vgl. das Beispiel bei Pruys, S. 131.
[461] Vgl. Nayhauß, Bonn, S, 74.
[462] Vgl. Filmer/Schwan, S. 232 und S. 240.

tungsartikel für Kohl ausgesprochen.[463] Der zögerte keine Sekunde und berief Bergsdorf zum Pressereferenten der rheinland-pfälzischen Landesregierung in Bonn. Von diesem Posten aus beobachtete der Stratege die Medienlandschaft in der Bundeshauptstadt und informierte Kohl auch über die Schwachstellen in der CDU-Zentrale.[464] Nachdem Kohl im zweiten Anlauf 1973 die Parteiführung übernommen hatte, wurde Bergsdorf für seine Dienste mit dem Büroleiterposten im Konrad-Adenauer-Haus belohnt, den er bis 1982 bekleidete. Hier vernetzte er Kohl weiter mit der Partei, knüpfte auch Kommunikationsstränge von den Mitarbeitern der Parteizentrale zu Kohl selbst.[465]

Nebenbei habilitierte sich Bergsdorf an der Universität Bonn und schaffte damit weitere Karrierepotenziale nicht nur für sich selbst. Später wurden viele Mitarbeiter der CDU-Parteizentrale auf ähnlichen Wegen rekrutiert: Sie studierten Politikwissenschaft, meist in Kombination mit Nebenfächern in der juristischen und wirtschaftswissenschaftlichen Fakultät, promovierten bei den Lehrstuhlinhabern Karl Dietrich Bracher oder Hans-Peter Schwarz oder eben gleich bei Wolfgang Bergsdorf, der in den achtziger Jahren außerplanmäßiger Professor an der Rheinischen Friedrich-Wilhelms-Universität geworden war. Da sich die findigen Studenten während ihres Studiums im RCDS engagiert hatten, natürlich bereits Mitglied der CDU waren und nicht selten auch schon ein Praktikum im Konrad-Adenauer-Haus oder einem Ministerium absolviert hatten, stand einer weiteren Karriere in der Parteizentrale nichts im Wege.[466]

Als Kohl 1976 Fraktionschef wurde, war es Bergsdorf, der dafür sorgte, dass Kohl ein weiteres Mitglied in sein Küchenkabinett aufnahm.[467] Eduard Ackermann hatte zu diesem Zeitpunkt bereits den drei Vorgängern Kohls als Pressesprecher der Fraktion gedient. Wie Bergsdorf auch, war er aber von Barzels Fähigkeiten nicht überzeugt. Kohl behielt Ackermann als Pressesprecher, obwohl er sonst doch die neuen Posten in seiner Umgebung nur mit Vertrauten besetzte. Aber genau dazu wurde Ackermann in der Folge. Er war wie alle anderen Berater Kohls

---

[463] Vgl. ebd., S. 240.
[464] Vgl. Pruys, S. 133.
[465] Vgl. Filmer/Schwan, S. 242.
[466] Vgl. Dreher, S. 615.
[467] Vgl. Ackermann, S. 88.

absolut loyal und verschwiegen, was dieser sehr schätzte.[468] Denn diese beiden Tugenden waren die Grundvoraussetzung für die Mitgliedschaft in Kohls Küchenkabinett.

Der 1928 geborene Ackermann organisierte die Pressearbeit für seinen Chef. Er machte den Mainzer Pressesprecher Hanns Schreiner, den Kohl ursprünglich mit nach Bonn nehmen wollte, schnell vergessen. Ackermann hatte schon das Erhardsche Küchenkabinett aus der Nähe beobachten und hier viele Erfahrungen sammeln können.[469] Bis zu seiner Pensionierung sollte Ackermann Kohl jeden Morgen in einem zehnminütigen Vortrag die wichtigsten Pressestimmen und -kommentare vortragen. Der Mann mit der dicken Brille war der Informationsbeschaffer schlechthin. War Kohl auf Reisen oder im Urlaub, hielt Ackermann in der Regel „Stallwache"[470] und informierte seinen Chef über alle wichtigen Dinge. Er kannte sich durch seine lange Tätigkeit in Bonn aus, besaß viele Verbindungen zu Journalisten und Beamten.[471] Damit verfügte er über Qualitäten, die Kohl in der Bundeshauptstadt zwingend benötigte.[472]

Auch im Wahlkampf 1976 griff Kohl auf Ackermanns Hilfe zurück. In Zusammenarbeit mit Parteisprecher Wolfgang Wiedemeyer, Juliane Weber, Horst Teltschik und Wolfgang Bergsdorf organisierte er die Kampagne für seinen Chef.[473] Genau wie Helmut Schmidt trachtete auch Kohl danach, in Wahlkampfzeiten wie im täglichen politischen Geschäft immer dieselben Berater um sich zu haben. Schmidt gelang das kaum, Kohl fast immer.

Nach der knapp verlorenen Bundestagswahl erhielt der neue Oppositionsführer Unterstützung von frisch in den Bundestag gewählten Parlamentariern wie Volker Rühe oder Anton Pfeiffer, die schnell als Kohls „Stoßtrupp"[474] bekannt wurden und mit ihm Karriere machten. Der jüngste in dieser Gruppe, aber dennoch der informelle Anführer, war jedoch schon 1972 ins Parlament eingezogen und besaß daher eine gute

---

[468] Vgl. Kohl, S. 346f.
[469] Vgl. Ackermann, S. 43.
[470] Dreher, S. 255.
[471] Vgl. Pruys, S. 244.
[472] Vgl. Filmer/Schwan, S. 239.
[473] Vgl. Ackermann, S. 121 und Filmer/Schwan, S. 316 f.
[474] Ackermann, S. 123.

Anbindung an die Fraktion.[475] Wolfgang Schäuble erwies sich von allen Mitarbeitern Kohls letztlich als derjenige mit dem größten Talent und Durchhaltevermögen. Zwölf Jahre jünger als Kohl wies die Biographie des Aufsteigers Schäuble viele Übereinstimmungen mit Kohls eigenem Lebensweg auf.[476] Er stammte wie sein Ziehvater aus kleinen Verhältnissen und hatte in seiner Landespartei Karriere gemacht. Der promovierte Jurist fiel durch administrative Kenntnisse und organisatorische Stärke auf. Das prädestinierte ihn in der CDU-Fraktion geradezu für den Posten des Parlamentarischen Geschäftsführers.[477] Schäuble wurde zu einem der „engsten Ratgeber"[478] des Pfälzers, schon bevor dieser ins Kanzleramt einzog. Spätestens seit 1981 gehörte Schäuble zu Kohls Küchenkabinett, nahm auch an internen Besprechungen teil, übernahm mit seinen Verbindungen zur FDP auch eine feste Funktion in Kohls Bonner Koalitionswechselstrategie,[479] die schließlich mit für das Scheitern der sozialliberalen Regierung verantwortlich war.

So viel Vertrauen wie möglich, so viel Effektivität wie nötig

Mit dem Wechsel ins Bundeskanzleramt 1982 begann für Kohl selbst eine neue Ära, für sein Küchenkabinett änderte sich hingegen nicht viel. Schon 1976 hatte Kohl seine Mannschaft zusammengestellt, die sich sechs Jahre später kaum verändert hatte.[480] Die politischen Berater rückten in der Hierarchie alle etwas nach oben, im System Kohl behielten sie ihre strategische Position. Juliane Weber stieg jetzt auch formal zur Persönlichen Referentin auf und war für das „persönliche Kanzlermanagement"[481] zuständig. Sie hatte „über jedes Geschehen im Kanzleramt genaueste Kenntnis"[482]. Ihr einziges Machtmittel blieben weiterhin die

---

[475] Vgl. Filmer/Schwan, S. 234.

[476] Vgl. Dreher, S. 358.

[477] Vgl. ausführlich dazu Sönke Petersen, Manager des Parlaments. Parlamentarische Geschäftsführer im Deutschen Bundestag – Status, Funktionen, Arbeitsweise, Opladen 2000.

[478] Ackermann, S. 234.

[479] Vgl. Filmer/Schwan, S. 234.

[480] Vgl. Dreher, S. 186, S. 191 und S. 204.

[481] Filmer/Schwan, S. 243.

[482] Konrad R. Müller/Peter Scholl-Latour, Helmut Kohl, Bergisch-Gladbach 1990, S. 53.

Termine, die sie für Kohl vereinbarte. Entzog der neue Kanzler einem potenziellen Besucher seine Gunst, so konnte der bei Weber schon einmal wochenlang auf einen Termin warten, während andere Parteigänger schneller zum Zuge kamen.[483] Damit erarbeitete Weber sich eine Schlüsselposition. Wer Kohl erreichen wollte, musste durch die „Pforte ihrer Sinne"[484]: „In den Ministerien machte sich die Einsicht breit, dass man bei `normalen Vorgängen´ den Dienstweg einschlagen muß, `wenn´s aber wichtig ist, ruft man Juliane an´."[485] Ähnlich wie Karl Hohmann für Ludwig Erhard war Juliane Weber für Helmut Kohl der gate-keeper, der darüber bestimmte, welche Informationen den Kanzler erreichten und welche nicht. Doch anders als Erhard besaß Kohl noch weitere Informationskanäle und nutzte diese auch. Das schützte ihn vor einem schnellen Fall.

Als zweiter Persönlicher Referent kam Franz Josef Bindert hinzu, ein „weitläufiger Verwandter Hannelore Kohls"[486]. Er wurde wie sein Nachfolger Walter Neuer, in dessen elterlichem Lokal Helmut Kohl oft eingekehrt war, nur mit administrativen Dingen betraut und übernahm faktisch die Position eines Protokollchefs.[487] Neuers Glück war, dass er sich gut mit Juliane Weber verstand, es hier auch im Gegensatz zu einem seiner Vorgänger nie zu Kompetenzüberschreitungen kam.[488] Der formal als Kanzlerbüroleiter agierende Neuer, der schon unter Kohls Vorgänger im Kanzleramt gearbeitet hatte, war wie viele Persönliche Referenten ein typischer Verwaltungsbeamter.[489] Ähnlich wie bei Schmidt mussten die Persönlichen Referenten mit dem Kanzler in den Urlaub fahren, rückten aber nie in den engeren Beraterkreis auf.[490]

---

[483] Anfang der neunziger Jahre wurde gar Rita Süßmuth von Juliane Weber mit den Worten „Sie nicht, Frau Präsidentin" am Eintritt ins Chefzimmer gehindert. Sie musste bei der Bürochefin im Vorzimmer warten, während ihre männlichen Begleiter mit Kohl Bernhard Vogel als Nachfolger von Josef Duchac als thüringischen Ministerpräsidenten auskungelten (vgl. Dreher, S. 573).

[484] Filmer/Schwan, S. 243.

[485] Pruys, S. 278.

[486] Dreher, S. 316.

[487] Vgl. Ackermann, S. 332.

[488] Vgl. Nayhauß, Bonn, S. 70.

[489] Vgl. ebd., S. 89.

[490] Vgl. Dreher, S. 539 und Clough, S. 133 f.

Horst Teltschik musste Kohl nicht lange bitten, ihn ins Kanzleramt zu begleiten. Schließlich hatte „Kohls dritter Sohn"[491] auf diesen Tag seit zehn Jahren gewartet. Teltschik störte es daher auch kaum, dass er nach dem für Kohl erfolgreich verlaufenen Misstrauensvotum die erste Regierungserklärung des neuen Kanzlers in einer Besenkammer schreiben musste, weil Helmut Schmidts Mitarbeiter zunächst nicht aus ihren Büros weichen wollten.[492] Doch das sollten nicht die einzigen Schwierigkeiten bleiben.

Hans-Dietrich Genscher bestand darauf, dass die Position des Leiters der außenpolitischen Abteilung auch weiterhin von einem höheren Beamten des Außenministeriums bekleidet werden sollte. Kohl setzte sich jedoch durch, Teltschik bekam seinen Posten, und auch das Auswärtige Amt musste schließlich dessen zunächst in Zweifel gezogene Kompetenz anerkennen.[493] Für Kohl bedeutete diese Neuregelung, dass er jetzt über einen Sicherheitsberater nach amerikanischem Vorbild verfügte.[494] Teltschik nutzte den Freiraum, den Kohl ihm gab, um ähnlich wie Egon Bahr intensive Kontakte zu Administratoren seiner Kompetenz und Position im Ausland zu knüpfen.[495] Immer wieder schrieb Teltschik auch Reden, goss Kohls weitläufige Erzählungen zur Außenpolitik in politische Vorlagen und Sitzungsprotokolle.[496] Die Verbindung zum Auswärtigen Amt war Teltschiks Referenten vorbehalten.[497] Der Leiter des außenpolitischen Büros blieb aber über die Vorgänge auch in anderen Ministerien informiert,[498] wenn auch sein Machtsystem nicht an das der Globkeschen Spiegelreferate heranreichte. Niemand kam an Teltschik heran, er besaß direkten Zugang zum Kanzler, sein Einfluss war immens. Er wurde zu einem heimlichen Außenminister, dem Kohl viel mehr vertraute als dem umtriebigen Genscher.

---

[491] Nayhauß, Bonn, S. 73.
[492] Vgl. Dreher, S. 284.
[493] Vgl. Nayhauß, Bonn, S. 162 f.
[494] Vgl. Filmer/Schwan, S. 231.
[495] Vgl. Pruys, S. 277.
[496] Vgl. Clough, S. 224.
[497] Vgl. Ackermann, S. 180.
[498] Vgl. Filmer/Schwan, S. 231.

Wolfgang Bergsdorf genoss ebenfalls weiterhin „das absolute Vertrauen seines Herrn"[499]. Nach Kohls Kanzlerwahl erhielt er die Leitung der vergleichsweise bedeutungslosen Abteilung „Inland" im Bundespresseamt. Sein Einfluss auf den Kanzler blieb allerdings enorm. Bergsdorf gehörte weiterhin zum Küchenkabinett, nahm an den morgendlichen Besprechungen im Kanzleramt teil und hatte nebenbei Zeit, sich um seine Karriere an der Universität zu kümmern.[500] Ansonsten beschäftigten Bergsdorf vor allem Imagefragen. Ihn störte, dass Kohl immer wieder schlechte Sympathiewerte in den Umfragen erzielte. Er wusste, dass Kohl, wie Bergsdorf es ausdrückte, „eine leichte sprachliche Ungenauigkeit"[501] besaß. Zunächst versuchte Bergsdorf deswegen seine Medien-Kontakte spielen zu lassen. Von Ackermann bestärkt, versuchte er Journalisten für die Unterstützung Kohls zu gewinnen,[502] zunächst ohne Erfolg.[503] Bergsdorf blieb aber auch für andere Aufgaben verfügbar. Wenn Kohl ihn rief, war er da, und sei es nur um eine Leselampe zu organisieren.[504] Wie von den meisten anderen Beratern des Kanzlers auch waren Widersprüche zu Kohls politischen Ansichten oder Vorgaben von ihm aber nur selten zu hören.

Ebenso verfuhr Eduard Ackermann. Er diente Kohl treu und ergeben, und der schuf für ihn zum Dank im Kanzleramt die Abteilung für Kommunikation und Dokumentation, die Ackermann bis 1994 leiten sollte. Dieser neue Schwerpunkt in der Regierungszentrale beinhaltete auch die Redenschreiberstube und die Pressestelle.[505] Die Umstrukturierung führte zu Schwierigkeiten in den Arbeitsabläufen, die Ackermann mit seinem Organisationstalent aber schnell beseitigen konnte.[506]

Der engere Beraterkreis blieb also in direkter Nähe zu Helmut Kohl. Nur Wolfgang Schäuble, der auch nach wie vor zu Kohls Küchenkabinett zählte, blieb zunächst auf seinem Posten als Geschäftsführer der Unionsfraktion im Bundestag. Er leistete von hier aus Zubringerdienste für die

---

[499] Nayhauß, Bonn, S. 89.
[500] Vgl. Dreher, S. 323.
[501] Zit. nach Clough, S. 115.
[502] Vgl. Ackermann, S. 189.
[503] Vgl. Clough, S. 99.
[504] Vgl. das Beispiel bei Clough, S. 197.
[505] Vgl. Ackermann, S. 189 f.
[506] Vgl. ebd., S. 418 und S. 185.

erste Regierung Kohl, kümmerte sich etwa um Vernetzungen mit der FDP. Und auch die CDU-Parlamentarier bekam er mehr und mehr in den Griff: Der Fraktionschef Alfred Dregger „hatte von der Fraktion keine Ahnung, und das nutzte ich aus" [507], sagte Schäuble später selbst. Dadurch besaß er eine Schlüsselstellung im parlamentarischen System und in Kohls Küchenkabinett.

Ergänzt wurde das alte Team durch einen alten Vertrauten von Helmut Kohl: den Professor für Verwaltungswissenschaft Waldemar Schreckenberger. Der neue Kanzleramtschef war ein Schulfreund Kohls und hatte jahrelang in dessen Mainzer Staatskanzlei als Leiter der Abteilung Gesetzgebung und Verwaltung gearbeitet. Nach Kohls Weggang nach Bonn hatte Schreckenberger von ihm die Garantie erhalten, im Falle einer Kanzlerschaft des Pfälzers die Leitung des Kanzleramtes übernehmen zu dürfen. Bis dahin agierte Schreckenberger als Chef der rheinland-pfälzischen Staatskanzlei und als Justizminister seines Landes. Nach dem Bonner Regierungswechsel löste Kohl sein Versprechen ein und der Professor zog mit ihm in die Regierungszentrale ein.[508] Schreckenberger leistete Kohl auch in Fachfragen wertvolle Entscheidungshilfe, etwa bei der rechtlichen Absicherung der Vertrauensfrage im Bundestag und den anschließenden Neuwahlen.[509]

Schreckenberger hatte als Verwaltungsfachmann in Theorie und Praxis brilliert. Im harten Bonner Regierungsalltag fiel er allerdings durch. Auf der Suche nach Schwächen in Kohls neuer Regierung kamen findige Spiegel-Redakteure sehr schnell auf Schreckenberger.[510] Viele Beamte im Kanzleramt, die noch über Schmidts forschen Arbeitsstil gemosert hatten, waren nun von Schreckenbergers planlosem Management völlig schockiert. Bereitwillig erzählten sie den Journalisten, dass in Schreckenbergers Büro Akten verschwänden, dass der Amtchef auch sonst versponnen und realitätsfern agiere und den Chef nicht ausreichend informiere.[511] Und Schreckenberger war in der Tat ein Unglücksrabe. Im Küchenkabinett akklimatisierte er sich zwar schnell, einen exklusiven Zugang zum

[507] Zit. nach Ulrich Reitz, Wolfgang Schäuble. Ein Portrait, München 1992, S. 35.
[508] Vgl. ausführlicher dazu Walter / Müller, S. 490 ff.
[509] Vgl. Dreher, S. 301.
[510] Vgl. ebd., S. 316.
[511] Vgl. ebd., S. 319 f.

Kanzler wie Ackermann, Weber oder Teltschik besaß er aber nicht. Schreckenberger kam mit Kohls informellem Arbeitsstil nicht zurecht, der sich in dessen Zeit als Oppositionsführer noch weiter verstärkt und auf seine Vertrauten eingespielt hatte.[512] Schnell war der Schuldige für die Pannen der ersten Kohlregierung gefunden.[513] Dennoch zögerte der Kanzler Schreckenbergers Entlassung wieder und wieder hinaus, eben weil er ungern alte Vertraute fallen ließ. Loyalität galt für ihn wechsel-, nicht wie bei einigen seiner Vorgänger hauptsächlich einseitig.

Als mit Philipp Jenninger ein weiterer alter Vertrauter Kohls, der ihm schon in der Fraktion als Geschäftsführer gedient und ihm ins Kanzleramt gefolgt war, die Regierungszentrale verließ, war Schreckenbergers Entmachtung nicht mehr zu umgehen.[514] Kohl hatte erkannt, dass der Kanzleramtschef ohne Jenninger vollständig aufgeschmissen sein würde. Der Staatsminister hatte immer wieder die Fehler seines Amtschefs ausgebügelt. Er besorgte die Vernetzung zur Fraktion, deren Mitglieder Schreckenberger kaum kannte.[515] Jenninger fädelte den Milliardenkredit der Bundesregierung für die DDR so geschickt ein, dass der Kohl-Feind Franz Josef Strauß als Vermittler glänzen konnte.[516] Ein Coup, den wohl niemand anderes aus dem Beraterkreis des Kanzlers, der wie Ackermann eine „panische Sensibilität gegenüber der CSU"[517] entwickelt hatte, hätte landen können. Schreckenberger blieb jedoch auch noch nach seiner Entmachtung eine Weile als Staatssekretär im Amt, allerdings ohne große Einflussmöglichkeiten

Nun brauchte Kohl dringend Erfolge und einen Mann, der die organisatorischen Abläufe im Kanzleramt optimieren konnte. Nichts lag näher als das Küchenkabinett auch weiter zu formalisieren und für diese Aufgabe Wolfgang Schäuble zu verpflichten. Der Kanzler musste Schäubles Wünsche akzeptieren und ihn auch ins Kabinett berufen. So war es dem neuen Kanzleramtsminister möglich, hier ebenfalls seinen Einfluss gel-

---

[512] Vgl. auch Bösch, S. 120 f.
[513] Vgl. Filmer/Schwan, S. 279.
[514] Vgl. ebd., S. 213.
[515] Vgl. Dreher, S. 357.
[516] Vgl. Filmer/Schwan, S. 271.
[517] Filmer/Schwan, S. 240.

tend zu machen.[518] Die Verbindungen zur Fraktion besaß er ohnehin und die Vernetzungen mit der Partei besorgte wie bisher der Parteivorsitzende mit seinen exzellenten Kontakten über die Telefonanlage des Kanzleramtes selbst.

Schäuble gelang es innerhalb von 100 Tagen, die Regierungszentrale wieder sauber zu strukturieren.[519] Kompetenzen wurden jetzt klarer geregelt, die Staatsminister standen nicht nur formal in der Hierarchie unter ihm. Die kleine Lage des Kanzleramtschefs mit seinen Abteilungsleitern wurde wieder täglich abgehalten,[520] Personal- und Sachfragen schneller und deutlicher geregelt.[521] Die 480 Beamten arbeiteten nicht mehr gegen ihren Chef, jetzt waren es die Kabinettsmitglieder, die gegen die zunehmende Arkan-Politik des neuen Ministers aufbegehrten.[522] Der größte Vorteil, den Schäuble gegenüber Schreckenberger besaß, war aber, dass er sich mit den Medien arrangiert hatte. Dem neuen Kanzleramtschef wurden Fehler verziehen, die Schreckenberger noch von den Journalisten um die Ohren gehauen worden wären.[523]

Schäuble wurde jetzt immer mehr zum Intimus seines Kanzlers. Das Verhältnis und die Hierarchien waren jedoch klar geregelt: Kohl duzte Schäuble, der ihn umgekehrt mit „Herr Bundeskanzler" ansprach. Dem neuen Kanzleramtsminister war es zu verdanken, dass das Küchenkabinett wieder seine zentralen Funktionen wahrnahm. Hier wurden jetzt wieder politische Entscheidungen vorbesprochen, das Küchenkabinett entwickelte Führungsqualitäten, die Kohl allein nie besessen hätte.[524] Schäuble intensivierte die Zusammenarbeit mit Kohl ganz bewusst, zum Teil brachte er mehr als vier Stunden pro Tag beim Kanzler zu.[525] „Ich wirke beständig an seiner Meinungsbildung mit"[526], sagte Schäuble selbst. Der Kanzleramtsminister ergänzte seinen Chef besser als jedes andere Mitglied des Küchenkabinetts. Was Kohl weitschweifig vordach-

---

[518] Vgl. hierzu auch Franz Walter, Politik in Zeiten der neuen Mitte, Frankfurt am Main u.a. 2002, S. 64 ff.
[519] Vgl. Dreher, S. 235.
[520] Vgl. Ackermann, S. 230.
[521] Vgl. dazu ausführlicher Walter/Müller, S. 492 ff.
[522] Vgl. Nayhauß, Bonn, S. 82 f.
[523] Vgl. ebd., Bonn, S. 82.
[524] Vgl. Dreher, S. 236.
[525] Vgl. Nayhauß, Bonn, S. 86.
[526] Zit. nach Reitz, S. 22.

te, goss Schäuble in politische Vorlagen, eine Arbeitstechnik, die außer ihm nur noch Horst Teltschik beherrschte. Mitte der achtziger Jahre überragte Schäuble zunächst mit seiner innenpolitischen Kompetenz den Abteilungsleiter und wuchs so in die „Rolle des internen Ratgebers, Treibers und Planers"[527] hinein.

Die Arbeitsorganisation in Kohls Küchenkabinett blieb nahezu unverändert. Kohl soll morgens meist der Erste und abends der Letzte im Büro gewesen sein – so beschrieb es jedenfalls Ackermann.[528] Jeden Morgen gegen acht Uhr fand die Lage im Kanzleramt statt. Hier versammelte sich Kohls Küchenkabinett.[529] Ähnlich wie in Schmidts Kleeblatt wurden hier die wichtigsten politischen Tagesordnungspunkte besprochen, allerdings eben täglich. Wie sein Vorgänger vertraute der Kanzler dieser Runde bedingungslos und konnte sich darauf verlassen, dass von dem hier Besprochenen nichts nach außen drang. Und unter Schäuble wurde auch die kleine Lage wieder zu dem straffen Führungsinstrument, das es schon unter Manfred Schüler gewesen war.

Ansonsten änderte sich der Arbeitsstil im Kanzleramt im Vergleich zu Schmidts Organisation enorm. Kohl liebte informelle Gespräche, scherte sich nicht um formale Zuständigkeiten, Hierarchien oder Dienstwege.[530] Oft sah man ihn im Flur mit irgendeinem Referenten sprechen.[531] Seine Telefoniersucht war berühmt. Wie Kiesinger und Erhard liebte Kohl den mündlichen Vortrag, Aktenstudium verabscheute er. Dabei las Kohl viel, vor allem Biographien über Staatsmänner, die er nachts vor dem Einschlafen im Bett konsumierte.[532] Wie in Mainz versuchte er, mit Gesprächen vor den Kabinettssitzungen schon Entscheidungen zu treffen.[533] Deswegen konnte er den Diskussionen im Kabinett auch freien Lauf lassen, war hier nicht auf straffe Führung à la Schmidt angewiesen.

---

[527] Dreher, S. 400.
[528] Vgl. Ackermann, S. 257.
[529] Vgl. Henkels, Diener, S. 45.
[530] Vgl. Filmer / Schwan, S. 375.
[531] Vgl. Clough, S. 95 und Ferdinand Müller-Rommel / Gabriele Pieper, Das Bundeskanzleramt als Regierungszentrale, in: Aus Politik und Zeitgeschichte 41 (1991), B 21 / 22, S. 3-13, hier S. 12.
[532] Vgl. Dreher, S. 207.
[533] Vgl. Dreher, S. 326, Filmer / Schwan, S. 367 ff. und Karl-Rudolf Korte, Veränderte Entscheidungskultur. Die Politikstile der deutschen Bundeskanzler, in: Ders. / Gerhard Hirscher (Hg.), Darstellungspolitik oder Entscheidungspolitik. Über den Wandel von Politikstilen in westlichen Demokratien, München 2000, S. 13-37, hier S. 25.

Kohls Regierungsstil brachte viele Reibungsverluste mit sich, Vorgänge wurden doppelt und dreifach bearbeitet oder eben auch mal gar nicht. Mittel- oder langfristige Planungen gab es bei Kohl nicht, klare Absprachen waren selten, auch administrativ geschickte Leute wie Schäuble oder Teltschik konnten die Regierungsabläufe nur teilweise optimieren. Doch hinter Kohls Chaos steckte ein System, das seine Mitarbeiter zunächst nicht durchschauten: „Es dauerte eine Weile, bis sie dahinter kamen, dass das Chaos, in dem die Kohlsche Regierungsarbeit turnusmäßig versinkt, absichtlich herbeigeführt und bewußt gesteuert wird. Denn der Kanzler war gewitzt genug zu bemerken, daß in Bonn alle langfristigen Planungen nach kurzer Zeit zur Makulatur werden, da sich mit der Dauer der Beratung die Bedenken, Einwände und Alternativen häufen, statt sich zu vermindern, und sich Befürworter wie Gegner als erstaunlich einfallsreich erweisen, wenn es gilt, ein Gesetz auf die lange Bank zu schieben, sei es, um es zu verhindern oder um es zu verbessern."[534] Und für diese Regierungsstrategie waren kleinere Gespräche vorteilhaft.[535]

Kohl griff daher auf seine Verbindungen zur Fraktion zurück. Sein erster Staatsminister Friedrich Vogel, Ackermann und Teltschik waren ihm dabei behilflich.[536] Die wichtigste Verbindung zu den Abgeordneten war aber Schäuble. Er sah in den Parlamentarischen Geschäftsführern die eigentlichen Organisatoren der Mehrheiten.[537] Sie brachten die Abgeordneten mehr als einmal hinter Kohls politische Vorschläge. Und der Kanzler dankte es seinen Vertrauten: Schäuble, Jenninger, Seiters und Bohl machten samt und sonders nach ihrer Geschäftsführertätigkeit Karriere im Kanzleramt, vernetzten so schon qua Person Exekutive und Legislative.[538] Das glich die Reibungsverluste im Kanzleramt mehr als aus und erleichterte Kohl etwa im Vergleich zu Schmidt oder Brandt das Regieren.

---

[534] Dreher, S. 331 f.
[535] Vgl. Filmer / Schwan, S. 370 f.
[536] Vgl. Dreher, S. 322 und Ackermann, S. 282.
[537] Vgl. Jürgen Gros, Das Kanzleramt im Machtgeflecht von Bundesregierung, Regierungsparteien und Mehrheitsfraktionen, in: Karl-Rudolf Korte / Gerhard Hirscher (Hg.), Darstellungspolitik oder Entscheidungspolitik. Über den Wandel von Politikstilen in westlichen Demokratien, München 2000, S. 85-105, hier S. 98.
[538] Vgl. Walter / Müller, S. 493.

Kohls Beraterkreis war dreigeteilt. Den inneren Zirkel besetzte bis in die neunziger Jahre das Küchenkabinett um Eduard Ackermann, Wolfgang Bergsdorf, Juliane Weber, Horst Teltschik und der Kanzleramtschef.[539] Hier durfte dem Kanzler in Maßen widersprochen werden, politische Beratungen kamen von Schäuble und Teltschik, Imageberatungen von Bergsdorf und Ackermann. Juliane Weber regelte organisatorische Fragen.

Zum erweiterten Beraterkreis zählten die jeweiligen Regierungssprecher, Staatsminister und Abteilungsleiter im Bundeskanzleramt. Die wurden häufig von Kohl auch nur „informiert"[540], Beratungen fanden allenfalls in der kleinen Lage mit dem Kanzleramtschef statt.

Darüber hinaus besaß Kohl noch einen wechselnden Kreis von externen Beratern. Dazu gehörte etwa der 1989 von der RAF ermordete Chef der Deutschen Bank Alfred Herrhausen.[541] Daneben holte sich Kohl auch juristischen Beistand in kniffligen Verfassungsfragen, etwa bei den Beitrittsverhandlungen der DDR zur Bundesrepublik.[542] Auch mit Geistlichen unterhielt sich Kohl, etwa über den Zehn-Punkte-Plan zur Deutschen Einheit.[543] Schon in Mainz saßen mit Günter Gaus und Johannes Gross zwei Ratgeber früherer Kanzler an seinem Tisch. „Der Eine oder andere fühlte sich zeitweilig als Kohls Berater, aber die wenigsten Vertreter der Geisteswelt hielten es lange bei ihm aus, nicht zuletzt, weil er selten die Ratschläge befolgte, um die er sie bat."[544]

Anders verhielt es sich mit Elisabeth Noelle-Neumann, die Kohl als rheinland-pfälzischer Ministerpräsident gegen viele universitäre Widerstände auf ihren Mainzer Lehrstuhl berufen hatte. Sie führte für Kohl in der Folge Dutzende von Meinungsumfragen durch,[545] und er fühlte sich auch politisch von ihr „gut beraten"[546]. Durch ihre Unterstützung behielt Kohl ähnlich wie Adenauer die Stimmungen in der Öffentlichkeit sehr genau im Auge. Das ergänzte er aber etwa im Gegensatz zu Erhard auch

---

[539] Vgl. Nayhauß, Bonn, S. 68 und S. 77.
[540] Dreher, S. 400.
[541] Vgl. Horst Teltschik, 329 Tage. Innenansichten der Einigung, Berlin 1991, S. 59.
[542] Vgl. Teltschik, S. 167.
[543] Vgl. Dreher, S. 475.
[544] Dreher, S. 120.
[545] Vgl. Filmer / Schwan, S. 343 und S. 365.
[546] Dreher, S. 379.

noch mit exzellenten Kontakten, die er in der Partei besaß und pflegte. So verfügte sein Regierungshaus über zwei Säulen, die seine Macht sicherten.

Einer der wichtigsten externen Beraterkreise war wohl der um den Historiker Michael Stürmer und den Politologen Werner Weidenfeld. „Die Mitarbeit geht auf das Jahr 1971 zurück, als Weidenfeld in einer Diskussion über die nicht funktionierende Beratung der Politik durch die Wissenschaft sprach. Kohl damals: `Schreiben Sie Ihre Gedanken auf!´ Im Handumdrehen wurde der damals noch sehr junge Politologe selbst zum Berater."[547] Weidenfeld und sein Kollege Stürmer lieferten fortan Rohmanuskripte und „machten sich Gedanken über zukünftige Regierungspolitik"[548]. Horst Teltschik baute diesen Kreis in der Folge zu einem Think Tank aus. Er etablierte nach dem Bonner Regierungswechsel einen außenpolitischen Zirkel, dem weitere konservative Politikwissenschaftler und Publizisten angehörten.[549] Dieser Think Tank tagte in der Regel vierteljährlich und lieferte sowohl dem Kanzler als auch seinem außenpolitischen Chefkoordinator Entscheidungshilfen.[550] Dafür erhielten die Berater natürlich ein Entgeld.[551] Und auch ihre eigene und die Protektion ihrer Schüler war für einen Mann wie Kohl Ehrensache. Dadurch sicherte er sich auch in der Wissenschaft eine gewisse Rückendeckung, die ihm als promoviertem Historiker genauso wie seinem wissenschaftlich ambitionierten Berater Teltschik am Herzen lag. Der außenpolitische Think Tank diskutierte sehr zeitnah, wurde also nie zu einem abgehobenen Debattierclub wie der Sonderkreis um Rüdiger Altmann zu Erhards Zeiten. Und Kohl nutzte seinen außenpolitischen Think Tank auch ganz anders. Er klammerte sich nie starr an deren Konzepte, sondern betrachtete die Ergebnisse nur als Denkanstoß. Kohl gewann gezielt Kompetenz von außen und ergänzte diese da, wo sie ihm nutzte, mit eigenen Tugenden und Fähigkeiten. So holte er das Optimum aus externen Beraterzirkeln heraus.

---

[547] Nayhauß, Bonn, S. 95.
[548] Ackermann, S. 178.
[549] Vgl. die Auflistung der Teilnehmer bei Teltschik, S. 110.
[550] Vgl. Teltschik, S. 290.
[551] Vgl. Ackermann, S. 199.

Von seinen engeren Mitarbeitern verlangte Kohl hingegen sehr viel mehr. Arbeitstage von 16 oder mehr Stunden waren keine Seltenheit.[552] Und auch am Wochenende hatten die Berater dem Kanzler zur Verfügung zu stehen. Die Mitglieder seines Küchenkabinetts ertrugen es mit Gleichmut,[553] für die meisten war die Arbeit ohnehin der Haupt-Lebensinhalt geworden. Kohl verzieh seinen Mitarbeitern auch Fehler.[554] Neid kannte er kaum,[555] eben weil er seine Berater als Menschen schätzte und nicht wie Adenauer oder Schmidt nur auf deren bedingungsloses Funktionieren pochte.

Kohl verstärkte den Arkan-Charakter seines Küchenkabinetts, was den Zusammenhalt der Mitarbeiter förderte, sie aber auch Anfeindungen von außen aussetzte. Wer einmal aus dem engeren Zirkel der Macht ausgeschlossen war, kam nicht mehr hinein.[556] Um das zu verhindern, mussten Kohls Mitarbeiter aber in der Regel nur drei Maxime beherzigen: Loyalität, Verschwiegenheit und private Kontakte.[557] Denn „Helmut Kohl arbeitete (...) am liebsten in einer Atmosphäre des Vertrauens und des Sich-aufeinander-Verlassen-Könnens."[558] Das beinhaltete auch, dass der Kanzler seine Mitarbeiter nahezu „inhalierte"[559], und zwar dienstlich wie privat.

Essen, trinken und regieren

Häufig begleiteten die engsten Berater ihren Chef zum Essen. Die Weinabende zunächst in diversen Mainzer, dann auch in Bonner Lokalen und Landesvertretungen sind legendär.[560] Kohl interessierte sich für Menschen. Das Private gehörte für ihn unmittelbar dazu, half ihm einen Mit-

---

[552] Vgl. Filmer / Schwan, S. 226.
[553] Vgl. Ackermann, S. 9 und S. 170.
[554] Vgl. ebd., S. 405 f.
[555] Vgl. Joachim Neander, Helmut Kohl – Geschichts- und Menschenverständnis, in: Reinhard Appel (Hg.), Helmut Kohl im Spiegel seiner Macht, Bonn 1990, S. 33-43, hier S. 42.
[556] Vgl. Dreher, S. 328.
[557] Vgl. dazu etwa Dreher, S. 359.
[558] Ackermann, S. 406.
[559] Filmer / Schwan, S. 226.
[560] Vgl. Ackermann, S. 125.

arbeiter genauso wie einen befreundeten Staatsmann einschätzen zu kön-
nen.[561] Das mochte nicht jeder.[562] Doch im engen Beraterkreis und in
abgemilderter Form in sonst so unpersönlichen internationalen Treffen
der Staats- und Regierungschefs war diese „Führungstechnik" effizient.
Kohl kam es auf eine persönliche Atmosphäre an, und die schaffte er, im
Gegensatz zu allen anderen Kanzlern vor ihm, indem er Privates und
Politisches vermischte.[563] Kohl betrachtete sich nicht nur dienstlich als
„Klimaklempner"[564].

Die Berater waren auch untereinander befreundet.[565] Bergsdorf und
Ackermann hatten sich miteinander arrangiert,[566] obwohl ihre Kompetenzen und Aufgaben in Kohls Team nicht klar voneinander abgegrenzt waren. Ackermann hatte wiederum ein gutes Verhältnis zu Juliane Weber,
die ihm tägliche Arbeiten abnahm und den stark sehbehinderten „Presse-
mann"[567] ab 1985 auf Reisen führte und so dafür sorgte, dass er überhaupt in Kohls Küchenkabinett bleiben konnte.[568] Auf der anderen Seite
wurden Leute wie Chefredenschreiber Klaus Lutz, den Horst Teltschik
nicht mochte, auch gezielt von privaten Runden ausgeschlossen.[569]

In der Öffentlichkeit wurde Kohls Küchenkabinett mehr als einmal
für Pannen im Regierungsbetrieb verantwortlich gemacht. Kohls Berater
wussten, dass das zu ihrem Job gehörte. Sie spielten gerne den „Blitzableiter"[570] für ihren Chef, den sie alle bewunderten und daher vor Angriffen schützen wollten. Und der Chef konnte hier auch mal Dampf ablas-
sen.

Je vertrauter die Atmosphäre innerhalb des Küchenkabinetts wurde,
desto wohler fühlte sich der Kanzler. Er genoss das „Zusammensein mit
seinen engen Mitarbeitern"[571]. Sie ertrugen seine Frotzeleien und biswei-

---

[561] Vgl. Clough, S. 136.
[562] Vgl. Neander, S. 37.
[563] Vgl. Bösch, S. 122.
[564] Filmer / Schwan, S. 364.
[565] Vgl. Ackermann, S. 149.
[566] Vgl. Dreher, S. 323.
[567] Filmer / Schwan, S. 237.
[568] Vgl. Ackermann, S. 244.
[569] Vgl. Nayhauß, Bonn, S. 93.
[570] Dreher, S. 328.
[571] Teltschik, S. 143.

len verletzenden Bemerkungen,[572] einfach weil sie dabei sein konnten, wenn der Kanzler menschelte, privat versöhnlich oder vertraulich wurde. Das hatte den Vorteil, dass die Mitarbeiter hier auch private Probleme vortragen konnten, für die der Kanzler, anders etwa als Schmidt, Verständnis zeigte.[573] Das Küchenkabinett war für Kohl auch Heimat, allzu kritische Töne aus ihren Reihen ertrug der Kanzler nur schwer.[574] Er wollte sich wohlfühlen, und dazu gehörte auch, dass er die Meinungsführerschaft nicht nur in den abendlichen Runden besaß. Die Berater waren dazu da, dem Kanzler Selbstvertrauen einzuflößen, ihn für den Regierungsalltag fit zu machen.[575] Kohl war mitunter launisch, vor allem wenn er von Journalisten wieder herablassend behandelt worden war.[576]

Das war ein Problem, das Kohls Küchenkabinett nie in den Griff bekam. Wie nahezu allen Beraterteams zuvor, waren auch Kohls engsten Mitarbeitern Image-Fragen sehr wichtig. In erster Linie kümmerten sich Ackermann und Bergsdorf darum. Sie informierten Kohl immer ausreichend über Pressestimmen und die Meinungslage in der Bundeshauptstadt,[577] doch der Kanzler zog daraus aus ihrer Sicht die falschen Konsequenzen. gerade Bergsdorf wurde für Kohl in Presseangelegenheiten zwar „unentbehrlich",[578] schaffte es aber, auch aus Kohls Sicht, nicht, sein Bild in der Öffentlichkeit entscheidend zu verbessern.[579] Seine Kontakte zu Regionalkorrespondenten waren gut, im Bonner Pressedschungel kam der Pfälzer aber nicht zurecht. Dabei strebte Kohl immer wieder nach öffentlicher Anerkennung.[580] Doch die mehrheitlich linksliberal geprägten Bonner Berichterstatter hatten den Kanzler auf ihre Abschussliste gesetzt. Nachdem Schäuble den glücklosen Schreckenberger als Kanzleramtschef ersetzt hatte, war der Ansatzpunkt für kritische Kommentare zu Kohls Regierungsstil abhanden kommen. Nun konzentrierten

---

[572] Vgl. Filmer / Schwan, S. 374 und Jürgen Leinemann, Helmut Kohl. Inszenierungen einer Karriere, Berlin 1998 S. 26 f.
[573] Vgl. Mainhardt Graf von Nayhauß, Zu Gast bei..., Bergisch Gladbach 1986, S. 136.
[574] Vgl. Pruys, S. 395.
[575] Vgl. Leinemann, S. 27.
[576] Vgl. Nayhauß, Gast, S. 133.
[577] Vgl. Dreher, S. 323 und Filmer/Schwan, S. 240.
[578] Vgl. Kohl, S. 347.
[579] Vgl. ebd., S. 440.
[580] Vgl. Wolfgang Wiedemeyer, Kohl und die Medien, in: Reinhard Appel (Hg.), Helmut Kohl im Spiegel seiner Macht, Bonn 1990, S. 271-283, hier S. 271 ff.

sich die Angriffe auf Kohl persönlich. Peter Scholl-Latour berichtete, wie er es selbst als Stern-Chefredakteur nicht schaffte, einen positiven Bericht über den Kanzler gegen den Widerstand seiner Kollegen ins Blatt zu bringen.[581] Denn in „Redaktionsstuben galt es inzwischen als chic, Helmut Kohl madig zu machen"[582].

Kohl war selbst aber auch nicht ganz unschuldig an seinem negativen Image. Der Kanzler beklagte zwar sein schlechtes Bild in der Öffentlichkeit, war aber nicht willens, ernsthaft etwas dagegen zu unternehmen.[583] Er verabscheute die Gepflogenheiten des Journalismus, in dem lange Loyalitäten vergleichsweise wenig zählen.[584] Erzählte der Kanzler einem Berichterstatter in einem nicht als informellem Hintergrundgespräch gekennzeichneten Interview einmal vertrauliche Dinge und fand diese am nächsten Tag in der Zeitung wieder, war er völlig außer sich und putzte den betreffenden Journalisten herunter. Ackermann musste dann versuchen, diesen negativen Eindruck, der sich zwangsläufig in weiteren abwertenden Artikeln über den Kanzler ausgedrückt hätte, zu korrigieren.[585] Letztlich waren die von Kohls Küchenkabinett angestrebten Imagekampagnen fast immer erfolglos.[586] Die Berater wussten nicht, wie sie ihren Kanzler verkaufen sollten.[587]

Der Pressereferent braucht keinen Regierungssprecher

Pressearbeit für Kohl zu betreiben war keine angenehme Aufgabe. Das mussten vor allem seine zahlreichen Pressesprecher erfahren. Anders als bei vielen seiner Vorgänger gehörten die Regierungssprecher nie zu Kohls Küchenkabinett. Diether Stolze hielt es nur ein halbes Jahr beim neuen Kanzler aus. Sein Nachfolger brachte es immerhin auf zwei Jahre, bevor er wegen einer Steueraffäre zurücktreten musste: Peter Boenisch

---

[581] Vgl. Müller / Scholl-Latour, S. 38 f.
[582] Wiedemeyer, S. 274.
[583] Vgl. Teltschik, S. 50.
[584] Vgl. Wiedemeyer, S. 281.
[585] Vgl. Ackermann, S. 397 f. und Nayhauß, Bonn, S. 71.
[586] Vgl. Filmer / Schwan, S. 416.
[587] Vgl. Müller / Scholl-Latour, S. 43.

hatte erkannt, auf was es in Kohls Regierungszentrale ankam. Wollte man bei den Journalisten ein gewisses Standing halten, musste man sie mit Informationen versorgen. Die bekam man im System Kohl aber nur, wenn man sie sich selbst holte.[588] Eben diese Technik beherrschte der ehemalige Bild-Journalist. Doch weder er noch sein Nachfolger Friedhelm Ost wurden je beratend tätig. Dafür waren die Posten im Küchenkabinett schon mit Kohls Vertrauten Bergsdorf und Ackermann besetzt, die in ihrer Arbeit für Kohl ein wenig an Ludwig Erhards Büroleiter Karl Hohmann erinnerten.[589] Unter Erhard war auch kein Platz für einen Pressesprecher im Küchenkabinett gewesen.

Was die Regierungssprecher auch versuchten, sie waren nur Nebenakteure.[590] Ob sie wie Friedhelm Ost auch mal dem Kanzler widersprachen und dadurch ihre Glaubwürdigkeit bei den Journalisten erhöhten,[591] ob sie wie Hans „Johnny" Klein eher das kumpelhafte informelle Gespräch suchten, ob sie wie Dieter Vogel die nüchterne Analyse bevorzugten, sie wurden als Quellen von Journalisten kaum genutzt.[592] Die beiden letzten Regierungssprecher Peter Hausmann und Otto Hauser wurden von Kohl dann gar nicht mehr mit Informationen versorgt und machten sich auf Bundespressekonferenzen fast schon lächerlich.[593] Die Berichterstatter wussten, von wem sie die wirklich wichtigen Informationen bekamen: von Eduard Ackermann oder ab 1994 von dessen Nachfolger Andreas Fritzenkötter.

Als Ackermanns Augenleiden immer schlimmer wurde, gelang es Kohl zum einzigen Mal, ein Mitglied seines Küchenkabinetts durch einen adäquaten Nachfolger zu ersetzen. Der Kanzler bestand darauf, dass Ackermann Fritzenkötter einarbeitete, obwohl die beiden zuerst nicht gut miteinander klar kamen.[594] Doch Ackermann fügte sich, wie er es all die

---

[588] Vgl. Dreher, S. 324.

[589] Ackermann selbst gab dies zu: Es gibt „gewissen Parallelen in dem engen Vertrauensverhältnis und der absoluten Loyalität im Umgang miteinander" (Ackermann, S. 43).

[590] Vgl. Filmer / Schwan, S. 248.

[591] Vgl. Nayhauß, Bonn, S. 79.

[592] Vgl. Clough, S. 101, und Jens Tenscher, Verkünder – Vermittler – Vertrauensperson. Regierungssprecher im Wandel der Zeit, in: Heribert Schatz / Patrick Rösler / Jörg-Uwe Nieland (Hg.), Politische Akteure in der Mediendemokratie. Politiker in den Fesseln der Medien? Wiesbaden 2002, S. 245-269, hier S. 254.

[593] Vgl. Spiegel vom 19. Februar 1996.

[594] Vgl. Clough, S. 100.

Jahre zuvor auch getan hatte. Der Mann mit der starken Brille hatte widerstandslos immer in der zweiten Reihe gestanden, vielleicht auch, weil er sich wegen seiner Behinderung keine höheren Aufgaben zutraute. Außer Schäuble war er wie alle anderen Mitglieder in Kohls Küchenkabinett reiner Zuarbeiter, der ohne seinen Chef wohl nie in eine so hohe Position im Regierungsapparat aufgestiegen wäre. Das eben unterschied Kohls Küchenkabinett von dem früherer Kanzler.

Kohl war auf Andreas Fritzenkötter im Bundestagswahlkampf 1990 aufmerksam geworden.[595] Der regierungstreue Korrespondent der Rheinischen Post war in die Pressestelle der CDU gewechselt und hatte „sich dort einen guten Namen"[596] gemacht. Im Kanzleramt gelang es ihm, Hintergrundgespräche zu intensivieren[597] und auch zu jüngeren Journalisten Kontakte zu knüpfen, was Ackermann gegen Ende seiner Karriere zunehmend weniger zu Stande brachte. Wie viele Medienberater vor ihm, versuchte er auf diese Weise Vertraulichkeiten zu Journalisten herzustellen, um so das Bild seines Chefs in der Berichterstattung zu verbessern.

Dafür trug Fritzenkötters von Kohl geschätzter interner Arkan-Arbeitsstil auch dazu bei, dass die Pressesprecher noch machtloser wurden, als sie es unter Ackermann ohnehin schon gewesen waren.[598] Und im Küchenkabinett gehörte Fritzenkötter schon ab 1992 zum engeren Kreis.[599] Er blieb das einzige Beispiel für gelungene Nachwuchsrekrutierung innerhalb eines Küchenkabinetts, die sonst wie bei Schmidt an strukturellen Gründen, wie bei Adenauer schlicht an Lethargie und individuellen Schwächen des Kanzlers oder wie bei Brandt an beidem scheiterte.

Die Imageschwäche und die schlechten Popularitätsdaten des Kanzlers waren durch das Küchenkabinett aber nur in einer Sondersituation zu korrigieren gewesen: Die Wiedervereinigung 1989/90 bildete dabei „eine Zäsur, nach der die Union tatsächlich kurzzeitig Züge eines Kanzlerwahlvereins annahm"[600]. Daran waren Ackermann und selbst Weber

---

[595] Vgl. Ackermann, S. 348.
[596] Dreher, S. 568.
[597] Vgl. Ackermann, S. 207.
[598] Vgl. Clough, S. 101 f.
[599] Vgl. Pruys, S. 474.
[600] Bösch, S. 120.

nicht ganz unschuldig, die ihren Chef jetzt immer mehr glorifizierten und sich noch mehr für ihn engagierten. Das Hauptverdienst an Kohls Image- und Machtzuwachs fällt aber eindeutig Horst Teltschik und Wolfgang Schäuble zu.

Sie waren die beiden einzigen Mitarbeiter, die Helmut Kohl im Kü-chenkabinett auch einmal ernsthaft widersprachen, politische Konzeptio-nen entwickelten, somit zu echten Beratern und nicht nur zu Bestätigern des Kanzlerkurses wurden. Dabei bevorzugten beide das Vier-Augen-Gespräch, um den Kanzler vor den anderen Mitarbeitern nicht zu desa-vouieren.[601] „Kohl erwies sich als schwer zu beeinflussen und war selt-sam unzugänglich für Ratschläge."[602] Der Kanzler besprach sich zwar mit seinen Beratern, entschied dann aber ähnlich wie Adenauer meist al-lein.[603] Allerdings war er dabei nicht so schnell wie sein großes Vorbild.

Teltschik und Schäuble zogen daraus ihre eigenen Konsequenzen. Sie hielten sich vom politischen Potenzial her insgeheim mindestens so talentiert wie Kohl. Schäuble hatte bei seinem Wechsel ins Innenministe-rium darauf geachtet, möglichst viele Kompetenzen aus dem Kanzleramt abzuziehen.[604] Nun war Schäuble auch direkt für politische Entscheidun-gen verantwortlich, die er auch zu treffen gewillt war. In den Verhand-lungen über den Beitritt der DDR zur Bundesrepublik bewies Schäuble dies in aller Deutlichkeit.

Am schnellsten hatte allerdings Horst Teltschik die Zeichen der Zeit erkannt. Noch bevor Kohls berühmter Instinkt für historische Sonderla-gen geweckt wurde, war der geborene Schlesier mental schon auf dem Weg in ein geeintes Deutschland. Als die Sowjetunion im November 1989 über ihre diplomatisch-informellen Kanäle signalisierte, dass auch über eine Wiedervereinigung zu diskutieren sei, war Teltschik hell-wach.[605] Er überzeugte seinen Chef davon, das politische Tempo zu be-schleunigen.[606] Kohl vertraute seinem außenpolitischen Berater und Telt-schik nutzte den vorhandenen Spielraum. Er riss die Verhandlungen auf

---

[601] Vgl. Filmer / Schwan, S. 237.
[602] Clough, S. 96.
[603] Vgl. Filmer / Schwan, S. 254.
[604] Vgl. Dreher, S. 403 f.
[605] Vgl. Teltschik, S. 44 und Pruys, S. 347.
[606] Vgl. Dreher, S. 450 und S. 516.

der mittleren Ebene an sich und setzte trotz größter Arbeitsbelastung seine Vorstellungen auch auf internationaler Ebene durch.[607] Wichtig war vor allem, dass Teltschik Auslandsbesuche vorbereitete und die Tagesordnungen in den zahlreichen Treffen der internationalen Regierungschefs festlegen konnte.[608] Sein Einfluss in dieser Zeit ging weit über den etwa von Kanzleramtsminister Rudolf Seiters hinaus.[609] Er war der wichtigste Mitarbeiter des Kanzlers, was dieser auch selbst bestätigte.[610] Und schließlich überzeugte Teltschik Kohl davon, den Entwurf des sog. Zehn-Punkte-Plans, der den Weg zur Deutschen Einheit beschrieb, nicht wieder zu verändern.[611] Nachdem der Kanzler diesen „großen Wurf"[612] im Bundestag vorgestellt hatte, waren die Weichen gestellt, und es fiel Ackermann und seinem Stab leicht, die Wirkung des Plans auch öffentlich zu verstärken.[613] Kohl bewies darüber hinaus den richtigen Instinkt, und mit seinem Gespür für Stimmungen und seiner Politik aus dem Bauch heraus traf er in diesen Monaten genau den Nerv eines Großteils der Bevölkerung. Plötzlich schrieb Kohl auch wieder Manuskripte selbst, so wie das zur berühmten Rede vor der Dresdner Frauenkirche am 19. Dezember 1989. Selbst engste Mitarbeiter wie Eduard Ackermann und Juliane Weber waren von den Worten ihres Chefs so bewegt, dass sie sich vor Rührung in die Arme fielen.[614] Auch das zeigt die Bewunderung für und emotionale Bindung der engsten Mitarbeiter an ihren Chef. Kaum denkbar, dass sich Felix von Eckardt und Hans Globke nach Abschluss der Römischen Verträge oder Klaus Bölling und Manfred Schüler nach der Geiselbefreiung von Mogadischu und den anschließenden Reden ihrer Kanzler umarmt hätten.

Anders als Schmidt setzte Kohl auch in politischen Sondersituationen auf sein Küchenkabinett. Das erwies sich als effektiv, auch wenn diese Lösung keinesfalls demokratisch so legitimiert war wie bei Wischnewskis Einsatz für die Geiselbefreiung in Mogadischu. Und so gab es im

---

[607] Vgl. Teltschik, S. 375.
[608] Vgl. Dreher, S. 450 und Pruys, S. 299 f.
[609] Vgl. Dreher, S. 473.
[610] Vgl. Kohl, S. 346
[611] Vgl. Dreher, S. 475.
[612] Müller / Scholl-Latour, S. 66.
[613] Vgl. Dreher, S. 510.
[614] Vgl. Clough, S. 194.

geteilten Deutschland des Jahres 1990 nicht wenige Stimmen, die den selbstherrlichen Regierungsstil des Kanzlers und seiner Berater anprangerten.

Im Ausland half Kohl aber sein informeller Regierungsstil. In den sensiblen Gesprächen mit George Bush, Margret Thatcher, Francois Mitterand und Michail Gorbatschow zahlten sich Kohls halbprivate Umgangsformen aus. Er transferierte seinen Küchenkabinettstil auch auf die internationale Bühne. Jetzt waren auch hier Tugenden wie Verschwiegenheit und Loyalität stärker gefragt als in anderen Zeiten. Durch seine privaten Fragen an die Kollegen entspannte Kohl die Atmosphäre und reifte zum Staatsmann, mit Techniken, die er in seinem Küchenkabinett erlernt, erprobt und perfektioniert hatte.

Die Berater selbst genossen Freiheiten. Teltschik durfte sogar über die finanziellen Zahlungen an die Sowjetunion verhandeln, die letztlich einen entscheidenden Durchbruch in den Verhandlungen zur Deutschen Einheit brachten.[615] Er erwies sich plötzlich auch als PR-Mann und prägte Begriffe, die auch die Medien übernahmen.[616] Und Wolfgang Schäuble besaß carte blanche bei den Verhandlungen zur Wirtschafts- und Währungsunion mit der DDR.[617] Er selbst sagte über Kohls Einstellung zu ihm: „Er weiß, dass ich ihn nicht bescheiße."[618]. Es zahlte sich aus, dass der Innenminister schon als Kanzleramtschef Kontakte zu ostdeutschen Geschäftsmännern wie Alexander Schalck-Golodkowski geknüpft hatte.[619] Schäuble war nun versiert im Verhandlungsmarathon mit dem nicht weniger findigen DDR-Unterhändler Günter Krause. Nur in Ausnahmefällen mischte sich der Kanzler ein.[620] Ansonsten brachten Schäuble und Teltschik die formale innere und äußere Einheit Deutschlands unter Dach und Fach. Kohl blieb der Schirmherr des Ganzen.

Nach den Einheitsfeierlichkeiten ging das Küchenkabinett auseinander. Horst Teltschik war ermüdet und auf dem Höhepunkt seiner Karriere angekommen. Für ihn konnte es weder inhaltlich noch formal eine Stei-

---

[615] Vgl. Teltschik, S. 221.
[616] Vgl. Dreher, S. 516.
[617] Vgl. zum Verhältnis Kohl-Schäuble vor allem Dreher, S. 549 f.
[618] Zit. nach Leinemann, S. 18.
[619] Vgl. Pruys, S. 343.
[620] Vgl. Dreher, S. 321.

gerung geben. Auch mit Kohl selbst hatte es im letzten Zuge der Einheitsverhandlungen Verstimmungen gegeben. Teltschik nutzte ein lukratives Angebot, stieg aus der Politik aus und wechselte in die Wirtschaft.[621] Ein Verlust, der nie zu ersetzen war.[622]

Der Mann, der alles kann: Wolfgang Schäuble

Kohls wichtigster Berater war fortan allein Wolfgang Schäuble. Nach dem Attentat auf den damaligen Innenminister hatte sich der Kanzler auch mental noch weiter zur Vaterfigur für den Baden-Württemberger entwickelt.[623] Kohl überzeugte Schäuble, in der Politik zu bleiben und machte ihn zum neuen Fraktionsvorsitzenden. Schäuble dankte Kohl dieses Vertrauen weiter mit uneingeschränkter Loyalität. Er stürzte sich in die Arbeit, um sich selbst zu therapieren, und übernahm in der Folge noch mehr inhaltliche Aufgaben.[624]

Damit begann auch die innere Lösung Schäubles von Kohl. Der Kanzler sprach nun häufiger vom Aufhören und es war klar, dass sein Nachfolger nur Schäuble heißen konnte.[625] Kohl hatte ihm den „Samen des Ehrgeizes"[626] selbst in die Brust gepflanzt. Der Fraktionschef hielt die Loyalität zu seinem Chef weiterhin aufrecht, dennoch verstärkten sich die Reibungen zwischen den beiden. Schäuble war jetzt häufiger anderer Meinung als Kohl, auch wenn er sich nicht immer durchsetzen konnte.[627] Der Fraktionschef organisierte auch schwierige Mehrheiten, wie etwa die zum Asylkompromiss, mit dem er eine mittelschwere Krise in der SPD auslöste. Zunächst kümmerte sich Schäuble um die Innen-, Kohl um die Außenpolitik.[628] Doch das Konfliktpotenzial erhöhte sich deutlich, je mehr Schäuble zum „geschäftsführenden Kanzler"[629] wurde. Der Frakti-

---

[621] Vgl. Bösch, S. 137.
[622] Vgl. Ackermann, S. 336.
[623] Vgl. Pruys, S. 433.
[624] Vgl. Dreher, S. 553 f. und Bösch, S. 123.
[625] Vgl. Reitz, S. 10.
[626] Dreher, S. 559.
[627] Vgl. Clough, S. 266.
[628] Vgl. Dreher, S. 618.
[629] Clough, S. 270.

onsvorsitzende wollte gestalten, Reformen anstoßen.[630] Er erkannte die Gefahr, dass die Union die Macht verlieren könnte, wenn sie weiter nach Kohls Maximen regierte. Doch Schäuble kannte seine Grenzen. Er war Teil eines Küchenkabinetts, und das war Teil des Systems Kohl. Und dieses konnte nicht aus den eigenen Reihen gestürzt werden, Ende der 80er genauso wenig wie Ende der 90er Jahre.[631]

Bis 1989 spiegelte Kohls Küchenkabinett ebenso wie die Beraterzirkel der meisten anderen Kanzler zumindest teilweise den Zeitgeist. Die Re-Individualisierung, die die Gesellschaft nach den „alternativen" 70er Jahren ergriffen hatte, verdeutlichte sich auch in Kohls Regierungsstil. Viele Menschen dachten in den 80ern wieder mehr an sich denn an die Gesellschaft, und nach diesen Maximen regierte auch der Kanzler. Kohl betrieb ein wenig die Politik des geringsten Widerstands. Die weitere Verschuldung der Bundesrepublik war bequem und gab vielen Menschen dennoch ein Gefühl der Sicherheit, weil die Regierung nicht wie in anderen Ländern eine neoliberale Wirtschaftspolitik betrieb. Die Frage nach der demokratischen Legitimation für Kohls Handeln stellten dabei nur wenige. Die Entpolitisierung der Gesellschaft war bis ins Kanzleramt vorgedrungen, auch hier wurde jetzt mal privat getagt, gefeiert und getrunken.

Doch das war nur eine Seite der Medaille. Kohls Küchenkabinett war eben auch nach rationalen Gründen ausgewählt. Durch den Rückzug auf einige wenige ihm vertraute Berater begegnete der Kanzler der Komplexitätszunahme der Politik ebenso effektiv, wie dies etwa Adenauer oder Schmidt vor ihm gelungen war. Fast hätte ihn diese Re-Arkanisierung der Politik beim gescheiterten „Putsch-Versuch" seiner innerparteilichen Gegner auf dem Bremer Parteitag 1989 das Amt gekostet. Doch Kohl besaß noch die Bindung an seine Parteibasis, was ihn im Gegensatz zu Adenauer und Schmidt vor einem Sturz bewahrte. Erst als er die verlor und auch sein Küchenkabinett sie nicht wiederherstellen konnte, verlor er die Macht.

Dadurch, dass sein Küchenkabinett die Einheit managte, verlängerte sich Kohls Mandat. Doch sein Regierungsstil passte sich nicht an die

---

[630] Vgl. die Beispiele bei Dreher, S. 620 f.
[631] Vgl. Müller / Scholl-Latour, S. 33 und Leinemann, S. 115.

veränderten gesellschaftlichen Rahmenbedingungen an. Das Kanzleramt administrierte nur noch, politische Beratung gab es nicht mehr.[632] Kohls gewandeltes Küchenkabinett konnte ihm nicht weiterhelfen, die Mitarbeiter hätten den Kanzler auf den gewandelten Zeitgeist hinweisen müssen. In den neunziger Jahren konnte einfacher Fortschrittsglaube keine Regierung mehr im Amt halten. Und auch die Staatsverschuldung ließ sich nicht endlos weiterführen. Um Änderungen in der Politik durchzusetzen, hätte es selbstbewussterer Berater bedurft, die Kohl neue Perspektiven hätten eröffnen können. Ein wirklich effektives Küchenkabinett besaß der Kanzler da aber schon nicht mehr.

Am Ende können auch die Berater nichts mehr retten

Im Bundestagswahlkampf 1994 empfahlen Kohls Berater ihm, zu „menscheln"[633]. Das hatte Kohl schon immer gelegen.[634] Die Strategie führte noch einmal zum Erfolg. Nach der Bundestagswahl fiel Helmut Kohls Küchenkabinett jedoch gänzlich auseinander. Eduard Ackermann überließ die Geschäfte Andreas Fritzenkötter. Wolfgang Bergsdorf wechselte in seinen Traumjob als Leiter der kulturpolitischen Abteilung ins Bundesinnenministerium.[635] So blieb Helmut Kohl neben dem sich emanzipierenden Schäuble nur noch Juliane Weber als Mitglied des einst so effektiven inneren Kreises des Küchenkabinetts. Nach 1990 hatte sich der Beraterkreis in seinen Methoden kaum modernisiert, jetzt stoppte die Entwicklung ganz.[636] Teltschiks Nachfolger in der Auslandsabteilung des Kanzleramtes konnten nie dessen Format erreichen. Jetzt rächte sich, dass Kohl immer harmoniebedürftiger wurde. Sein Vertrauen in Mitarbeiter war während seiner gesamten Kanzlerschaft kontinuierlich gesunken.[637] Allzu viele kritische Geister hatte er noch nie in seinem Küchenkabinett

---

[632] Vgl. Gros, S. 87.
[633] Leinemann, S. 90.
[634] Vgl. Filmer / Schwan, S. 321 f.
[635] Vgl. Dreher, S. 614.
[636] Vgl. Leinemann, S. 112.
[637] Vgl. Filmer / Schwan, S. 343.

geduldet. Nun dominierten nur noch „Jasager"[638]. Niemand war in der Lage, Kohl ausreichend zu beraten,[639] weil der Kanzler sich immer mehr als „eigensinniger Mensch"[640] zeigte. Kohl kümmerte sich gegen Ende seiner Amtszeit zwar noch um die Köche im Kanzleramt,[641] aber nicht mehr um sein Küchenkabinett.

Wie auch Helmut Schmidt scheiterte Kohl in erster Linie an externen Faktoren, auf die seine Berater keinen direkten Einfluss hatten. Man täte ihnen unrecht, kreidete man ihnen allein das schlechte Wahlergebnis von 1998 an. Küchenkabinette sind nicht allmächtig, sie können strukturelle Machtverluste nicht ausgleichen, höchstens abmildern. Aber selbst das funktionierte bei Kohl zum Schluss nicht mehr.

Helmut Kohl besaß wie Willy Brandt ein geringes Selbstwertgefühl. Doch die beiden Kanzler gingen unterschiedlich damit um. Während Brandt sich kreative Köpfe holte, die seine Ideen weiter denken und formulieren sollten, sammelte Kohl vor allem durchschnittliche Arbeitstypen um sich, die sein Vertrauen durch scheinbar öffentlich wirksame politische Statements oder nur durch lange persönliche Bekanntschaft erworben hatten. Dabei achtete Kohl peinlich genau darauf, keine Berater ins Küchenkabinett aufrücken zu lassen, die ihm einmal machtpolitisch oder geistig zu sehr überlegen sein könnten. Anders als Kiesinger wollte Kohl die Entscheidungen nicht aus der Regierungszentrale auslagern, sondern in informellen Absprachen breite Diskussionen im Kabinett umgehen, wie sie etwa noch bei Brandt üblich gewesen waren.

Wie auch Konrad Adenauer, Willy Brandt und Helmut Schmidt kamen Kohl seine Vertrauten und erfahrenen Berater in der Endphase der Kanzlerschaft abhanden. Dabei wog vor allem der Verlust von Schäuble und Teltschik schwer. Beide fühlten sich vom Kanzler alleingelassen, ihre Karrierewege waren unter Kohl an eine Grenze gestoßen. So hatten sie die Wahl zu gehen (wie Teltschik) oder abzuwarten, bis Kohl von alleine ging (wie Schäuble). Schäubles Nachfolger als Kanzleramtsminister managten die Regierungszentrale zwar ebenso effektiv wie der

---

[638] Bösch, S. 137.
[639] Vgl. Pruys, S. 471.
[640] Filmer / Schwan, S. 194.
[641] Dies ist durchaus wörtlich zu nehmen. Kohl kümmerte sich persönlich um qualifiziertes Küchenpersonal im Kanzleramt. Vgl. Pruys, S. 29.

Baden-Württemberger.[642] Sie wurden aber nie zu zentralen Beratern mit Widerspruchsrecht. Das Kanzleramt koordinierte nur noch, beriet aber nicht mehr ausreichend.[643]

Schwer wog wie auch bei Schmidt, dass Kohl sein Küchenkabinett nicht rechtzeitig verjüngt hatte. Immerhin gelang es ihm im Gegensatz zu allen anderen Kanzlern, ein vollwertiges neues Mitglied in seinen Beraterkreis nachzunominieren. Seine Macht langfristig sichern konnte aber auch dieser Schachzug nicht.

Kohl ließ seine Berater nur so weit an sich heran, wie es seinem angekratzten Selbstbewusstsein dienlich war. Ähnlich wie Ludwig Erhard umgab sich auch Kohl am Ende nur noch mit „Jasagern". Anders als Erhard gelang es ihm zwar, den Überblick über die Regierungsgeschäfte zu behalten, er verlor aber den Draht zur Parteibasis, seiner eigentlichen Machtressource. Die Verbindung hatte er im Gegensatz zu all seinen Vorgängern weitgehend persönlich gehalten. Den Kontakt zur Fraktion besorgte Schäuble, der sich durch seine pragmatische Regierungspolitik auch für große Teile der CDU-Basis spätestens ab 1997 als Kanzler(kandidat) empfahl. Und Kohls Antennen für die Stimmungen in der Öffentlichkeit schienen auch nicht mehr ausreichend empfangsbereit zu sein. Kohl litt ähnlich wie Adenauer an der Hybris, dass ohne ihn die Regierungszentrale nicht funktionieren könne. Danach richtete er auch sein Küchenkabinett aus, das am Ende genau wie er verbraucht, zweitklassig und ineffektiv war.

Es bewahrheitete sich, was seine Biographen Werner Filmer und Heribert Schwan schon Mitte der achtziger Jahre schrieben: „Jeder Politiker erleidet auf seine Weise Realitätsverluste, hebt vom Boden ab oder erlebt eine erzwungene Entfremdung. Jeder neigt in hohem Maße zur Selbstbespiegelung und Selbstüberschätzung. Er genießt die Macht, sonnt sich in eigenen Handlungen. Auch Kohl. Jeder besitzt seine eigene Leidenschaft, Wucht und Affektstärke. Der Eine mehr, der Andere weniger. Je komplizierter Handlungsstränge, je vielschichtiger Machtverhältnisse werden,

---

[642] Vgl. ausführlicher dazu Walter/Müller, S. 492 ff.

[643] Vgl. Evelyn Schmidtke, Die Bundeskanzler im Spannungsfeld zwischen Kanzlerdemokratie und Parteiendemokratie. Ein Vergleich der Regierungsstile Konrad Adenauers und Helmut Kohls, Marburg 2001, S. 285.

desto wichtiger sind unabhängige Berater."[644] Eben solche Berater aber fehlten Kohl zuletzt; auch deshalb ging seine Regierungszeit zu Ende.

---

[644] Filmer / Schwan, S. 224 f.

VIII Die Macher des Machers: „Friends of Gerd"

Einzug der Frogs

16 lange und harte Jahre hatten die Sozialdemokraten warten müssen, insgesamt vier Kanzlerkandidaten verschlissen sie in dieser Zeit, bis es der fünfte Bewerber um das Amt des Regierungschefs dann 1998 schaffen sollte: Die Ära Kohl war zu Ende. Der frühere niedersächsische Ministerpräsident Gerhard Schröder wurde Kanzler. Und mit ihm zogen, so hatten es jedenfalls die beobachtenden Journalisten gezählt, rund zwanzig Vertraute aus seiner engsten Hannoveraner Umgebung nach Bonn, dann nach Berlin.[645] Das war keine eklatant hohe Zahl, aber es waren doch mehr als bei einigen anderen Kanzlern. Die neue Kanzler-Gesellschaft war ein wenig geschlossener als in früheren Zeiten, war landsmannschaftlich eindeutiger und begrenzter. Von „Maschsee-Mafia" war oft mokant die Rede, viel auch von den „Frogs", den „Friends of Gerd" also; hin und wieder wurde auch über die Hannoveraner „Currywurstfraktion" gelästert.[646] In dieser kumpelhaften Struktur des Kanzlerumfeldes markierte der Regierungswechsel 1998 mithin keine einschneidende Zäsur. Hier waren Schröder und Kohl durchaus ähnlich. In Machtfragen zumeist hart, entschlossen, zuweilen brutal, waren – und sind – sie doch zugleich auch sentimentale Menschen, die gerade für die Momente der Kälte und Einsamkeit der Macht auch Zeiten und Räume von Vertrautheit und Wärme, wohligem Zusammensein brauchen. Beide, Schröder wie Kohl,

---

[645] Vgl. Jürgen Hogrefe, Gerhard Schröder. Ein Porträt, Berlin 2002, S. 39.
[646] Vgl. Reinhard Urschel, Gerhard Schröder. Eine Biografie, Stuttgart 2002, S. 290.

konnten nicht gut für längere Stunden allein sein, nur auf sich gestellt. Zuwendung, Präsenz, die Nähe anderer waren wichtig für sie.[647]

Häufig hat man lesen können, dass Schröders Beraterkreis auffällig und ungewöhnlich klein war.[648] Oft wurden auch Koordinierungsprobleme und Pannen des Rot-Grünen-Kabinetts auf diesen Umstand zurückgeführt. Doch in der langen historischen Perspektive konnte man diesen Eindruck, der besonders unter Journalisten weit verbreitet war, nicht recht bestätigen. Die Vorgänger Schröders hatten keineswegs mehr Berater, einige eher weniger. Allein der Blick nach London, in die Downing Street, oder nach Washington, ins Weiße Haus, konnte dazu führen, das gegenwärtige Umfeld des Kanzlers für besonders schmal zu halten.[649] Der amerikanische Präsident vermochte sich in der Tat aus dem Ideenvorrat ganzer Hundertschaften von Strategen und Consultants zu bedienen. Auch der britische Primeminister durfte ungleich mehr persönliche Berater mit ins Amt bringen als der deutsche Bundeskanzler. Das war allerdings in früheren Jahrzehnten ebenfalls nicht anders. Denn allein das deutsche Beamtenrecht verhinderte den umfassenden und periodischen Austausch des Personals in der Regierungszentrale. Schröders Küchenkabinett mochte extrem eng zugeschnitten, eben signifikant niedersächsisch geprägt sein, aber besonders klein an Köpfen war es nicht.

Der kurze Auftritt des besten Mannes: Bodo Hombach

Allein der zunächst wichtigste Mann des neuen sozialdemokratischen Kanzlers kam nicht vom Maschsee, gehörte nicht zum langjährigen Tross von Schröder: Bodo Hombach. Ihn machte Schröder 1998 zum Chef des Kanzleramtes, nicht – wie die meisten erwartet hatten, wie ihm wohl auch zuvor versprochen wurde – Frank-Walter Steinmeier, der bis zum Wahlsieg von Rot-Grün die Staatskanzlei des niedersächsischen Ministerpräsi-

---

[647] Vgl. Sibylle Krause-Burger, Wie Gerhard Schröder regiert: Beobachtungen im Zentrum der Macht, Stuttgart 2000, S. 110 ; Martin E. Süskind in: Bela Anda/Rolf Kleine: Gerhard Schröder: Eine Biographie, München 2002, S. 251; Urschel, S. 68.

[648] Vgl. Hogrefe, S. 35 u. 45; Richard Meng, Der Medienkanzler. Was bleibt vom System Schröder?, Frankfurt am Main 2002, S. 33; Tilman Gerwien, Spieler am Ende, in: Stern, 12.2. 2004.

[649] Vgl. Katja Schlesinger, Metamorphosen in der Machtzentrale, in: Rheinischer Merkur, 4.1. 2002.

denten geleitet hatte. Hombach hingegen kam aus Nordrhein-Westfalen, war dort mehrere Jahre Landesgeschäftsführer der SPD gewesen und hatte für Johannes Rau einige glänzende und bemerkenswert erfolgreiche Landtagswahlkämpfe geführt. Zunächst gehörte Hombach, wie die meisten nordrhein-westfälischen Sozialdemokraten, sogar zu den innerparteilichen Gegnern Schröders. Doch nach dem Desaster von Scharping 1995 näherten sich die beiden an, führten den Wahlkampf 1998 gemeinsam. Schröder und Hombach erkannten im jeweils Anderen ein gutes Stück von sich selbst. Beide kamen aus kleinen Verhältnissen; beide mussten für ihren sozialen Aufstieg den mühseligen und harten Umweg über das Abendabitur gehen; beide hatten daher eine Menge Ehrgeiz angesammelt, dem Rest der Welt zu beweisen, wie außerordentlich tüchtig und überlegen sie doch waren. Und als sie es dann endlich geschafft hatten, zelebrierten beide gerne den protzigen Lebensstil der Neuankömmlinge. Alte Rotweine, teure Zigarren, schicke Anzüge – das wurde ein wenig zur Pose des Kanzlers und seines ersten Amtschefs in der Regierungszentrale während jener frühen Monate nach dem Regierungswechsel.[650]

Doch natürlich hatte Schröder nicht in erster Linie einen kongenialen Kumpel gesucht. Er brauchte einen Troubleshooter.[651] Hombach stand in der langen Reihe bisheriger Kanzleramtschefs gewiss nicht in der Tradition von Globke, Schüler oder Schäuble. Hombach war mehr von der Art Ehmkes. Noch stärker erinnerte er an Otto Lenz, auch der ja ein Energiebündel mit tausend Ideen und der Lust auf Aktionen, Kampagnen und bösartigen Intrigen. Von Zeit zu Zeit brauchen Kanzler, wie wir im Laufe dieser Abhandlung einige Male gesehen haben, diesen Typus des Prellbocks und aggressiven Angreifers. Und in der Tat: Ende 1998/Anfang 1999 war für den neuen Kanzler der Deutschen diese Zeit ganz offenkundig da.

Denn er hatte sich eines lästigen Rivalen zu erwehren, der unverkennbar Einfluss und beherrschenden Zugriff auf das Kanzleramt und die Richtlinien der Regierungspolitik nehmen wollte: Oskar Lafontaine. Geschichtskundige Beobachter fühlten sich an die Wochen nach dem sozial-

---

[650] Vgl. Urschel, S. 217.
[651] Vgl. Andreas Bender, Bodo Hombach aus Mühlheim – „German's trouble-shooter", in: Welt am Sonntag, 25.4. 1999.

demokratischen Wahlsieg 1972 erinnert.[652] Damals hatten Helmut Schmidt und Herbert Wehner dem sozialdemokratischen Kanzler die personelle Zusammensetzung des Kanzleramtes aus der Hand genommen. Eben das versuchte nun auch Lafontaine. Aber Schröder war nicht Brandt. Ging es um die Macht, dann war Schröder erheblich härter und kälter als der zögerliche, ausweichende Brandt. Schröder machte Hombach – und zunächst nicht Steinmeier – zum Chef des Kanzleramts, um die Ansprüche und Attacken des SPD-Vorsitzenden auch politisch entschlossen konterkarieren zu können.[653] Schließlich war Hombach der bekennende „Modernisierer", wo Lafontaine den traditionalistischen Sozialkeynesianer mimte. Hombach schottete das Kanzleramt und sein Informationsmonopol auch sofort gegen Lafontaine ab. Überdies zimmerte er an einer Gegenideologie zur Politik des sozialdemokratischen Superministers. Der Chef im Kanzleramt ernannte Ludwig Erhard zum Ahnherrn einer modernen Sozialdemokratie, plädierte für eine „Angebotspolitik von links"[654], schrieb am sogenannten „Schröder-Blair-Papier" mit und proklamierte die „Neue Mitte". Und von Fall zu Fall lancierte er, der über intime Kontakte zu den Medien verfügte, gezielt Boshaftigkeiten und Indiskretionen über Lafontaine, bis der im März 1999, überraschend schnell mürbe gemacht, dann politisch resignierte und von einem Tag zum anderen das Feld räumte. Schröder hatte dank seines Hombachs das politische Mensch-ärgere-Dich-Spiel gewonnen.

Im Grunde hatte dadurch der Troubleshooter seine Funktion schon erfüllt. Nach Lafontaines Abgang bedeutete Hombach mehr Bürde als Gewinn für das Kanzleramt. Denn Hombach war kein Mann des geräuschlosen Managements, der stillen Koordinationsarbeit, des leisen Moderierens. Er war niemand, der sich zurücknehmen konnte, der die Prärogative des Amtes vor die eigenen Ambitionen stellte. Insofern eben erinnerte Hombach mehr an Lenz als an Ehmke. Horst Ehmke war doch stärker an seinem Kanzler orientiert. Otto Lenz und Bodo Hombach hingegen hatten stets auch eine eigene Agenda, eigene Pläne und politische Absichten. An der Spitze des Kanzleramtes aber geht dergleichen nicht lange gut. Kanzleramtschefs sind so lange stark, wie sie mit ihrer Macht

---

[652] Vgl. Süskind, S. 238.
[653] Vgl. Meng, S. 32; Klein, S. 457.
[654] Vgl.: Wohin den nun Genossen?, in: Stern, 15.10. 1998.

diskret umgehen, sich selbst verbergen, im Hintergrund halten, öffentlich gleichsam bescheiden bleiben. Selbstdarsteller zerstören rasch die Grundlagen ihrer Macht, werden im Kanzleramt nicht lange alt. Denn sie beschädigen durch das eigene Profilstreben ihren Kanzler, machen zu schnell und zu häufig publik, was besser verschwiegen worden wäre, schüren dadurch Aufgeregtheiten, Konflikte und Dissonanzen. Der Eindruck von einer Regierung, in der es nicht harmoniert, häuft sich dann – und als Hauptverantwortlicher gilt, mit einem gewissen Recht, ganz unweigerlich der Chef der Regierungszentrale.

So wiederfuhr es im Frühjahr 1999 auch Hombach, der allmählich zum Buhmann der Medien wurde. Der Chef des Kanzleramtes war einfach zu sehr auch „Minister für besondere Aufgaben". Er hatte sich um das „Bündnis für Arbeit" zu kümmern, die Entschädigungszahlungen für NS-Zwangsarbeiter zu regeln, das leidige Problem mit den 630-Mark-Jobs zu lösen.[655] Dazu erwartete der Kanzler von ihm, dass er neue politische Themen witterte und neue Begriffe prägte. Für das bürokratische Alltagsgeschäft in der Regierungszentrale blieb einfach wenig Zeit.[656] Auch besaß Hombach, der wie viele Schnelldenker oft auch schneidig arrogant sein konnte[657], nur noch wenig Freunde in der SPD. Für den Kanzler hatte Hombach keinen großen Nutzen mehr. Schröder schickte seinen „besten Mann" daher im Juni 1999 auf den Balkan.

Maschinist der Macht: Frank-Walter Steinmeier

Auf Bodo Hombach folgte dann Frank-Walter Steinmeier, der als beamteter Staatssekretär schon bis dahin eine Art administrativer Hausmeier im Kanzleramt war, der die Staatssekretärsrunden geleitet, die Koordination von Amt und Bundesregierung übernommen hatte. Die Mitarbeiter in der Regierungszentrale waren erleichtert. Zuvor waren sie die Diener zweier Herren, die sich erkennbar nicht mochten, die versteckt um Zu-

---

[655] Vgl. Markus Franz, Das Krokodil im Kanzleramt, in: taz, 23.2. 1999.
[656] Vgl. Günter Bannas, Heye ist häufig bei Schröder, Schröder taucht oft bei Hombach und Steinmeier auf, in: Frankfurter Allgemeine Zeitung, 4.12. 1998.
[657] Vgl. Dieter Buhl, Der Ketzer im Kanzleramt, in: Die Zeit, 18.3. 1999.

ständigkeiten und Kompetenzen rangelten, die um die Gunst des Fürsten buhlten. Mit dieser Polyarchie war es im Sommer 1999 vorbei. Fortan war Steinmeier ganz unzweifelhaft die Nummer eins im Kanzleramt, der entscheidende Mann und Berater des deutschen Regierungschefs. Was Globke einst für Adenauer war, wurde Steinmeier nun für Schröder. Die Muster des Amtsverständnisses und des persönlichen Profils zwischen den beiden ähnelten sich jedenfalls sehr. Auch Steinmeier galt als uneitel, uninteressiert an Publizität, Selbstdarstellung und öffentlichem Renomé; auch ihn beschrieb man mit Tugenden wie fleißig, akkurat, verlässlich, kompetent, effizient. Kurzum: Globke wie Steinmeier beherrschten ihr Metier, waren Meister des Aktenstudiums, außerordentlich gute Zuhörer, geduldig, hartnäckig, allseits informiert.[658] Allerdings erschien Steinmeier nicht bedrückt-introvertiert, nicht so steif wie Adenauers Staatssekretär. Steinmeier war vielmehr ein überwiegend gut gelaunter Chef, auffällig freundlich und liebenswürdig.[659] Zugleich aber war er – hier wieder geistesverwandt mit Globke – kompromisslos verschwiegen. Die Journalisten in der Hauptstadt seufzten zuweilen resigniert, dass man vom Chef des Kanzleramtes nicht einmal den Vornamen des Kanzlers erfahren würde.[660] Steinmeier war eben, wie es durchaus respektvoll am Regierungssitz hieß, „furchterregend loyal" gegenüber seinem Kanzler.[661]

Steinmeier gehörte zur „Maschsee-Mafia" des Kanzlers. Aber er teilte mit Schröder auch die regionale Herkunft der Geburt. Der Kanzler und sein Amtschef waren Lipper. Die Orte ihrer Geburt lagen etwa 15 Kilometer weit auseinander. Steinmeier kam aus dem kleinen Dorf Brakelsiek, nahe der ostwestfälischen Karnevalsmetropole Steinheim gelegen. Studiert hatte Steinmeier dann in Marburg, bevor er als promovierter Jurist 1993/94 Leiter des persönlichen Büros des niedersächsischen Ministerpräsidenten, dann Chef der Abteilung für Richtlinien der Politik, Ressortkoordinierung und -planung wurde. Ab 1996 leitete er die niedersächsische Staatskanzlei. Seither wusste Schröder, was er an Steinmeier

---

[658] Vgl. Jürgen Leinemann, „Ich bin nicht der Stellvertreter", in: Der Spiegel, 19.4. 2003; Hogrefe, S. 36.

[659] Vgl. Ludger Fertmann, Frank-Walter Steinmeier, Schröders Mann fürs Freundliche, in: Die Welt, 4.12. 1998; Krause-Burger, S. 109.

[660] Vgl. Michael Innacker, Schröders System der Macht auf acht Etagen, In Frankfurter Allgemeine am Sonntag, 29.4. 01.

[661] Vgl. Knut Pries, Strippenzieher als ehrbares Gewerbe, in: Frankfurter Rundschau, 16.3. 2000.

hatte: Sein Amtsleiter war ihm sein „Mach Mal".[662] Diesen Zuruf jedenfalls bekam Steinmeier über die Jahre mehrere Male am Tag zu hören.
Und eben das war seine Funktion, darin komplettierte er den Kanzler.
Schröder war ein Virtuose der Intuition, des Instinkts, der Witterung.
Schröder meinte zu fühlen, wohin es politisch gehen sollte. Aber für die
kleinteilige Operationalisierung, für die bürokratischen Prozeduren der
Kanzlereingebungen war Steinmeier – sein „Mach Mal" – zuständig. So
hatte sich das schon in Hannover eingespielt, so setzte sich das jetzt auch
in Bonn, dann in Berlin weiter fort.

Darin ergänzten sie sich, da Steinmeier – der allerdings über Netzwerke in Partei und Fraktion zunächst nicht verfügte – als der exakte
Administrator zu Werke ging, der Schröder nicht war, nicht sein wollte,
auch nicht sein musste. Steinmeier liebte es, die schmalen Handlungskor-
ridore zu finden, die wenigen Gelegenheitsfenster zu öffnen, die sich der
Politik in komplexen Gesellschaften noch boten.[663] Das war der pragmatische Ansatz, den Steinmeier mit seinem Kanzler teilte, indem sich beide
mit ihren unterschiedlichen Fähigkeiten trefflich verknüpften. Vielleicht
stimmten sie sogar zu sehr in dieser Grundhaltung überein. Beide, der
Kanzler und sein Amtschef, waren exzellente Zuhörer. Aber mit Theore-
tikern hatten sie wenig Geduld.[664] Menschen, die in langen Strecken
dachten, gar das Reizwort „Visionen" in den Mund nahmen, gingen ihnen
auf die Nerven. Sie hielten das für unpolitisch, weltfremd, versponnen.
Wahrscheinlich durfte das ein Kanzleramtschef kaum anders sehen. Die
Leitung des Kanzleramts verträgt sich nicht recht mit allzu prätentiösen
Spiritualitäten und holistischen Politikentwürfen. Der nüchterne Politik-
betrieb der Regierungsbürokratie, der aus Koordination, Moderation,
Absprachen, eben dem Management von Interdependenzen besteht, kann
sich darin nur blamieren.[665] Ein Kanzleramtschef ist somit tatsächlich in
erster Linie ein Maschinist der Macht, nicht ihr Philosoph oder Grund-
werteinterpret. Und doch mag mit Steinmeier in der Kombination mit

---

[662] Vgl. Nikolaus Blome, Frank-Walter Steinmeier ist die „Graue Effizienz" im Kanzleramt, in: die
Welt, 20.12. 2002.
[663] Vgl. auch Michael Innacker, Der Hausmeier, in: Frankfurter Allgemeine am Sonntag, 2.2. 2003.
[664] Vgl. Michael Innacker, Frank-Walter Steinmeier. Schröders Mann im Hintergrund, in: Die Welt,
8.12. 2000.
[665] Vgl. Franz Walter/Tobias Dürr, Die Heimatlosigkeit der Macht. Wie die Politik in Deutschland
ihren Boden verlor, Berlin 2002, S. 15 ff.

diesem Kanzler zu sehr der Macher auf den Macher getroffen sein. Irgendetwas fehlte in dieser Allianz, was dem „Machertum" Sinn, Perspektive, Ziel, dadurch auch Kohärenz und somit Berechenbarkeit gegeben hätte. Den Sozialdemokraten in der Fläche jedenfalls fehlte es, die an den Wechselhaftigkeiten, den erratischen, voraussetzungslosen, begründungsarmen Richtungsveränderungen in der Politik ihres Kanzlers und ihrer Minister viele Jahre unverkennbar litten.[666]

Scharnierfigur der Macht: Franz Müntefering

Denn auch der dritte Mann im eigentlichen, primären Macht- und Entscheidungstrio der Republik der Schröder-Ära taugte nicht für Zukunftsentwürfe und Visionen. Dieser dritte Mann war Franz Müntefering. Steinmeier war im Alltag präsenter; vier-, fünfmal pro Tag etwa trafen der Kanzler und sein Amtsvorsteher sich in ihren Büros, stimmten sich auf Zuruf miteinander ab. Aber Müntefering war doch die zentrale Scharnierfigur zur Sicherung der Kanzlermacht. Seit September 1999 amtierte er als Generalsekretär, dadurch als faktischer, seit dem Frühjahr 2004 auch als formell gewählter Parteivorsitzender der SPD. Nach der Wiederwahl von Rot-Grün 2002 hatte er überdies den Vorsitz der Bundestagsfraktion inne. Über eine solche Machtfülle diesseits der Kanzlerschaft hatte bis dahin in einer Regierungspartei noch kein Politiker in der bundesrepublikanischen Geschichte verfügt. Schröder, der Machtmensch, brauchte Müntefering, war auf ihn angewiesen.

Dabei: Ein Schröderianer aus Prinzip war Müntefering gewiss nicht. Unter all den Niedersachsen im Umfeld des Kanzlers gehörte der Westfale zu den Ausnahmen. Müntefering war Mann der Partei, präziser noch: des Parteiapparats, nicht einer Person, auch nicht einer spezifischen Ideologie der sozialen Demokratie. Als Geschäftsführer und Sekretär hatte er mehreren, vom Temperament und politischen Projekt ganz verschiedenen Herren verlässlich gedient – Rau, Vogel, Scharping, Lafontaine und eben

---

[666] Vgl. Franz Walter, An der Macht und in der Sinnkrise? Die Schröder-SPD, in: Frankfurter Rundschau, 22.4.2002; insgesamt: ders., Abschied von der Toskana. Die SPD in der Ära Schröder, Wiesbaden 2004.

Schröder. Alle waren sehr zufrieden mit ihm, denn er kümmerte sich
allein um den organisatorischen Vollzug einer Politik, die sie festleg-
ten.[667] Kurzum: Müntefering war der Mann der Organisation. Keinen
Spruch liebte er mehr als die Sentenz von Herbert Wehner: „Politik ist
Organisation". Überhaupt war Wehner sein großes Vorbild. Von Hans-
Jochen Vogel hatte er viel gelernt, wie er gerne bekannte. Über Willy
Brandt hingegen sprach er weniger warm und bewundernd. Insofern
passte er trefflich zu Schröder und Steinmeier, wenngleich er sie eben
dadurch nicht ergänzte. Auch Müntefering wusste mit großen Erzählungen und Entwürfen nichts anzufangen. Es ging ihm zuallererst um die
Geschlossenheit und Schlagkraft der Partei. Die Funktionäre und Parlamentarier hatten sich „unterzuhaken", „den Helm enger zu schnallen",
„die Ärmel hochzukrempeln".[668] Wozu und zu welchem Ziel, das war oft
weniger deutlich.

Müntefering, der langjährige Traditionalist und Spötter über die „Re-
formitis", hatte sich, unter dem Druck einer chronischen ökonomischen
Wachstumsschwäche und leerer Staatskassen, zum Innovateur gewandelt.
Aber einen konsistenten Begründungsbogen, eine faszinierende Zielperspektive, einen neuen Ethos der sozialdemokratischen Modernität konnte
er den ratlosen Funktionären und Mitgliedern seiner Partei auch nicht
geben. Wie der Kanzler hatte er einfach das Gefühl, dass man nun in
diese, parteihistorisch neue Richtung gehen müsse. Anders als der Kanzler aber ging Müntefering dabei mit der störrischen Parteibasis geduldiger
um. Er knüpfte viele Gesprächskontakte, bezog auch die Parteisekretäre
wieder ein, hörte aufmerksam zu, warb und erläuterte; zuweilen drohte er.
Geduldig moderierend führte er schließlich ebenfalls die Bundestagsfraktion, nachdem er sie in den ersten Wochen nach seiner Wahl noch autoritär und zentralistisch zu kommandieren versucht hatte, was erheblich
schief ging.[669] Habitus, Sprache und Stil von Müntefering kamen, lange
zumindest, bei den Sozialdemokraten in den Ortsvereinen, in den Unter-
bezirken und Bezirken besser an als die Attitüden des Kanzlers. Müntefering wirkte altsozialdemokratischer, selbst wenn er das Lied der Moder-

---

[667] Vgl. hierzu auch Wolf Schmiese, Den Ball weit nach vorne schießen, in: Frankfurter Allgemeine
am Sonntag, 6.7. 2003.
[668] Vgl. auch Stefan Schlak, Nie wieder postmodern, in: Frankfurter Rundschau, 20.2. 2004.
[669] Vgl. Karin Nink, Der neue Münte paukt sogar Wirtschaft, in: Financial Times Deutschland, 21.1.
2003.

nisierung sang. Mit dem ehrhaft leistungssozialdemokratischen Kleine-Leute-Habitus kalmierte er die trotzige Basis. Dadurch verschaffte er dem Kanzler Spielraum. Und wenn es nötig war, konnte er auch den Part des Troubleshooters übernehmen, des harten Polarisierers gegen die Union.[670] Insofern kam er seinem Vorbild Wehner tatsächlich ziemlich nahe, wenngleich ihm dessen Bitterkeit, Militanz und harter Eigensinn abgingen. Aber auch Müntefering bewegte sich in der Aura des „der Sache" selbstlos ergebenen Parteisoldaten; auch er war gerade dadurch keiner Person, keiner konkreten Figur, keinem jeweiligen Kanzler, keinem Rau, keinem Scharping, keinem Lafontaine, keinem Schröder voraussetzungslos verpflichtet. Müntefering war ihnen allen eine politische Strecke lang dienlich. Aber sicher konnte sich ihm keiner sein.

Dirigentin im Alltag: Sigrid Krampitz

Steinmeier war der Chefadministrator, Müntefering das machtpolitische Scharnier im System der Kanzlerschaft Schröders. Sie waren ohne Zweifel Kern und Herz vom Küchenkabinett des deutschen Regierungschef seit 1999. Doch für die Bewältigung jenes langen und harten Kanzleralltags war zudem noch Sigrid Krampitz wichtig, die das Büro des Regierungschefs leitete. Sigrid Krampitz dirigierte den Kanzler durch den Tag, leise, diskret, kaum sichtbar, oft nur durch kurze Signale andeutend, aber energisch und zielstrebig. War Sigrid Krampitz einmal nicht da, dann wurde der Kanzler rasch nervös, mitunter hilflos.[671] So jedenfalls konnte man es häufig hören, in amüsanten Geschichten aus der Entourage des Kanzlers.

Krampitz gehörte, wie Steinmeier und viele andere aus dem Tross von Schröder, zu jener 1950er Geburtskohorte, die in der SPD der „Enkel" auf Grund des Nachteils der späten Geburt nie ganz nach vorne gelangen konnte. Denn dort hatten die 1940er Jahrgänge der sozialdemokratischen 68er bereits alles besetzt. Den 1950ern blieb daher lediglich der Platz im dienstleistenden Gefolge der „Enkel". Sie wurden die Refe-

---

[670] Vgl. Oskars Schatten über Gerhard, in: Neue Zürcher Zeitung, 7.2. 2004.
[671] Vgl. Urschel, S. 15.

renten, Büroleiter, Redenschreiber, Sekretäre und Berater der Generation Schröder/Scharping/Lafontaine/Engholm. Die sozialdemokratischen 68er waren die Glückskinder der Republik; als sie die Universitäten verließen, stand ihnen alles weit offen, im Beruf und in der Politik. Die 1950er Geburtskohorten dagegen, gewissermaßen zehn, fünfzehn Jahre zu spät auf die Welt gekommen, waren die Opfer der späten sozialliberalen Zeit. Als sie ihre akademische Ausbildung in den agonalen, depressiven Jahren der Ära Schmidt beendeten, waren die beruflichen Laufbahnwege verstopft, war der Zugang zum öffentlichen Dienst verriegelt. Zehntausende hatten auf Lehramt studiert; kaum einer sollte dann später wirklich als Pädagoge an einer Schule unterrichten. Es begann vielmehr eine Odyssee durch Teilzeitjobs, ABM-Projekte, halbe BAT-Stellen auf Zeit. Bis man es dann irgendwann geschafft hatte, fest eingestellt wurde – in den Vorzimmern der etablierten 68er. Eben so ging es auch Sigrid Krampitz.[672] Auch sie hatte Lehrerin werden wollen, hatte dafür Deutsch und Geschichte studiert, mit dem Staatsexamen abgeschlossen. Aber dann war keine Stelle mehr frei. So verdiente sie sich zunächst ihr Geld durch Nachtwachen im Krankenhaus, unterrichtete überdies ein wenig an der Volkshochschule, kam dann in der Pressestelle des niedersächsischen Verfassungsschutzes unter, wechselte schließlich zur Frauenbeauftragten des Landes. Das war die Brücke zur Politik. Von da aus schaffte sie den Aufstieg zur Referentin des Chefs der niedersächsischen Staatskanzlei; und seit 1994 leitete sie Schröders Büro, erst in Hannover, dann in der Bundeshauptstadt.

Seither waren Schröder und Krampitz zusammen, Tag für Tag, über etliche Stunden. Seither war Krampitz für Schröder unentbehrlich. Niemand kannte ihn so gut wie sie; niemand wusste so genau über seine Launen, Neigungen, Schwächen, Stärken, Gewohnheiten, Bedürfnisse, Unpässlichkeiten Bescheid wie die Leiterin des Kanzlerbüros. Sie führte seine Termine, sie – überwiegend – entschied, wer zum Kanzler kommen konnte und wer nicht. Ging es um Imagefragen, um Performance, so verließ sich Schröder in erster Linie auf ihr Urteil. Denn Krampitz wusste, was zu ihm passte, in welche Rolle er hingegen besser nicht schlüpfen sollte. Auch war sie oft die letzte Instanz bei der Redaktion der Kanzlerreden; auch hier achtete sie darauf, dass die Formulierungen dem Typus

---

[672] Vgl. Krause-Burger, S. 104.

Schröder, seinen Stärken entsprachen.[673] Wenn der Kanzler in schwierigen politischen Situationen seine Getreuen, sein Küchenkabinett also, um sich versammelte und nach Lösungen aus der Krise suchte, war Krampitz in aller Regel mit von der Partie. Schröder wollte wissen, was sie dachte. Und er konnte sich unbedingt darauf verlassen, dass niemand anderes sonst – vor allem nicht die sogenannte Öffentlichkeit – davon erfuhr. Krampitz galt als die Inkarnation von Loyalität. Journalisten lobten ihre Höflichkeit, Freundlichkeit und nie erlahmende Geduld.[674] Aber sie seufzten gern über ihre kompromisslose Diskretion. „Sie ist verschwiegen wie eine Äbtissin"[675], urteilte eine intime Kanzler-Kennerin, eher bewundernd als bedauernd. Eine andere, nicht minder gut informierte journalistische Beobachterin kam zum abschließenden Urteil: „Sigrid Krampitz ist eine der beiden Hauptstützen in Gerhard Schröders Alltag."[676]

Die Ehefrau

Als einen weiteren „tragenden Pfeiler in Schröders System der Entscheidungsfindung"[677] hat ein dritter Journalist noch Doris Schröder-Köpf, die (vierte) Ehefrau des Kanzlers ausgemacht. Natürlich, man kann Zweifel anmelden, ob die Frau des Kanzlers zu den Mitgliedern seines Küchenkabinetts zu zählen ist. Doch sind Küchenkabinette keine formellen Strukturen, sie sind nicht exakt zu definieren; ihre Zusammensetzung steht nicht fest, kann fluide, konstellations- und zeitabhängig sein. Zu Küchenkabinetten haben wir hier, ganz pragmatisch, all diejenigen gerechnet, die im inneren Zirkel der Macht in dauerhafter kommunikativer Interaktion zum Kanzler stehen. Wer prägenden Einfluss beim Regierungschef hat, ohne dem Kabinett anzugehören, ist Teil des Küchenkabinetts. So wurde in diesem Buch verfahren.

Bei den früheren Kanzlern, von Adenauer bis Kohl, waren Ehe und Frauen Zuflucht- und Ruheorte, Wärmestuben für die erschöpfte Seele,

---

[673] Vgl. Hogrefe, S. 67; Urschel, S. 215.
[674] Ulrike Posche, Gerhard Schröder. Nah-Aufnahme, München 1998, S. 89.
[675] Ulrike Posche, Tafelrunde der Macht, in: Max, 14.3. 2003.
[676] Krause-Burger, S. 104.
[677] Hogrefe, S. 38.

Raum für die Entlastung von den Härten, der Kälte und der Einsamkeit der Macht. Obwohl: Insgesamt wissen wir erstaunlich wenig über die Rolle der Familien, der Kinder und Ehefrauen deutscher Kanzler. Insgesamt aber spricht viel dafür, dass die Kanzler vor Schröder – mit Ausnahme vielleicht der Erhards – Politik und Familie scharf trennten. Die Frauen waren nicht die politischen Ratgeber ihrer Kanzlermänner, gleichviel ob es sich um christ- oder sozialdemokratische Regierungschefs handelte.

Bei Schröder wurde das dann anders. Schon die dritte Ehefrau, Hiltrud, exponierte sich politisch außerordentlich, marschierte mit politischen Anliegen auch in der Staatskanzlei auf. Sie war in Niedersachsen in der ersten Hälfte der 1990er Jahre ein relevanter politischer Faktor. Die Frau des Kanzlers Schröder, Doris Köpf, verhielt sich demgegenüber diskreter, zurückhaltender.[678] Aber auch sie gab immer wieder Signale, dass sie politisch Position bezog und sich darüber mit ihrem Ehemann, dem Regierungschef der deutschen Bundesrepublik, austauschte. Schließlich war Doris Schröder-Köpf gelernte Journalistin. Sie kam vom Kölner „Express", schrieb dann für die „Bild"-Zeitung, arbeitete zuletzt beim „Focus". Der Boulevard also war ihr nicht fremd; die Alltagsprobleme der Menschen diesseits von Berlin-Mitte kannte sie wahrscheinlich besser als ihr Mann, der in der abgeschlossenen Festung des Berliner Kanzleramtes hauste. Die Biographen Schröders jedenfalls behaupten herausgefunden zu haben, dass der Kanzler alle wichtigen Entscheidungen zunächst mit seiner Frau bespreche. „Keine Kanzlerfrau war einflussreicher" lautet daher das Resümee von Jürgen Hogrefe.[679]

Vokalisten und Träumer in der Sprache des Kanzlers: Pressesprecher und Redenschreiber

Angeblich bekam das auch der erste Sprecher der Bundesregierung, Uwe-Karsten Heye zu spüren. Gattin und Sprecher des Kanzlers harmonierten nicht recht miteinander, hieß es in Berlin. Was Heye dem Kanzler emp-

---

[678] Vgl. Anda / Klein, S. 83.
[679] Hogrefe, S. 110.

fahl, rief oft den Widerspruch der Ehefrau hervor. Zu lauten Auseinandersetzungen soll es dabei nicht gekommen sein, aber ein stiller, zäher Konflikt sei es doch gewesen, wird von den Hofchronisten kolportiert.[680] Das Ende der Legislaturperiode bedeutete jedenfalls auch das Aus für den Regierungssprecher. Heye ging als Generalkonsul nach New York.

Zuvor gehörte er zu den ältesten Beratern Schröders. Heye hatte sein Handwerk bei der „Mainzer Allgemeinen Zeitung" gelernt, war Mitte der 1960er Jahre für die amerikanische Nachrichtenagentur „United Press" tätig, schrieb dann als Korrespondent für die „Süddeutsche Zeitung" aus Bonn, wechselte 1974 ins SPD-Hauptquartier zu Willy Brandt, für den er Reden schrieb. Darauf, in den 1980er Jahren begann ein neuer Abschnitt bei den elektronischen Medien; Heye wurde Redakteur in der ZDF-Sendung „Kennzeichen D". 1990 ging er zurück in die Politik, jetzt fand er zu Gerhard Schröder, für den er in Hannover, Bonn und Berlin als Sprecher und Medienspezialist agierte. Schröder hatte ihm viel zu verdanken. Er schätzte ihn auch sehr, nicht nur als Vokalisten seiner Politik, sondern auch – wahrscheinlich mehr noch – als klugen und nüchternen Analytiker, als hochpolitischen Berater.

Irgendwann aber funktionierte es nicht mehr. Irgendwann manifestierte sich wieder das Dilemma, das der Rolle und Funktion des Regierungssprechers innewohnt. Wir haben auf die Crux dieser Position im Laufe unserer Darstellung schon einige Male hingewiesen. Es war kein Zufall, dass etliche Regierungssprecher nicht lange durchhielten, dass auch kluge Leute in diesem Job oft rasch scheiterten. Regierungssprecher müssen, wollen sie von der Klasse professioneller Öffentlichkeitsarbeiter ernst genommen werden, nah am Kanzler sein, müssen wirklich viel wissen. Doch wenn sie in der unmittelbaren Nähe des Regierungschefs angesiedelt sind, dann erwartet und verlangt dieser Diskretion. Ein verschwiegener Sprecher aber ist ein Paradoxon und wird von der informationshungrigen Journalistenschar am Regierungssitz auch nicht gemocht. Über einen verschlossenen Regierungssprecher wird dann rasch gemurrt. Ein unzufriedenes Mediencorps wiederum schätzt der Kanzler nicht, da er ja eine gute Presse für sich und seine Regierung wünscht. So wird er also bald mit seinem Regierungssprecher hadern, ihn allmählich aus seinem

---

[680] Vgl. Hogrefe., S. 37

engsten Kreis ausschließen. Dann aber ist er erst recht nicht mehr interessant für die schreibende und kommentierende Zunft. Es ist von da ab lediglich eine Frage der Zeit, wann der Posten des Chefs im Bundespresse- und Informationsamt neu besetzt wird.

Einen Teil dieses Dramas erlebte auch Heye. In der Runde der Kanzlerberater war er der älteste, war – 1940 geboren – älter auch als der Kanzler selbst, gehörte zu der Generation, die innersozialdemokratisch oft als die der „Enkel" bezeichnet wurde. Heye wollte mehr sein als nur der Sprecher und Dolmetscher seines Herrn; und er war es auch. Heye gehörte zum innersten Zirkel der Macht, war an allen wesentlichen Treffen dort beteiligt; seine Stimme zählte. Auch in stürmischen Zeiten, wenn sich wieder Panik und Untergangsstimmungen ausbreiteten, blieb Heye – der Mann mit dem sonoren „Lee-Marvin-Timbre"[681] – gelassen und besonnen. Das schätzte Schröder an ihm. Heye, kurzum, war nahe dran am Kanzler.[682] Aber, vor allem nach dem Umzug von Parlament und Regierung nach Berlin, entfernte er sich immer mehr von seinen früheren Berufskollegen, den Journalisten, für die er doch eigentlich der erste Gesprächspartner hätte sein sollen. Der Umzug nach Berlin hatte den Generationswechsel im deutschen politischen Journalismus beschleunigt. Und mit den Vertretern der neuen Generation in den Zeitungen und elektronischen Medien fand sich Heye nicht gut zurecht.[683] Umgekehrt verhielt es sich allerdings auch nicht anders. Beide Seiten fremdelten miteinander. Für Heye galt noch der gute alte Journalismus, wie er ihn in den 1960er und 1970er Jahren gelernt hatte, noch ohne den Zwang zu ultraschnellen Schnitten, megakurzen Ansagen, skandalisierenden Kommentaren. Heye machte gegenüber vielen jungen Journalisten keinen Hehl daraus, dass er sie nicht mochte, ihre Fähigkeiten gering schätzte. Umgekehrt klagten viele Medienleute, dass Heye sich nicht meldete, nicht telefonisch zurückrief, stumm blieb. Sie mokierten sich über seinen Hang zum grundsatzorientierten und belehrenden Referat.[684] Irgendwann war es ein

---

[681] Posche, S. 25.

[682] Günter Bannas, Er zieht die Grünen nach Absurdistan, in: Frankfurter Allgemeine Zeitung, 13.12. 2001.

[683] Vgl. hierzu Peter Ehrlich, Gelassen auch in hektischen Wahlkampf-Zeiten, in: Financial Times Deutschland, 23.7. 2002.

[684] Vgl. auch Ulrike Posche, Tafelrunde der Macht, in: Max, 14.3. 2003; Leyendecker, Hans: Im Club der Sektglashalter, in: Süddeutsche Zeitung, 22.3. 2001; Urschel, S. 22.

großer Teil der Hauptstadtkorrespondenten leid; sie wandten sich nicht mehr an Heye, wenn sie nach Informationen suchten. Ganz offenkundig erfüllte der Regierungssprecher nicht seine Funktion. Das war auch für den Kanzler, für den die Medien in der Zeit seines Aufstiegs eine entscheidende Quelle des Erfolgs bedeuteten, nicht ungefährlich. Die Platzierung Heyes in der Hierarchie am Hof ging erkennbar zurück.[685] Und 2002 war es dann zu Ende. Ein neuer Regierungssprecher kam.

Das wurde dann Béla Nikolai Anda. Sein Vorgänger war der Älteste im Küchenkabinett, Anda gehört zu den Jüngsten. Doch kann man sich fragen, ob Anda überhaupt zum Küchenkabinett des Kanzlers zählte. Eine exakte, verbindliche Antwort wird man darauf nicht geben können. Küchenkabinette sind die tägliche Realität an den Orten zentraler politischer Macht, aber niemand definiert sie; keine Verfassung, keine Institution, erst recht kein Regierungschef regelt formell und definitiv, wer und in welchem Ausmaß dazugehört. Zum inneren Zirkel, über den wir bisher geschrieben haben, aber konnte man Anda dem Vernehmen nach nicht rechnen. Müntefering, Steinmeier, auch Krampitz und eben Heye waren strategische Ratgeber, Weichensteller. Ein solches politisches Kaliber war Anda, ein durchaus charmanter Repräsentant der Regierung, gut gekleidet, mit perfekt gebundenen Krawatten und akkurat gescheitelten naturschwarzen Haaren, nicht.[686] Anda stand nicht in der Reihe und Kontinuität von Felix von Eckardt, Conrad Ahlers, Klaus Bölling, Peter Boenisch und Uwe-Karsten Heye, die über das Amt des Regierungssprechers hinaus auch die Position des politischen „Consultants" innehatten, wie es neumodisch heute wohl heißen würde.

Anda war für Schröder der Mann der Springer-Presse. Der Nachfolger von Heye hatte bei der „Welt am Sonntag" sein Volontariat absolviert, bevor er zur „Bild"-Zeitung ging. Der Boulevard bedeutete dem Kanzler viel. Jedenfalls war er bekanntlich lange davon überzeugt, dass es für einen Politiker auf „Bild, BamS und Glotze" ankäme, wollte er erfolgreich sein, was seit den Zeiten Kai Dieckmanns allerdings erkennbar nicht mehr funktionierte. Dafür hatte er sich Anda – der überdies

---

[685] Vgl. Andreas Hoidn-Borchers / Lorenz Wolf-Doettinchen, Die Stimmung kippt, in: Stern, 6.9. 2001.
[686] Vgl. Ulrike Posche, Tafelrunde der Macht, in: Max, 14.3. 2003; Frank Horning, Sprachloses Sprachrohr, in: Der Spiegel, 18.11. 2002.

1996 gemeinsam mit einem Kollegen ein freundliches biographisches Buch über Schröder verfasst hatte – geholt, als Brückenkopf zum Massenblatt. Und nach 2002, nach Heye, sollte Anda der Mann sein, der zu der nun dominierenden jüngeren und mittleren Generation der Journalisten die Fäden wieder aufnahm, die unter dem ersten Regierungssprecher der ersten Legislaturperiode von Rot-Grün ein wenig abgerissen waren.

Doch ganz zerschnitten waren die Fäden nie. Dafür hatte schon Thomas Steg gesorgt, ein promovierter Sozialwissenschaftler und Stellvertreter von Sigrid Krampitz.[687] Er war im Kanzlerbüro zuständig für die Pressearbeit, daneben auch und vor allem für die Kanzlerreden. Zu Steg, natürlich auch ein „Frog" aus Hannover, waren viele derjenigen Journalisten gegangen, die mit Heye „nicht konnten". Mit dem stets freundlichen, durchaus scharfsinnigen, aber weniger herablassend auftretenden Steg hatten sie es leichter. Nach der Wahl 2002 avancierte er dann auch zum stellvertretenden Regierungssprecher. Zuvor musste er sich vor allem als Redenschreiber des Kanzlers bewähren. Diese Aufgabe teilte er sich in erster Linie mit Reinhard Hesse, der vor dieser Zeit für die „taz", die „Süddeutsche" und die „Woche" geschrieben hatte. Hesse war außerdem der Ghostwriter von zwei Büchern gewesen, als deren Autor offiziell Schröder firmiert hatte.[688] Steg und Hesse waren kluge Autoren. Aber als Vordenker profilierten sie sich nicht. Sie bewegten sich nicht in den Fußstapfen von Klaus Harpprecht. Sie selbst würden das wohl so begründen: Vordenken, in langen Linien große Konzeptionen entwerfen, gar eine Vision umreißen, Pathos verbreiten – das alles passe nicht zu Schröder. Und da es nicht passte, versuchten sie es erst gar nicht, schrieben es ihm nicht ins Manuskript, gewöhnten sich auch selbst ab, so zu reflektieren und zu formulieren. Sie glichen sich dem Kanzler an. Und am Ende, so gestand jedenfalls Reinhard Hesse, träumten sie gar schon in der Sprache des Kanzlers.[689]

---

[687] Vgl. Krause-Burger, S. 109.
[688] Vgl. Rüdiger Scheidges, Die Stimme des Herrn, in: Handelsblatt, 13.3. 2003.
[689] Vgl. Hogrefe, S. 39.

Einparkhilfen und kleine Kissingers

Irgendwo zum äußeren Umfeld des inneren Zirkels der Macht kann man auch Manfred Güllner hinzuzählen. Güllner saß nicht im Kanzleramt. Er war Chef des Meinungsforschungsinstituts „Forsa", das er 1984 gegründet hatte. Güllner gehörte der Sozialdemokratischen Partei seit 1964 an, hatte die Partei eine Zeitlang auch in der Stadtverordnetenversammlung von Köln vertreten.[690] Vom Alter zählte er – Geburtsjahr 1941 – zur Kohorte der sozialdemokratischen Enkel oder 68er, doch hatte er deren ideologischen Auftritt und kulturellen Habitus immer mit scharfem Spott kritisiert. Schröder und Güllner kannten sich seit den frühen 1970er Jahren. Als Schröder 1998 Kanzler wurde, nahmen plötzlich die Aufträge des Bundespresseamts bei „Forsa" sprunghaft zu, während das Institut in Allensbach, das in der Ära Kohl die größten Brocken abbekommen hatte, ebenso plötzlich nicht mehr nachgefragt wurde.[691] Kaum jemand sonst hatte den Kanzler in seiner Regierungszeit so dezidiert zu Reformen angetrieben wie Güllner. Pausenlos lieferte er Zahlen – präziser: Interpretationen davon –, die dem Kanzler den Mut zu einer Politik der Deregulierung besonders auf dem Arbeitsmarkt schmackhaft machen sollten. Insofern war Güllners Einfluss auf den Kanzler keineswegs gering, wenngleich nicht so überragend wie der von denjenigen Demoskopen, die den amerikanischen Präsidenten oder den britischen Premierminister berieten.[692] Der Kanzler und sein Meinungsforscher begegneten sich nicht jeden Tag, aber sie telefonierten doch häufig miteinander. Auf die Frage eines „Spiegel"-Redakteurs, wie sich Güllner im Verhältnis zum Kanzler begreife, als Berater, Wetterfahne oder Fieberthermometer, antwortete der Forsa-Chef: als Einparkhilfe.[693]

Einparkhilfe brauchte der Kanzler, besonders zu Beginn seiner Amtszeit, auch und vor allem in den klassischen Bereichen der Politik. Speziell in der Außenpolitik war der frühere Ministerpräsident und Regionalpolitiker nur ein eher uninteressierter, daher unkundiger Laie. Um

---

[690] Vgl. Gerrit Wiesmann, Wahlforscher aus Leidenschaft, in: Financial Times Deutschland, 30.4. 2002.

[691] Vgl. Stefan Reker, Presseamt begünstigt SPD-Berater, in: Rheinische Post, 5.7. 2002.

[692] Vgl. auch Hogrefe, S. 83.

[693] Vgl. Matthias Geyer, Der Kanzlerflüsterer, in: Der Spiegel, 16.2. 2004.

außenpolitische Fragen hatte er sich nie groß gekümmert, er betrachtete und beantwortete sie ganz aus der Perspektive des plebiszitären, volkstümlichen Innenpolitikers. Man werde künftig aufpassen, dass in Brüssel nicht zu viel deutsche Steuergelder „verbraten" würden. Dergleichen Sprüche hörte man zunächst, wenn Schröder sich zu den auswärtigen Angelegenheiten äußerte.

Es kam mithin stark auf den Leiter der Abteilung 2 im Kanzleramt an, der für die auswärtigen Beziehungen, Entwicklungspolitik und äußere Sicherheit zuständig war. In der Öffentlichkeit galt der Chef dieser Abteilung traditionell als der außenpolitische Sherpa des Kanzlers; andere sprachen vom „deutschen Kissinger"; wieder andere bevorzugten die Bezeichnung „Außenminister des Kanzlers". Zumindest gab es seit den späten Adenauer-Jahren in der Machtzentrale der Regierung immer einen Mann – bisher waren es jedenfalls durchweg Männer, die diesen Posten bekleideten –, der in der unmittelbaren Nähe des Kanzlers und im Einklang mit ihm die außenpolitischen Linien zog.[694] In dieser Konstruktion lag von Beginn an viel Konfliktpotential mit dem Auswärtigen Amt, welches misstrauisch das Treiben der „Nebenaußenpolitiker" im Kanzleramt betrachtete. Wenn der Chef dieser Nebenaußenpolitik dann in der Tat ambitionierte Projekte am Außenministerium vorbei verfolgte, dann konnte das in ernsthafte Auseinandersetzungen kulminieren. Ein wenig hatte man das in der Zeit von Egon Bahr erlebt, stärker noch unter Horst Teltschik während der Kanzlerschaft Kohls. Und auch in den ersten Jahren der Regierungszeit von Schröder ging es hart her zwischen Schröders Chefberater und den Leuten von Joschka Fischer.

Denn Schröders Chefberater, Michael Steiner, war außerordentlich ehrgeizig, im Urteil vieler Beamter des Auswärtigen Amtes gar geltungssüchtig. So waren viele Querelen vorprogrammiert.[695] Steiner, Jahrgang 1949, hatte Jura in München und Paris studiert und war 1981 in den Auswärtigen Dienst eingetreten. Zwischen 1986 und 1989 hatte er als politischer Referent in der Ständigen Vertretung der Bundesrepublik bei den Vereinten Nationen gearbeitet, dann als Pressereferent in der Deut-

---

[694] Vgl.: Geheimräte und Kanzlerberater, in: Frankfurter Allgemeine Zeitung, 21.11. 2001.
[695] Vgl. Karl-Ludwig Günsche, Michael Steiner, Immer zum richtigen Zeitpunkt am richtigen Ort, in: die Welt, 25.2. 1999.

schen Botschaft in Prag. In den 1990er Jahren hatte er mit Sonderaufga-
ben auf dem Balkan, im ehemaligen Jugoslawien, zu tun.

Steiner war ein Mann, der aus ähnlichem Holz geschnitzt war wie
der Kanzler.[696] Vom Temperament und Selbstbewusstsein her war er das
außenpolitische Pendant zu Bodo Hombach. Steiner war Karrierediplo-
mat, aber als diplomatisch und zurückhaltend konnte man seine Vorge-
hensweise eher selten bezeichnen. Schröders außenpolitischer Chefberater war vielmehr ein Draufgänger, der jederzeit volles Risiko spielte,
gleichsam im „Muscleshirt"[697] auftrat, wie es ein Redakteur der „Zeit"
mokant charakterisierte. In den Kategorien ausgedrückt, die wir in diesem
Buch benutzt haben: Steiner war – im krassen Unterschied zum stillen
Steinmeier – ein Troubleshooter. Er lief immer dann zur Hochform auf,
wenn es gefährlich kriselte, wenn es lichterloh brannte, wenn Not am
Mann war.[698] Dann konnte Steiner seiner ungewöhnlichen Energie freien
Lauf lassen. So war schließlich der Kanzler zuvor überhaupt auf ihn aufmerksam geworden. Als sich 1989 die Flüchtlinge vor der durch tsche-
chische Sicherheitskräfte bewachten Deutschen Botschaft in Prag ver-
sammelten, da half ihnen Steiner eigenhändig über den Zaun. Das war
nach Schröders Geschmack. Steiner fackelte nicht lange; er packte an,
kümmerte sich nicht furchtsam um Hierarchien und Usancen. Auch konzeptionell hatte er den ängstlichen Genscherismus, der bei den meisten
Mitarbeitern des Auswärtigen Amtes noch verbreitet war, hinter sich
gelassen. Steiner war Befürworter einer neuen, selbstbewussten Außenpolitik. Die Deutschen sollten stärker ihre eigenen, primären Interessen
definieren, auch Machtpolitik nicht mehr verpönen und künftig weniger
devot in Washington auftreten. Dazu konnte eine engere Kooperation mit
Frankreich von Nutzen sein. Das in etwa waren, natürlich sehr verkürzt
zusammengefasst, die gedanklichen Fluchtpunkte Steiners, die er dem
Kanzler nahe brachte.

Das Problem allerdings war, dass er es Schröder nicht nur nahe
brachte, sondern dass er es zudem noch aller Welt eifrig erzählte, dass er

---

[696] Vgl. Thomas Kröter / Richard Meng, Es muss nicht immer Kaviar sein, in: Frankfurter Rundschau, 21.11. 2001; Nikolaus Blome / Tissy Bruns, Es muss nicht immer Steiner sein, in: Die Welt,
21.11. 2001.
[697] Jochen Buchsteiner, Schröders kleiner Kissinger, in: Die Zeit, 23.5. 2001.
[698] Vgl. Peter Glotz, Schröders Mann fürs Grobe, in: Die Woche, 25.5. 2001.

eben dies tat. Steiner war eitel. Es schmeichelte ihm ungemein, dass er direkten Zugang zu Schröder hatte, dass er mit dem Kanzler auf Du und Du war.[699] Im Gegensatz zum Kanzleramtschef Steinmeier suchte Steiner die Öffentlichkeit, er führte gerne Interviews, redete viel mit Journalisten. Und er liebte es, Telefongespräche mit Medienvertretern mit dem Hinweis abzuschließen, er müsse nun sogleich dringend zum Kanzler.[700] Freunde machte er sich durch solche plumpen Selbstgefälligkeiten und Wichtigtuereien nicht. Auch im Kanzleramt war die Zahl der Steiner-Sympathisanten auffällig klein. Selbst den Kanzleramtschef hatte er durch sein zügelloses Selbstbewusstsein hin und wieder vor den Kopf gestoßen.[701] Als sich die Pannen häuften, war Steiner ziemlich isoliert. Er fiel dann über die sogenannte „Kaviaraffäre", im Grunde eine eher banale Geschichte.[702] Der Kanzler und sein Tross, darunter eben auch Steiner, mussten nach einer langen, anstrengenden Asienreise in Moskau zwischenlanden. Die Auftankaktion der Kanzlermaschine zog sich ungebührlich lange hin. Der erschöpfte Chefberater Schröders beschimpfte die dafür zuständigen Offiziere der Deutschen Botschaft als „Arschlöcher". Zudem orderte er noch herrisch – nach seiner eigenen Interpretation: ironisch – Kaviar. Die Presse erfuhr davon. „Bild" titelte darauf: „Kanzler, entlassen Sie diesen Mann". Das Rücktrittsgesuch kam dann aber von Steiner selbst. Doch hielt ihn der Kanzler auch nicht. Negative „Bild"-Schlagzeilen mochte er zu diesem Zeitpunkt noch gar nicht. Im Übrigen stand Schröder in der Außenpolitik mittlerweile sicherer auf eigenen Füßen. Steiner, den der Kanzler durchaus gerne in seiner Umgebung gesehen hatte, war nicht mehr ganz so wichtig. Ihm folgte der deutsche UN-Botschafter Dieter Kastrup, der auch nicht mehr die gleiche Rolle wie sein Vorgänger spielte.

---

[699] Vgl. Krause-Burger, S. 113; Hogrefe, S. 39.

[700] Vgl. Rolf Kleine, Der Klassenbeste im Kanzleramt, in: Berliner Zeitung, 4.3. 2000.

[701] Vgl. Eckart Lohse, Kein Gespür für Zwischentöne, in: Frankfurter Allgemeine Zeitung, 21.11. 2001; Krause-Burger, S. 115.

[702] Vgl.: Befördert zum Herrn der Feldwebel, in: Süddeutsche Zeitung, 23.1. 2001.

Der Sherpa in der Wirtschaftspolitik

Ein etwas anderer Charakter als Steiner war Schröders Sherpa in der Wirtschaftspolitik, Alfred Tacke. Durch eitle Selbstgefälligkeit fiel Tacke weder in Bonn noch in Berlin auf. Seit 1998 hielt sich Tacke überwiegend diskret im Hintergrund, spielte seine Rolle beim Regierungschef in Journalistengesprächen eher herunter.[703] Doch handelte es sich dabei nicht nur um bescheidenes Understatement. Steiner war wirklich näher am Kanzler als Tacke, der seit Oktober 1998 als Staatssekretär im Bundesministerium für Wirtschaft und Technologie saß. Tacke und Schröder begegneten sich nicht täglich. So war Tacke in den vergangenen Jahren weiten Teilen der deutschen Öffentlichkeit kaum bekannt.

In den 1990er Jahren sah es zunächst noch anders aus. Bis 1998 konnte man, zumindest auf der niedersächsischen Landesebene den Namen Tacke häufiger in den Schlagzeilen der Presse finden.[704] Tacke war in Hannover eine zentrale Figur für den Ministerpräsidenten. Tacke vor allem hatte am wirtschaftspolitischen Image moduliert, das Schröder am Ende in das Kanzleramt trug. Schröders wirtschaftspolitischer Sherpa war ein typischer „Frog". Auch er gehörte zu der 1950er Geburtskohorte, stammte aus Niedersachsen, aus Celle. 1976 erhielt der studierte Volkswirt eine Assistentenstelle an der Universität Oldenburg. Zwölf Jahre später arbeitete er als Referent beim niedersächsischen DGB. Von dort holte ihn Schröder 1990 und machte ihn zum Koordinator für Wirtschaftspolitik in der Staatskanzlei, von wo er kurz darauf in das niedersächsische Wirtschaftsministerium wechselte und zum Staatssekretär aufstieg. In dieser Zeit nun machte Tacke Schröder zum Mann der Wirtschaft, zum Sozialdemokraten der Bosse, zum Protagonisten der „Neuen Mitte" und einer Politik der „Innovation". Dafür spielte Tacke in seinen niedersächsischen Jahren auch noch die Rolle des Troubleshooters. Immer wieder legte er sich mit seinem früheren Arbeitgeber, den Gewerkschaften, an. Das verschaffte der niedersächsischen Landesregierung und ihren Ministerpräsidenten den Ruf, modern und unorthodox zu sein, eben anders als die Traditionalisten Scharping oder Lafontaine. Dabei waren Tacke und Schröder in ihren realpolitischen Entscheidungen keineswegs

---

[703] Vgl. Rainer Hank, Im Porträt. Alfred Tacke, in: Financial Times Deutschland, 31.3. 2002.
[704] Vgl. Theo Pischke, Stiller Lastenträger, in: Die Woche, 10.11. 2000.

konsequente Marktwirtschaftler.[705] Wenn irgendwo in Niedersachsen ein größeres Unternehmen in Konkurs zu gehen drohte oder vor dem Verkauf an ein ausländisches Unternehmen stand, dann griff die Landesregierung ein und erwarb sich, wenn es nötig war Anteile, die den Betrieb – zumindest kurzfristig – retteten. Der Administrator dieses Staatsinterventionismus war jedes Mal Alfred Tacke.[706] Schröder – so erzählte man es sich damals in Niedersachsen – forderte seinen Sherpa auf: „Kümmere dich drum".[707] Und Tacke handelte dann im Sinne und im Interesse seines Chefs, dem er, vor allem nach dem Einkauf des Landes bei Preussag Stahl, die Kanzlerkandidatur und dadurch die Kanzlerschaft sicherte. Steinmeier war, wir sahen es, Schröders „Mach Mal"; Tacke war sein „Kümmere dich".

Und so zogen sie 1998 alle nach Bonn, im Jahr darauf nach Berlin. Tacke wurde beamteter Staatssekretär bei Wirtschaftsminister Werner Müller, ab Ende 2001 persönlicher Beauftragter des Bundeskanzlers zur Vorbereitung der Weltwirtschaftsgipfel. So also blieb Tacke Schröders Sherpa. Und dadurch blieb auch die Wirtschaftspolitik des Kanzlers lange Zeit ordnungspolitisch ungenau, andere würden weniger pejorativ formulieren: undoktrinär, pragmatisch. Streng marktwirtschaftlich war die Wirtschaftspolitik der Regierung nicht; stringent etatistisch erst recht nicht. Tacke galt weiterhin als ein Mann mit Gespür für taktischstrategische Schachzüge, als jemand, der den administrativen Apparat geschickt zu bedienen wusste. Aber als Vordenker konnte er sich nicht profilieren. Tacke war wirklich Sherpa, kein Ideenlieferant für eine neue und originäre wirtschaftspolitische Leitvision. Das war ihm ganz fremd; dergleichen wollte und konnte er nicht.

---

[705] Vgl. Alexander Hagelüken, Im Profil. Alfred Tacke, in: Süddeutsche Zeitung, 19.1. 2002.
[706] Vgl. Timm Krägenow, Der Libero unorthodoxer Wirtschaftspolitik, in: Financial Times Deutschland, 3.6. 2002.
[707] Vgl. Rainer Hank. Im Porträt. Alfred Tacke, in: Financial Times Deutschland, 31.3. 2002.

Nest ohne Vordenker

Von Hombach bis Tacke – so in etwa erstreckte sich das Küchenkabinett Schröders, der innere Kreis seiner Berater. Es gab gewiss schlechtere Zeiten für Kanzlerberater als die Ära Schröder. Eine entscheidende Grundvoraussetzung für politische Beratung ist, dass derjenige, der beraten wird, akzeptiert, dass er Beratung braucht, also einsieht, dass er von vielen Dingen dieser Welt nicht hinreichend genug versteht. Dergleichen sich selber einzugestehen fiel nicht jedem Politiker leicht. Schröder hat es von Beginn seiner politischen Karriere an illusionslos akzeptiert. Er setzte freimütig voraus, dass er vieles nicht wusste, dass es andere gab, die sich weit besser auskannten. Und deren Kompetenzen hatte man zu nutzen. Die letzte politische Entscheidung lag dann doch bei ihm. Für diese Entscheidungssituation wiederum verließ sich Schröder selbstbewusst ganz auf sich, auf seine Intuition, seine Nase, seine Witterung.

Doch zuvor sammelte er Informationen. Schröder war – man hatte es hinreichend häufig festgehalten – ein auditiver Typ.[708] Er lernte am besten also beim Zuhören, nicht bei der Lektüre. Der Kanzler holte sich seine Mitarbeiter, Beamten, auch seine Minister gerne in sein Büro und ließ sich vortragen. Die Berichte mussten, wollte man den Kanzler nicht verärgern, kurz, knapp und pointiert sein. Aber das war auch bei den anderen Kanzlern so.[709] Schwafler waren bei fast keinem Regierungschef gut angesehen. Schröder war ein guter Rezipient. Seine rasche Auffassungsgabe wurde oft und viel gerühmt. Dagegen las er nicht gerne. Mehr als zwei Seiten Text waren ihm als Vorlage schwer zuzumuten. Das wurde häufig ironisch erzählt. Aber auch das war so ungewöhnlich nicht. Die Kanzler vor Schröder hatten ebenfalls keine Zeit für ausführliche, reflexionsüppige Exposés. Allerdings waren Adenauer, Schmidt, übrigens auch Brandt bessere Aktenverwerter als Schröder. Schmidt liebte die Akten; Schröder waren sie – wie Erhard, Kiesinger und Kohl – ein Gräuel.

Bei Schröder waren die Arbeitsvorgänge noch informeller geregelt als bei seinen Vorgängern. Die „Morgenlage" etwa, die bei Kohl noch an allen fünf Arbeitstagen der Woche stattfand, kam unter Schröder nur

---

[708] Vgl. etwa Tilman Gerwien, Spieler am Ende, in: Stern, 12.2. 2004.
[709] Vgl. auch Krause-Burger, S. 116.

noch dreimal wöchentlich zusammen.[710] Überhaupt war Schröder kein Mann für Morgenlagen. Die kamen ihm zu früh; da war er nicht recht ausgeschlafen, war noch mürrisch und maulfaul. Doch kannte man dergleichen Morgenmuffeligkeit auch von anderen Kanzlern. Unter Schröder waren die Hierarchien eher flach, waren Sitzungen, Treffen und Zusammenkünfte eher nonchalant geregelt. Man arbeitete weitgehend auf Zuruf, sollte selbst erspüren, was wichtig war, was der Kanzler gerade brauchte.[711] Die Mitarbeiter hatten also Spielraum, arbeiteten selbstständig und mussten sich doch durch Ergebnisse und Effizienz am Ende vor dem Kanzler rechtfertigen. Immerhin, der Chef hatte keinen Dünkel, er trat nicht autoritär und herrisch auf.[712] Mitarbeiter aus der Hannoveraner Zeit des Ministerpräsidenten Schröder erzählten das noch anders, wussten über Launenhaftigkeiten und Unberechenbarkeiten Schröders zu berichten.[713] Der Kanzler Schröder hatte sich offenkundig besser im Griff, war umgänglicher, gelassener geworden.

Er brauchte auch sein Küchenkabinett, nicht nur wegen der kognitiven Beratungsvorteile. Sein Umfeld war auch psychisch wichtig für ihn. Schröder wies in dieser Beziehung weit mehr Ähnlichkeiten mit dem letzten christdemokratischen Kanzler als mit dem letzten sozialdemokratischen Kanzler auf. Auch Kohl war kumpelhaft zu seinen Leuten, auch Kohl zog Kraft aus den geselligen Zusammenkünften mit ihnen. Im Grunde setzte Schröder das fort. Er duzte sich mit den meisten seiner engsten Mitarbeiter. Der Kanzler war „der Gerd". Und die anderen waren ein bisschen Familie für ihn, waren sein Nest, in dem er sich geborgen fühlte.[714] Schröder war ein Machtmensch, aber er war auch sentimental, war anlehnungsbedürftig. Helmut Schmidt konnte stundenlang für sich in seinem Zimmer über Akten brüten, Schröder hielt so viel Einsamkeit nicht aus. Er konnte das Alleinsein nicht ertragen, wusste mit sich nichts anzufangen.[715] So kreuzte er immer in den Büros seiner Mitarbeiter auf, nahm sie mit in Restaurants. Er brauchte jemanden zum Reden, brauchte

---

[710] Vgl. Karl-Rudolf Korte, Information und Entscheidung, in: APuZ B 43/2003, S. 35.
[711] Vgl. Hogrefe, S. 65.
[712] Vgl. Krause-Burger, S. 17.
[713] Vgl. Anda / Kleine, S. 151.
[714] Vgl. Krause-Burger, S. 110.
[715] Vgl. Urschel, S. 68.

Umgebung.[716] Doch ob er auch nur einen davon, mit denen er tagtäglich zusammenkam und die sich in langen Arbeitszeiten für ihn aufrieben, als Freund ansah? Die biographischen Interpreten des Kanzlers bezweifeln es. Aber dieses – Freundschaft in der Politik – ist sowieso ein neues, ein weites Feld, das zu betreten sich zumindest Politologen noch nicht getraut haben.

Gleichviel, die Mitarbeiter im Umfeld des Kanzlers passten gut zusammen; und sie passten gut zum Kanzler. Sie waren ähnlich gestrickt, waren politisch zunächst weitgehend gleichen Sinnes. Sie hätten sich wohl allesamt als Pragmatiker bezeichnet. Liebhaber „großer Erzählungen" ließen sich in diesem Kreis schwerlich finden. Ihre Grundhaltung gegenüber den Möglichkeiten der Politik war eher skeptisch. Vergnügen bereitete es ihnen, Flure der Machbarkeit zu finden, überraschende Gelegenheiten beherzt zu nutzen, den politischen Gegner mit schlitzohrigen und überfallartigen Manövern zu überrumpeln. Sie bewunderten ihren Kanzler und Chef für seinen Instinkt, für seine Härte und Entschlossenheit in schwierigen Situationen. Sie waren dann in diesen Momenten seine Techniker, Maschinisten, Vorbereiter, Administratoren, Sherpas. Keiner von ihnen wollte sich als Vordenker sehen.

Es mochte sein, dass gerade ein solcher dort fehlte. Gewiss, angesichts der Vielfalt an Problemen, mit denen Schröder zu tun hatte, war seine Kanzlerschaft trotz aller medialer Katastrophenmeldungen bemerkenswert robust. Schließlich regierte er nicht zufällig länger als, mindestens, Erhard, Kiesinger und Brandt. Für diesen robusten Stellungskrieg des gewöhnlichen Kanzleralltags hatte der Regierungschef eine gut aufeinander eingespielte Truppe zusammen. Und doch hatte man vom ersten Tag der Kanzlerschaft Schröder das Gefühl, dass da etwas fehlte, was man als eine weitreichende Begründung der Regierungsära, eine spezifische Aura, eine sinnstiftende Leitidee, einen epocheprägenden Zielbegriff hätte bezeichnen können. Der Kanzler selbst war für solcherlei Spiritualitäten nicht geschaffen. Aber es gab auch sonst niemanden in seinem Küchenkabinett, der die Regierungspolitik und Regierungszeit konzeptionell hätte fundamentieren und ausrichten können. Dem Pragmatismus fehlte die konzeptionelle Richtschnur, die ideelle Fassung, der orientie-

---

[716] Vgl. Hogrefe, S. 12.

rende Fluchtpunkt, ein ernsthafter und vor allem: verbindlicher, verlässlicher Ethos. Vielleicht war das Schrödersche Küchenkabinett zu eng geschnitten, zu konsistent zusammengefügt. Regierungschefs dürfen sicher nicht zu viele Harpprechts in ihrer Umgebung haben. Aber fehlt dieser Typus ganz, dann wirkt eine Kanzlerschaft wahrscheinlich doch spirituell, sprachlich, geistig zu dürr, zu sehr entleert.

IX Fazit

Die Verfassung kennt sie immer noch nicht. Aber dem Leser mögen die Küchenkabinette der deutschen Bundeskanzler vielleicht etwas deutlicher geworden sein. Die ursprünglich von uns vorgeschlagene Arbeitsdefinition war nicht gänzlich falsch und offen genug. Zu einem Küchenkabinett auf Bundesebene gehören tatsächlich Berater des Kanzlers, die diesen in mehr oder weniger regelmäßigen Zusammenkünften informieren, konsultieren, und die in Kooperation mit anderen Mitarbeitern zentrale Aufgaben des Regierungsalltages, auf welche Weise auch immer, vorbereiten oder ausführen (helfen). Dabei gibt es keine Positionen im Regierungssystem, die zwingend von Beratern des Kanzlers besetzt werden müssen. In der Regel ließen sich Regierungschefs zwar von ihren Kanzleramtschefs, Staatsministern und Pressesprechern beraten, aber eben nicht immer. Überhaupt ist klar geworden, wie stark die Formierung des Küchenkabinetts von den persönlichen Einstellungen der Kanzler selbst abhängt. Vieles war also bei allen Kanzlern anders. Doch wir finden ebenfalls Übereinstimmungen.

Idealerweise sind die Mitarbeiter in einer institutionellen Stellung, haben persönlichen Zugang zum Kanzler, sind gut informiert, vertreten zuweilen andere Auffassungen. Sie sind belastbar, ergänzen ihren Chef, weiten seine Perspektive, verstehen sich auf Machtkämpfe, sind organisatorisch stark, behalten den Überblick. Sie sind kompetent, kommunikativ, kennen sich mit Medien- und Öffentlichkeitsarbeit aus, sind in der Lage, weitere Berater zu Einzelfragen heranzuziehen. Darüber hinaus sind sie psychologisch versiert, absolut loyal, besitzen Herrschaftswissen, ohne es gegen den eigenen Chef auszunutzen und sind immun gegen die Insignien, die Prunkstücke, die Renommierversuchung der Macht.

Doch kein Küchenkabinett in der Geschichte der Bundesrepublik hat sämtliche dieser Voraussetzungen erfüllt. Die Beraterkreise haben alle mehr oder weniger und zumindest zeitweise funktioniert, sind aber eben auch alle an Grenzen ihrer Effektivität gestoßen. Offenbar unterliegt ein Beraterkreis strukturellen Reglementierungen, die ein Kanzler nicht so ohne weiteres durchbrechen kann, um seine Macht effektiv und dauerhaft absichern und ausspielen zu können. Doch was sind die elementaren, verallgemeinerbaren Voraussetzungen, die ein Küchenkabinett erfüllen muss, um annähernd effektiv zu sein?

Überwiegend sind Küchenkabinette klein, überschaubar und bilden sich um das Büro des Chefs im Kanzleramt. Beraterkreise, die zwischen vier und sechs Leute umfassen, waren in der Geschichte der Bundesrepublik bisher am effektivsten.[717] Die meisten Kanzler besaßen einen inneren und einen erweiterten Beraterzirkel. Im inneren Kreis sind die Aufgaben meist arbeitsteilig. Wichtig scheint zu sein, dass sich ein Mitglied des Küchenkabinetts um administrative Dinge und interne Abläufe der Regierungszentrale kümmert. In der Regel kann dies ein Staatssekretär im Kanzleramt besorgen.[718] Dazu kommt normalerweise noch ein Mitglied, das die Kontakte zu den Journalisten pflegt. Dies kann, muss aber nicht unbedingt ein Regierungssprecher übernehmen. Idealerweise wird das Team von einem politischen Denker und Themenaggregator ergänzt, der auch längerfristige politische Weichenstellungen antizipiert oder vorbereitet. Kooperiert er mit Meinungs- und Öffentlichkeitsarbeitern, steigt die Effektivität des Küchenkabinetts. Von zentraler Bedeutung scheint überdies, dass sich ein Berater des Kanzlers um Kontakte zur Fraktion kümmert, ein zweiter um die Vernetzung mit dem Koalitionspartner, ein weiterer um die Verbindung zur Partei. Das war häufig genug die Crux in den Küchenkabinetten. Oft wurden mehrere Kommunikationsstränge von einem Berater allein gepflegt. Das ist möglich, aber eben auch sehr zeitaufwändig. Waren diese Verknüpfungen unterbrochen oder gestört, gerieten die Kanzler in arge Schwierigkeiten, nicht selten verloren sie ihre Macht.

In effektiven Küchenkabinetten herrscht schonungslose Offenheit. Ein Kanzler, der keinen Widerspruch duldet, ist im wahrsten Sinne des

---

[717] Vgl. Rudzio, S. 358.
[718] Vgl. Walter / Müller, S. 500 f.

Wortes schlecht beraten. Die Meinung eines Politikers schärft sich in der Debatte, vor allem, wenn gleichzeitig eine vertraute Atmosphäre herrscht. Dazu scheinen Intimität und Verschlossenheit nach außen gleichermaßen nötig zu sein.

Nahezu alle Kanzler suchten sich ihre engsten Berater persönlich aus, entwickelten zu ihnen manchmal eine Form der Nähe, manchmal gar der männerbündischen Kumpelhaftigkeit. Das hängt eng mit der Abschirmung der Kanzlerpolitik zusammen. Fast alle Regierungschefs waren bemüht, ihre politischen Pläne geheim vorzubesprechen und zu entscheiden. Dies gelingt nur, wenn im Küchenkabinett wechselseitige bedingungslose Loyalität herrscht und die Kommunikation nicht gestört ist. Freundschaften sind dafür nicht unbedingt nötig. Wo es sie gab, waren sie aber nicht hinderlich.

Formalisierte Hierarchien sind in einem Küchenkabinett keineswegs unwichtig, aber auch nicht entscheidend. Wesentlich ist allerdings, dass der Kanzler nach außen hin die Deutungshoheit behält. Wo dies nicht mehr der Fall war, etwa im Falle von Ludwig Erhard, fällt es konkurrierenden Machtzentren leicht, den Regierungschef zu stürzen.

Küchenkabinette sind keinesfalls allmächtig. Werden strukturelle Machtverluste essenziell, sind die Berater des Kanzlers in der Regel machtlos. Küchenkabinette können also die Macht ihrer Herren nicht unendlich verlängern oder stützen. Und Wahlniederlagen vermögen sie schon gar nicht zu verhindern. Allerdings können sie Perspektiven erarbeiten, Klippen im Regierungs- und Parteialltag umschiffen helfen, wenn sie über die Tagespolitik hinausschauen, orientieren, gleichsam ihre Zielfindungsfunktion erfüllen. In der Geschichte der Bundesrepublik gab es immer wieder Phasen, wo dies gelungen ist.

Der erweiterte Kreis der Küchenkabinette umfasst in der Regel eine andere Personengruppe. Hier finden sich auf der einen Seite eher administrative Kräfte wie Persönliche Referenten, Redenschreiber und Abteilungsleiter, einzelne Bundestagsabgeordnete, Minister oder Staatssekretäre, Experten und Professoren, Journalisten oder persönliche Freunde des Kanzlers. Von ihnen wurden alle Kanzler beraten; allerdings herrschte in diesen Runden weniger Offenheit, die Atmosphäre war nicht so vertraut, und die Berater wechselten auch häufiger. Hier tauchten auch Ratgeber auf, die nicht unbedingt in der Nähe des Kanzlers institutionell an den Regierungs- oder einen Parteiapparat gebunden sein müssen.

Es scheint von Vorteil zu sein, wenn das innere dem erweiterten Küchenkabinett in einigen Fällen auch Aufgaben oder administrative Vorgänge delegieren kann. Die Arbeitsbelastung im inneren Küchenkabinett ist extrem hoch, die Mitglieder müssen fast Tag und Nacht einsatzbereit sein und können selten alle politischen Beratungen und administrativen Vorgänge allein managen.

Häufig umgeben sich Kanzler mit einem Typus von Berater, der ihnen ähnlich ist, sei es in biographischen Erfahrungen, in der Mentalität, im Arbeitsstil oder im politischen Denken. Das intensiviert die Stärken der Regierungschefs, kompensiert aber nicht deren Defizite. Zudem ist eine Spannungslinie zu erkennen. Küchenkabinette, die nur administrieren, erfüllen die Mindestanforderungen, die durch das politische System vorgegeben sind. Sie halten den Alltagsbetrieb aufrecht, schmieren die Regierungsmaschine. Eine Garantie für eine stabile Regierung ist ein derartiges Küchenkabinett nicht. Es ist aber eine gute Voraussetzung dafür.

Küchenkabinette, die mittel- und langfristige Perspektiven aufzeigen, stellen einen Bonuseffekt bereit. Kommen diese beiden Tugenden zusammen, ist das Küchenkabinett nahezu ideal. Sind die Ratgeber aber nur auf langfristige politische Deutungen erpicht und vergessen dabei das alltägliche Berater- und Regierungsdasein, scheitern sie nahezu zwangsläufig.

Vor allem im inneren Kreis der Macht zerbrachen Küchenkabinette mehrmals, teils aus strukturellen, teils aus persönlichen Gründen. Viele Berater der Macht hatten die höchste Stufe ihrer persönlichen Karriereleiter erreicht. Offenbar werden institutionelle Machtpositionen oder neue Herausforderungen für ehrgeizige politischer Berater dann wichtiger. Jedenfalls haben gerade die Mitglieder effizient arbeitender Küchenkabinette offenbar nur selten die Belastbarkeit und Zähigkeit ihrer Kanzler.

Auffallend ist, dass die Nachwuchsförderung in Küchenkabinetten in der Regel nicht gelingt. Für altvertraute Berater und ein eingespieltes Team ist offenbar kein Ersatz zu finden. Persönliche Nähe kann nur in den seltensten Fällen ad hoc neu hergestellt werden. Nachwuchsförderung kann also nur gelingen, wenn eine massive und lange Einarbeitung eines neuen Mitglieds erfolgt.

Die Karrierewege der Mitglieder von Küchenkabinetten sind sehr unterschiedlich. Im erweiterten mehr als im inneren Kreis dominiert aber dennoch ein spezifischer Typus. In der Regel sind die Mitarbeiter männliche verwaltungserfahrene Juristen oder in den letzten Jahrzehnten auch häufiger Politik- bzw. Sozialwissenschaftler, die beim Eintritt in ein Küchenkabinett um die vierzig Jahre alt sind. Sie sind parteipolitisch nicht zwingend organisiert, aber ehrgeizig und belastbar. Sie waren meist die Garanten dafür, dass jedes Küchenkabinett zumindest zeitweilig seinem Kanzler dienlich sein konnte.

Die Ehefrauen der Regierungschefs waren nur selten als Berater tätig. Sie waren weniger in den politischen Betrieb eingespannt als man vielleicht zunächst hatte erwarten können. Ob und wie sich ihre Rolle in Zukunft entwickeln und verändern wird, bleibt abzuwarten. Viel spricht – aus den Erfahrungen der bislang letzten Kanzlerschaft – dafür, dass ihr Gewicht zunimmt. Überraschend ist auch, dass Persönliche Referenten nur selten zum unmittelbaren Beraterkreis des Kanzlers zählen, obwohl sie doch einen Großteil ihrer Arbeitszeit in unmittelbarer Umgebung des Kanzlers verbringen, selbst im Urlaub.[719]

Ein Küchenkabinett ist immer auch ein wenig Ausdruck des jeweiligen Zeitgeistes. Es weist Ähnlichkeiten und Differenzen auf, die Ausdruck einer bestimmten gesellschaftlichen Strömung ist, die Trends und Wandlungen unterworfen war. Glanzzeiten erleben Küchenkabinette dann, wenn kleine informelle Entscheidungszirkel gefragt, politische und demokratische Prozesse außer Gefecht gesetzt sind. Dann eröffnen sich für politische Berater Gestaltungsspielräume, werden sie zu „Grauen Eminenzen"[720]. Umgekehrt sind in „normalen" Zeiten auch andere Machtzentren im politischen System von großer Bedeutung. Sie begrenzen den Einfluss der Beraterzirkel.

---

[719] Vgl. zu Persönlichen Referenten auch ausführlicher Henkels, Lokaltermin, S. 79-81.

[720] „Die wirkliche `Graue Eminenz´ ist jener Mensch, der auf der Weltbühne in den hintersten Reihen seinen Platz findet, sich jedoch zu einem ganz bestimmten Zeitpunkt im Besitz erheblicher Machtfülle sieht oder wähnt, die er ausnutzen kann, oder bereits mit dem Gefühl, sie zu genießen, zufrieden ist." (Natan, S. 8).

Das muss nicht zwangsläufig undemokratisch sein. In nur ganz wenigen Phasen erreichte der Einfluss der Berater ein derartiges Ausmaß, dass die Gefahr bestand, dass der Kanzler nicht mehr autonom entscheiden konnte. Jedes Mal reagierte das politische System durch seine Akteure aber fast unmittelbar mit Kontrollbemühungen und der Aktivierung von Gegenkräften, die meist erfolgreich darauf gerichtet waren, diesen Missstand zu beseitigen. Ist die demokratische Legitimation zu hoch, zerbricht die Regierung vermutlich, eben weil Partikularinteressen offenbar nur in Sondersituationen auch formell und transparent weitgehend friktionslos zu harmonisieren sind.[721] Gäbe es andererseits keine Küchenkabinette, wäre die politische Landschaft auch kaum demokratischer strukturiert. Unzweifelhaft scheint allerdings, dass das politische System auf Küchenkabinette angewiesen ist, wenn es denn einigermaßen effektiv funktionieren soll.

---

[721] Vgl. Rudzio, S. 362.

X Literatur

Abelshauser Werner: Die langen fünfziger Jahre: Wirtschaft und Gesellschaft der Bundesrepublik Deutschland 1949 – 1966, Düsseldorf 1987.

Ackermann, Eduard: Mit feinem Gehör. Vierzig Jahre in der Bonner Politik, Bergisch Gladbach 1994.

Allemann, Fritz René: Gewichtiger Adlatus des Bundeskanzlers, in: Die Tat (Zürich), 23.10. 1969.

Anda, Bela / Kleine, Rolf: Gerhard Schröder: Eine Biographie, München 2002.

Appel, Reinhard (Hg.): Helmut Kohl im Spiegel seiner Macht, Bonn 1990.

Bach, Franz Josef: Konrad Adenauer und Hans Globke, in: Dieter Blumwitz u.a. (Hg.), Konrad Adenauer und seine Zeit, Stuttgart 1976.

Bahr, Egon: Neuland betreten, in: Sozialdemokratischer Pressedienst, 27.11. 1994.

Bahr, Egon: Zu meiner Zeit, München 1996.

Bannas, Günter: Heye ist häufig bei Schröder, Schröder taucht oft bei Hombach und Steinmeier auf, in: Frankfurter Allgemeine Zeitung, 4.12. 1998.

Bannas, Günter: Er zieht die Grünen nach Absurdistan, in: Frankfurter Allgemeine Zeitung, 13.12. 2001.

Baring, Arnulf: Außenpolitik in Adenauers Kanzlerdemokratie. Bonns Beitrag zur Europäischen Verteidigungsgemeinschaft, München 1969.

Baring, Arnulf: Machtwechsel. Die Ära Brandt-Scheel, Stuttgart 1982.

Bavendamm, Dirk: Bonn unter Brandt. Machtwechsel oder Zeitenwende, Wien u.a. 1971.

Bell, Wolf J.: Brücken, die auch Wahlkämpfe überdauern, in: Darmstädter Echo, 12. 10. 1972.

Bender, Andreas: Bodo Hombach aus Mühlheim – „German's trouble-shooter", in: Welt am Sonntag, 25.4. 1999.

Besser, Joachim: Der Herr Staatssekretär, in: Kölner Stadt-Anzeiger, 7.11. 1969.

Blankenhorn, Herbert: Verständnis und Verständigung, Blätter eines politischen Tagebuchs, 1949 bis 1979, Frankfurt/M. 1980.

Blome, Nikolaus / Bruns, Tissy: Es muss nicht immer Steiner sein, in: Die Welt, 21.11. 2001.

Blome, Nikolaus: Frank-Walter Steinmeier ist die „Graue Effizienz" im Kanzleramt, in: Die Welt, 20.12. 2002.

Blumwitz, Dieter u.a. (Hrsg.): Konrad Adenauer und seine Zeit, Stuttgart 1976.

Bölling, Klaus: Die letzten 30 Tage des Kanzlers Helmut Schmidt. Ein Tagebuch, Reinbek bei Hamburg 1982.

Bösch, Frank: Die Adenauer-CDU: Gründung, Aufstieg und Krise einer Erfolgspartei 1945-1969, Stuttgart 2001.

Bösch, Frank: Macht und Machtverlust. Die Geschichte der CDU, Stuttgart / München 2002.

Bracher, Karl Dietrich / Jäger, Wolfgang / Link, Werner: Republik im Wandel. Die Ära Brandt, Stuttgart 1986.

Brandt, Willy: Erinnerungen, Frankfurt am Main 1989.

Brausewetter, Hartmut K.: Kanzlerprinzip, Ressortprinzip und Kabinettsprinzip in der ersten Regierung Brandt 1969-1972, Bonn 1976.

Buchstab, Günter: Otto Lenz – Chef des Kanzleramtes 1951-1953, in: Zeitschrift für Parlamentsfragen 34. 2003, H.2, S. 414 ff.

Buchheim, Hans: Hans Globke – oder die Kunst des Möglichen im Verfassungsstaat und unter einer totalitären Herrschaft, in: Ballestrem, Karl Graf (Hrsg.): Sozialethik und politische Bildung, Paderborn u.a. 1995.

Buchsteiner, Jochen: Schröders kleiner Kissinger, in: Die Zeit, 23.5. 2001.

Bude, Heinz: Generationen im 20. Jahrhundert. Historische Einschnitte, ideologische Kehrtwendungen, innere Widersprüche, in: Merkur 54 (2000), H. 7, Nr. 6125, S. 567-579.

Buhl, Dieter: Der Ketzer im Kanzleramt, in: Die Zeit, 18.3. 1999.

Carr, Jonathan: Helmut Schmidt, Düsseldorf u.a. 1993.

Clough, Patricia: Helmut Kohl. Ein Porträt der Macht, München 1998.

Dahrendorf, Ralf: Der Politiker und die Intellektuellen. Eine Episode. Kurt Georg Kiesinger zum 80. Geburtstag, in: Oberndörfer, Dieter (Hg.): Begegnungen mit Kurt Georg Kiesinger. Festgabe zum 80. Geburtstag, Stuttgart 1984, S. 270-277.

Diehl, Günter / Stolte, Dieter (Hg.): Zwischen Pflicht und Neigung, Mainz 1988.

Diehl, Günter: Zwischen Politik und Presse. Bonner Erinnerungen 1949-1969, Frankfurt am Main 1994.

Diehl, Günter: Kurt Georg Kiesinger, in: Klein, Hans (Hg.): Die Bundeskanzler, 4. Auflage, Berlin 2000, S. 169-219.

Dreher, Klaus: Reizender Posten in einer zugigen Ecke, in: Süddeutsche Zeitung, 7.11. 1973.

Dreher, Klaus: Helmut Kohl. Leben mit Macht, Stuttgart 1998.

Echtler, Ulrich: Einfluss und Macht in der Politik, München 1973.

Ehmke, Horst: Mittendrin. Von der Großen Koalition zur deutschen Einheit, Berlin 1994.

Ehrlich, Peter: Gelassen auch in hektischen Wahlkampf-Zeiten, in: Financial Times Deutschland, 23.7. 2002.

Fertmann, Ludger: Frank-Walter Steinmeier, Schröders Mann fürs Freundliche, in: Die Welt, 4.12. 1998.

Filmer, Werner / Schwan, Heribert: Helmut Kohl, Düsseldorf / Wien 1985.

Fischer, Heinz-Dietrich (Hg.): Regierungssprecher – Zwischen Information und Geheimhaltung, Köln 1981.

Frank-Planitz, Ulrich: Premierminister Ehmke, in: Christ und Welt, 19.12. 1969.

Franz, Markus: Das Krokodil im Kanzleramt, in: taz, 23.2. 1999.

Fromme, Friedrich Karl: Conrad Ahlers beim Abschminken, in: Frankfurter Allgemeine Zeitung, 3.1. 1973.

Gaus, Günter: Bonn ohne Regierung? Kanzlerregiment und Opposition. Bericht, Analyse, Kritik, München 1965.

Gerwien, Tilman: Spieler am Ende, in: Stern, 12.2. 2004.

Geyer, Matthias: Der Kanzlerflüsterer, in: Der Spiegel, 16.2. 2004.

Glotz, Peter: Egon Bahr – ein Mann, der Linie hielt, in: Bonner Generalanzeiger, 18.3. 1992.

Glotz, Peter: Schröders Mann fürs Grobe, in: Die Woche, 25.5. 2001.

Grabert, Horst: Wehe, wenn Du anders bist! Ein politischer Lebensweg für Deutschland, Dößel 2003.

Grewe, Wilhelm G. in: Schwarz, Hans-Peter (Hg.): Konrad Adenauers Regierungsstil (Rhöndorfer Gespräche), Bonn 1991.

Gros, Jürgen: Das Kanzleramt im Machtgeflecht von Bundesregierung, Regierungspartei-en und Mehrheitsfraktionen, in: Korte, Karl-Rudolf/Hirscher, Gerhard (Hg.): Dar-stellungspolitik oder Entscheidungspolitik. Über den Wandel von Politikstilen in westlichen Demokratien, München 2000, S. 85-105.

Grunenberg, Nina: Vier Tage mit dem Bundeskanzler, Hamburg 1976.

Günsche, Karl-Ludwig: Michael Steiner, immer zum richtigen Zeitpunkt am richtigen Ort, in: Die Welt, 25.2. 1999.

Günther, Klaus: Der Kanzlerwechsel in der Bundesrepublik: Adenauer – Erhard – Kiesin-ger. Eine Analyse zum Problem der intraparteilichen De-Nominierung des Kanzlers und der Nominierung eines Kanzlerkandidaten am Beispiel des Streits um Adenau-ers und Erhards Nachfolge, Hannover 1970.

Guttenberg, Karl Theodor Freiherr zu: Fußnoten, Stuttgart 1971.

Hagelüken, Alexander: Im Profil. Alfred Tacke, in: Süddeutsche Zeitung, 19.1. 2002.

Hank, Rainer: Im Porträt. Alfred Tacke, in: Frankfurter Allgemeine am Sonntag,, 31.3. 2002.

Harpprecht, Klaus: Im Kanzleramt: Tagebuch der Jahre mit Willy Brandt. Januar 1973-Mai 1974, Reinbek bei Hamburg 2000.

Hartwich, Hans-Hermann / Wewer, Göttrik (Hg.): Regieren in der Bundesrepublik II. Formale und informale Komponenten des Regierens in den Bereichen Führung, Ent-scheidung, Personal und Organisation, Opladen 1991.

Hehl, Ulrich von: Hans Globke (1898-1973), in: Aretz, Jürgen u.a. (Hrsg.), Zeitgeschichte in Lebensbildern. Aus dem deutschen Katholizismus des 19. und 20 Jahrhunderts, Bd. 3, Mainz 1979.

Hehl, Ulrich von: Der Politiker als Zeitzeuge. Heinrich Krone als Beobachter der Ära Adenauer, in: Historisch-Politische Mitteilungen 5. 1998.

Henkels, Walter: 99 Bonner Köpfe, Frankfurt am Main / Hamburg 1965.

Henkels, Walter: Lokaltermin in Bonn. Der „Hofchronist" erzählt, Stuttgart / Hamburg 1968.

Henkels, Walter: Der Chef des Bundeskanzleramts, in: Frankfurter Allgemeine Zeitung, 29.10. 1969.

Henkels, Walter: Frau Focke gegen Prinz Karneval, in: Frankfurter Allgemeine Zeitung, 16.11. 1972.

Henkels, Walter: Katharina Focke – mehr als ein Alibi, in: Frankfurter Allgemeine Zeitung, 28.2. 1973.

Henkels, Walter: Günter Gaus – Sozialdemokrat ohne Parteibuch, in: Bonner Generalanzeiger, 26.6. 1973.

Henkels, Walter: Keine Angst vor hohen Tieren, Frankfurt am Main u.a. 1979.

Henkels, Walter: Die leisen Diener ihrer Herren. Regierungssprecher von Adenauer bis Kohl, Düsseldorf / Wien 1985.

Hennis, Wilhelm: Richtlinienkompetenz und Regierungstechnik, in: ders., Politik als praktische Wissenschaft, München 1968.

Hentschel, Volker: Ludwig Erhard. Ein Politikerleben, Berlin 1998.

Hermann, Lutz: Kurt Georg Kiesinger. Ein politisches Porträt, Freudenstadt 1969.

Heuss, Theodor: Besuch in Tübingen. Mein Kandidat für die Nachfolge, in: Oberndörfer, Dieter (Hg.): Begegnungen mit Kurt Georg Kiesinger. Festgabe zum 80. Geburtstag, Stuttgart 1984, S.210.

Hildebrand, Klaus: Von Erhard zur Großen Koalition: 1963-1969, Geschichte der Bundesrepublik Band 4, Stuttgart 1984.

Hildebrand, Klaus: Kurt Georg Kiesinger (1905-1988), in: Sarkowicz, Hans (Hg.): Sie prägten Deutschland. Eine Geschichte der Bundesrepublik in politischen Portraits, München 1999, S. 129-142.

Höfer, Werner: Frauen haben es besonders schwer, in: Die Zeit, 1.8. 1969.

Hoff, Klaus: Kurt Georg Kiesinger. Die Geschichte seines Lebens, Frankfurt am Main / Berlin 1969.

Hoffmann, Johannes: „Vorsicht und keine Indiskretionen", Zur Informationspolitik und Öffentlichkeitsarbeit der Bundesregierung 1949-1955, Aachen 1995.

Hofmann, Gunter: Wanderer im Zimmer 1525, in: Die Zeit, 24.10. 1986.

Hogrefe, Jürgen: Gerhard Schröder. Ein Porträt, Berlin 2002.

Hoidn-Borchers, Andreas / Wolf-Doettinchen, Lorenz: Die Stimmung kippt, in: Stern, 6.9. 2001.

Horning, Frank: Sprachloses Sprachrohr, in: Der Spiegel, 18.11. 2002.

Innacker, Michael: Frank-Walter Steinmeier. Schröders Mann im Hintergrund, in: Die Welt, 8.12. 2000.

Innacker, Michael: Schröders System der Macht auf acht Etagen, In Frankfurter Allgemeine am Sonntag, 29.4. 2001.

Innacker, Michael: Der Hausmeier, in: Frankfurter Allgemeine am Sonntag, 2.2. 2003.

Jacobs, Norbert: Der Streit um Dr. Hans Globke in der öffentlichen Meinung der Bundesrepublik Deutschland 1949-1973, Diss. Bonn 1992.

Jäger, Wolfgang / Link, Werner: Republik im Wandel (1969-1982). Die Ära Schmidt 1974-1982. Geschichte der Bundesrepublik Band 5, Stuttgart 1987.

Jahn, Hans-Edgar: An Adenauers Seite: Sein Berater erinnert sich, München 1987.

Jürgs, Michael: Bürger Grass. Biografie eines deutschen Dichters, München 2002.

Kaiser, Carl-Christian: Selbstverleugnung als tägliche Pflicht, in: Die Zeit, 24.10. 1975.

Kaltefleiter, Werner u.a.: Im Wechselspiel der Koalitionen. Eine Analyse der Bundestagswahl 1969, Köln u.a. 1970.

Klein, Hans (Hg.): Die Bundeskanzler, Berlin 2000.

Kleine, Rolf: Der Klassenbeste im Kanzleramt, in: Berliner Zeitung, 4.3. 2000.

Knorr, Heribert: Der parlamentarische Entscheidungsprozeß währen der Großen Koalition 1966 bis 1969. Struktur und Einfluß der Koalitionsfraktionen und ihr Verhältnis zur Regierung der Großen Koalition, Meisenheim am Glan 1975.

Koch, Peter: Willy Brandt. Eine politische Biographie, Berlin 1988.

Koerfer, Daniel: Kampf ums Kanzleramt. Erhard und Adenauer, Stuttgart 1987.

Köhler, Henning: Adenauer: Eine politische Biographie, Frankfurt/M. 1994.

Kohl, Helmut: Erinnerungen. 1930 – 1982, München 2004.

Korte, Karl-Rudolf / Hirscher, Gerhard (Hg.): Darstellungspolitik oder Entscheidungspolitik. Über den Wandel von Politikstilen in westlichen Demokratien, München 2000.

Korte, Karl-Rudolf: Information und Entscheidung, in: APuZ B 43/2003.

Krägenow, Timm: Der Libero unorthodoxer Wirtschaftspolitik, in: Financial Times Deutschland, 3.6. 2002.

Krause-Burger, Sibylle: Helmut Schmidt. Aus der Nähe gesehen, Düsseldorf / Wien 1980.

Krause-Burger, Sibylle: Wie Gerhard Schröder regiert: Beobachtungen im Zentrum der Macht, Stuttgart 2000.

Kroegel, Dirk: Einen Anfang finden! Kurt Georg Kiesinger in der Aussen- und Deutschlandpolitik der Grossen Koalition, München 1997.

Krone, Heinrich: Tagebücher. Bearbeitet von Hans-Otto Kleinmann, Düsseldorf 1997.

Kröter, Thomas / Meng, Richard: Es muss nicht immer Kaviar sein, in: Frankfurter Rundschau, 21.11. 2001.

Krüger, Horst: Für Brandt in Bonn schreiben, in: Die Zeit, 7.12. 1973.

Krumm, Karl-Heinz: Sonnyboy im politischen Geschäft, in: Frankfurter Rundschau, 23.5. 1970.

Küpper, Jost: Die Kanzlerdemokratie. Voraussetzungen, Strukturen und Änderungen des Regierungsstils in der Ära Adenauer, Frankfurt am Main 1985.

Kustermann, Peter: Der Ministerpräsident, in: Oberndörfer, Dieter (Hg.): Begegnungen mit Kurt Georg Kiesinger. Festgabe zum 80. Geburtstag, Stuttgart 1984, S. 195-201.

208 Literatur

Lahn, Lothar: Walter Hallstein als Staatssekretär, in: Wilfried Loth u.a. (Hg), Walter Hallstein – Der vergessene Europäer?, Bonn 1995.

Laitenberger: Volkhard: Ludwig Erhard. Der Nationalökonom als Politiker, Göttingen / Zürich 1986.

Leinemann, Jürgen: Helmut Kohl. Inszenierungen einer Karriere, Berlin 1998.

Leinemann, Jürgen: „Ich bin nicht der Stellvertreter", in: Der Spiegel, 19.4. 2003.

Leyendecker, Hans: Im Club der Sektglashalter, in: Süddeutsche Zeitung, 22.3. 2001.

Loch, Theodor: Walter Hallstein. Ein Portrait, Köln 1969.

Lohse, Eckart: Kein Gespür für Zwischentöne, in: Frankfurter Allgemeine Zeitung, 21.11. 2001.

Lorenz, Jürgen: Markenzeichen für Unabhängigkeit, in: Frankfurter Rundschau, 5.12. 1972.

Lösche, Peter / Walter, Franz: Die SPD. Klassenpartei-Volkspartei-Quotenpartei, Darmstadt 1992.

Loth, Wilfried u.a. (Hg): Walter Hallstein – Der vergessene Europäer?, Bonn 1995.

Luchsinger, Fred: Bericht über Bonn. Deutsche Politik 1955-1965, Zürich / Stuttgart 1966.

Ludwig-Erhard-Stiftung (Hg.): Ludwig Erhard und seine Politik. Eine Veranstaltung der Ludwig-Erhard-Stiftung Bonn am 24. Mai 1984, Stuttgart / New York 1985.

Meng, Richard: Der Medienkanzler. Was bleibt vom System Schröder?, Frankfurt am Main 2002.

Merseburger, Peter: Willy Brandt. 1913-1992, Visionär und Realist, Stuttgart 2002.

Mertes, Michael: Führen, koordinieren, Strippen ziehen: Das Kanzleramt als Kanzlers Amt, in: Korte, Karl-Rudolf / Hirscher, Gerhard (Hg.): Darstellungspolitik oder Entscheidungspolitik. Über den Wandel von Politikstilen in westlichen Demokratien, München 2000, S. 62-84.

Mörbitz, Eghard: Der Reiz, ein Täter zu werden, in: Frankfurter Rundschau, 23.6. 1973.

Müller, Konrad R. / Scholl-Latour, Peter: Helmut Kohl, Bergisch-Gladbach 1990.

Müller-Rommel, Ferdinand / Pieper, Gabriele: Das Bundeskanzleramt als Regierungs-zentrale in: Aus Politik und Zeitgeschichte 41 (1991), B 21 / 22, S. 3-13.

Natan, Alex: Graue Eminenzen. Geheime Berater im Schatten der Macht, München 1971.

Nayhauß, Mainhardt Graf von: Bonn vertraulich, Bergisch Gladbach 1986.

Nayhauß, Mainhardt Graf von: Zu Gast bei..., Bergisch Gladbach 1986.

Nayhauß, Mainhardt Graf von: Helmut Schmidt. Mensch und Macher, Bergisch-Gladbach 1988.

Nayhauß, Mainhardt Graf von: Denk ich zurück an Bonn. Das war die Macht am Rhein, Elville 2000.

Neander, Joachim: Helmut Kohl – Geschichts- und Menschenverständnis, in: Appel, Reinhard (Hg.): Helmut Kohl im Spiegel seiner Macht, Bonn 1990, S. 33-43.

Neumaier, Eduard: Bonn, das provisorische Herz. Rückblick auf 20 Jahre Politik am Rhein, Oldenburg / Hamburg 1969.

Neumaier, Eduard: Der Kanzler und sein Hofstaat, in: Die Zeit, 7.12. 1973.

Neusel, Hans: Besuch in Washington (13.-20.8.1967), in: Oberndörfer, Dieter (Hg.): Begegnungen mit Kurt Georg Kiesinger. Festgabe zum 80. Geburtstag, Stuttgart 1984, S. 394-401.

Niclauß, Karlheinz: Kanzlerdemokratie. Bonner Regierungspraxis von Konrad Adenauer bis Helmut Kohl, Stuttgart 1988.

ders., Kanzlerdemokratie. Regierungsführung von Konrad Adenauer bis Gerhard Schrö-der, Paderborn u.a. 2004.

Nink, Karin: Der neue Münte paukt sogar Wirtschaft, in: Financial Times Deutschland, 21.1. 2003.

Oberndörfer, Dieter (Hg.): Die Große Koalition: 1966-1969. Reden und Erklärungen des Bundeskanzlers Kurt Georg Kiesinger, Stuttgart 1979.

Oberndörfer, Dieter (Hg.): Begegnungen mit Kurt Georg Kiesinger. Festgabe zum 80. Geburtstag, Stuttgart 1984.

Oberndörfer, Dieter: Drei Dimensionen – Zur Einführung, in: ders. (Hg.): Begegnungen mit Kurt Georg Kiesinger. Festgabe zum 80. Geburtstag, Stuttgart 1984, S. 13-17.

Oberreuter, Heinrich: Führungsschwäche in der Kanzlerdemokratie: Ludwig Erhard, in: Hättich, Manfred / Mols, Manfred (Hg.): Normative und institutionelle Ordnungsprobleme des modernen Staates. Festschrift zum 65. Geburtstag von Manfred Hättich, Paderborn u.a. 1990, S. 214-235.

Oskars Schatten über Gerhard, in: Neue Zürcher Zeitung, 7.2. 2004.

Osterheld, Horst: Außenpolitik unter Bundeskanzler Ludwig Erhard 1963-1966. Ein dokumentarischer Bericht aus dem Kanzleramt, Düsseldorf 1992.

Osterheld, Horst: Konrad Adenauer – Ein Charakterbild, München 1995.

Petersen, Sönke: Manager des Parlaments. Parlamentarische Geschäftsführer im Deutschen Bundestag – Status, Funktionen, Arbeitsweise, Opladen 2000.

Pischke, Theo: Stiller Lastenträger, in: Die Woche, 10.11. 2000.

Poppinga, Anneliese: „Das wichtigste ist der Mut": Konrad Adenauer – die letzten fünf Kanzlerjahre, Bergisch Gladbach 1997.

Posche, Ulrike: Gerhard Schröder. Nah-Aufnahme, München 1998.

Posche, Ulrike: Tafelrunde der Macht, in: Max, 14.3. 2003.

Pries, Knut: Strippenzieher als ehrbares Gewerbe, in: Frankfurter Rundschau, 16.3. 2000.

Prittie, Terence: Adenauer. Der Staatsmann, der die Bundesrepublik prägte und Europa den Weg bereitete, München 1987.

Pruys, Karl Hugo: Helmut Kohl. Die Biographie, Berlin 1995.

Raschke, Joachim: Die Zukunft der Grünen. So kann man nicht regieren, Frankfurt / New York 2001.

Reiser, Hans: Leerer Schreibtisch, voller Terminkalender, in: Süddeutsche Zeitung, 16.12. 1969.

Reitz, Ulrich: Wolfgang Schäuble. Ein Portrait, München 1992.

Reker, Stefan: Presseamt begünstigt SPD-Berater, in: Rheinische Post, 5.7. 2002.

Rödder, Andreas: Die Bundesrepublik Deutschland 1969-1990, München 2004.

Rommel, Manfred: Für das Ganze, in: Oberndörfer, Dieter (Hg.): Begegnungen mit Kurt Georg Kiesinger. Festgabe zum 80. Geburtstag, Stuttgart 1984, S. 222-227.

Rudzio, Wolfgang: Die Regierung der informellen Gremien. Zum Bonner Koalitionsmanagement der sechziger Jahre, in: Wildenmann, Rudolf (Hg.): Sozialwissenschaftliches Jahrbuch für Politik, München 1972.

Rundel, Otto: Land und Leute, in: Oberndörfer, Dieter (Hg.): Begegnungen mit Kurt Georg Kiesinger. Festgabe zum 80. Geburtstag, Stuttgart 1984, S. 228-239.

Rupps, Martin: Helmut Schmidt. Eine politische Biographie, Stuttgart / Leipzig 2003.

Rupps, Martin: Troika wider Willen. Wie Brandt, Wehner und Schmidt die Republik regierten, Berlin 2004.

Saretzki, Thomas: Ratlose Politiker, hilflose Berater? Zum Stand der Politikberatung in Deutschland, in: Forschungsjournal Neue Soziale Bewegungen 12 (1999), H. 3, S. 2-7.

Sarkowicz, Hans (Hg.): Sie prägten Deutschland. Eine Geschichte der Bundesrepublik in politischen Portraits, München 1999.

Scheer, Hermann: Genialer Agitator für ein strategisches Ziel, in: Frankfurter Rundschau, 18.3. 1992.

Scheidges, Rüdiger: Die Stimme des Herrn, in: Handelsblatt, 13.3. 2003.

Schlak, Stefan: Nie wieder postmodern, in: Frankfurter Rundschau, 20.2. 2004.

Schlesinger, Katja: Metamorphosen in der Machtzentrale, in: Rheinischer Merkur, 4.1. 2002.

Schmidt, Helmut: Bundeskanzler Kurt Georg Kiesinger und die Große Koalition, in: Oberndörfer, Dieter (Hg.): Begegnungen mit Kurt Georg Kiesinger. Festgabe zum 80. Geburtstag, Stuttgart 1984, S. 320-324.

Schmidt, Helmut: Weggefährten. Erinnerungen und Reflexionen, Berlin 1998.

Schmidtke, Evelyn: Der Bundeskanzler im Spannungsfeld zwischen Kanzlerdemokratie und Parteiendemokratie. Ein Vergleich der Regierungsstile Konrad Adenauers und Helmut Kohls, Marburg 2001.

Schmiese, Wolf: Den Ball weit nach vorne schießen, in: Frankfurter Allgemeine am Sonntag, 6.7. 2003.

Schmoeckel, Reinhard / Kaiser, Bruno: Die vergessene Regierung. Die große Koalition 1966 bis 1969 und ihre langfristigen Wirkungen, Bonn 1991.

Schöllgen, Gregor: Willy Brandt. Die Biographie, Berlin 2001.

Schreiber, Hermann: Kanzlersturz, München 2003.

Schröder, Gerhard u.a. (Hg.): Ludwig Erhard. Beiträge zu seiner politischen Biographie. Festschrift zum fünfundsiebzigsten Geburtstag, Frankfurt am Main u.a. 1972.

Schüler, Manfred: Führung in Politik und Wirtschaft, in: Lahnstein, Manfred / Matthöfer, Hans (Hg.): Leidenschaft zur praktischen Vernunft. Helmut Schmidt zum Siebzigsten, Berlin 1989, S. 421-434.

Schwarz, Hans-Peter: Geschichte der Bundesrepublik Deutschland: Die Ära Adenauer: Epochenwechsel. 1957-1963, Stuttgart 1983.

Schwarz, Hans-Peter: Adenauer. Der Aufstieg: 1876-1952, Stuttgart 1986.

Schwarz, Hans-Peter: Adenauer Kanzlerdemokratie und Regierungstechnik, in: Aus Politik und Zeitgeschichte, B 1-2, 1989.

Schwarz, Hans-Peter (Hg.): Konrad Adenauers Regierungsstil (Rhöndorfer Gespräche), Bonn 1991.

Schwarz, Hans-Peter: Adenauer: Der Staatsmann. 1952-1967, Stuttgart 1991.

Schwarz, Hans-Peter: Dannie N. Heinemann und Konrad Adenauer im Dialog (1907-1962), in: Staat und Parteien. Festschrift für R. Morsey zum 65. Geburtstag, Berlin 1992.

Schwelien, Michael: Helmut Schmidt. Ein Leben für den Frieden, Hamburg 2003.

Sethe, Paul: In Wasser geschrieben. Porträts, Profile, Prognosen, Frankfurt am Main 1968.

Silber-Bonz, Christoph: Pferdmenges und Adenauer: Der politische Einfluss des Kölner Bankiers, Bonn 1997.

Soell, Hartmut: Helmut Schmidt. Vernunft und Leidenschaft, Band 1, Stuttgart 2003.

Stackelberg, Karl-Georg von: Attentat auf Deutschlands Talisman. Ludwig Erhards Sturz. Hintergründe. Konsequenzen, Stuttgart u.a. 1967.

Stackelberg, Karl-Georg von: Souffleur auf politischer Bühne. Von der Macht der Meinungen und den Meinungen der Mächtigen, München 1975.

Stern, Carola: Willy Brandt. Reinbek bei Hamburg 2002.
Sternburg, Wilhelm von (Hg.): Die deutschen Kanzler. Von Bismarck bis Kohl, Berlin 1998.

Sternburg, Wilhelm von: Adenauer – eine deutsche Legende, Berlin 2001.

Süskind, Martin in: Bela Anda/Rolf Kleine: Gerhard Schröder: Eine Biographie, München 2002.

Teltschik, Horst: 329 Tage. Innenansichten der Einigung, Berlin 1991.

Tenscher, Jens: Verkünder – Vermittler – Vertrauensperson. Regierungssprecher im Wandel der Zeit, in: Schatz, Heribert / Rösler, Patrick / Nieland, Jörg-Uwe (Hg.): Politische Akteure in der Mediendemokratie. Politiker in den Fesseln der Medien? Wiesbaden 2002, S. 245-269.

Thies, Jochen: Helmut Schmidts Rückzug von der Macht. Das Ende der Ära Schmidt aus nächster Nähe, Stuttgart-Bonn 1988.

Urschel, Reinhard: Gerhard Schröder. Eine Biografie, Stuttgart 2002.

Vogel, Bernhard: Die Kunst des Möglichen, in: Oberndörfer, Dieter (Hg.): Begegnungen mit Kurt Georg Kiesinger. Festgabe zum 80. Geburtstag, Stuttgart 1984, S. 341-346.

Walter, Franz/Dürr, Tobias: Die Heimatlosigkeit der Macht. Wie die Politik in Deutschland ihren Boden verlor, Berlin 2002.

Walter, Franz / Müller, Kay: Die Chefs des Kanzleramtes: Stille Elite in der Schaltzentrale des parlamentarischen Systems, in: Zeitschrift für Parlamentsfragen 33 (2002), Heft 3, S. 474-501.

Walter, Franz: Abschied von der Toskana. Die SPD in der Ära Schröder, Wiesbaden 2004.

Walter, Franz: Die SPD. Vom Proletariat zur Neuen Mitte, Berlin 2002.

Walter, Franz: Politik in Zeiten der Neuen Mitte, Frankfurt am Main u.a. 2002.

Wechmar, Rüdiger von: Akteur in der Loge. Weltläufige Erinnerungen, Berlin 2000.

Weth, Burkard: Der Regierungssprecher als Mediator zwischen Regierung und Öffentlichkeit. Rollen- und Funktionsanalyse von Regierungssprechern im Regierungs- und Massenkommunikationssystem der Bundesrepublik Deutschland (1949-1982), Würzburg 1991.

Wiedemeyer, Wolfgang: Kohl und die Medien, in: Appel, Reinhard (Hg.): Helmut Kohl im Spiegel seiner Macht, Bonn 1990, S. 271-283.

Wiesmann, Gerrit: Wahlforscher aus Leidenschaft, in: Financial Times Deutschland, 30.4. 2002.

Winands, Günter: Ist Wissen Macht? – Wert und Unwert des Staatsgeheimnisses (1). Erfahrungen aus dem Leistungsbereich des Bundeskanzleramtes, in: Depenheuer, Otto (Hrsg.): Öffentlichkeit und Vertraulichkeit. Theorie und Praxis der politischen Kommunikation, Wiesbaden 2001.

Wirz, Ulrich: Karl Theodor von und zu Guttenberg und das Zustandekommen der Großen Koalition, Grub am Forst 1997.

Wischnewski, Hans-Jürgen: Mit Leidenschaft und Augenmaß. In Mogadischu und anderswo, München 1989.

Witter, Ben: Prominentenporträts, Frankfurt am Main 1977.

Zundel, Rolf: Macht und Menschlichkeit. ZEIT-Beiträge zur politischen Kultur der Deutschen, Hamburg 1990.

Neu im Programm
Politikwissenschaft

Wolfgang Schroeder,
Bernhard Weßels (Hrsg.)
**Die Gewerkschaften
in Politik und Gesellschaft der
Bundesrepublik Deutschland**
Ein Handbuch
2003. 725 S. Br. EUR 42,90
ISBN 3-531-13587-2

In diesem Handbuch wird von führenden Gewerkschaftsforschern ein vollständiger Überblick zu den Gewerkschaften geboten: Zu Geschichte und Funktion, zu Organisation und Mitgliedschaft, zu den Politikfeldern und ihrer Gesamtrolle in der Gesellschaft usw. Auch die Neubildung der Gewerkschaftslandschaft, das Handeln im internationalen Umfeld und die Herausforderung durch die Europäische Union kommen in diesem Buch zur Sprache.

Hans-Joachim Lauth (Hrsg.)
Vergleichende Regierungslehre
Eine Einführung
2002. 468 S. Br. EUR 24,90
ISBN 3-531-13533-3

Der Band „Vergleichende Regierungslehre" gibt einen umfassenden Überblick über die methodischen und theoretischen Grundlagen der Subdisziplin und erläutert die zentralen

Begriffe und Konzepte. In 16 Beiträgen werden hierbei nicht nur die klassischen Ansätze behandelt, sondern gleichfalls neuere innovative Konzeptionen vorgestellt, die den aktuellen Forschungsstand repräsentieren. Darüber hinaus informiert der Band über gegenwärtige Diskussionen, Probleme und Kontroversen und skizziert Perspektiven der politikwissenschaftlichen Komparatistik.

Sebastian Heilmann
**Das politische System
der Volksrepublik China**
2., akt. Aufl. 2004. 316 S.
Br. EUR 21,90
ISBN 3-531-33572-3

In diesem Buch finden sich kompakt und übersichtlich präsentierte Informationen, systematische Analysen und abgewogene Beurteilungen zur jüngsten Entwicklung in China. Innenpolitische Kräfteverschiebungen werden im Zusammenhang mit tief greifenden wirtschaftlichen, gesellschaftlichen und außenpolitischen Veränderungen dargelegt. Die Hauptkapitel behandeln Fragen der politischen Führung, der politischen Institutionen, des Verhältnisses von Staat und Wirtschaft sowie von Staat und Gesellschaft.

Erhältlich im Buchhandel oder beim Verlag.
Änderungen vorbehalten. Stand: Juli 2004.

www.vs-verlag.de

VS VERLAG FÜR SOZIALWISSENSCHAFTEN

Abraham-Lincoln-Straße 46
65189 Wiesbaden
Tel. 0611.7878-722
Fax 0611.7878-400

Neu im Programm
Politikwissenschaft

Andreas Kost,
Hans-Georg Wehling (Hrsg.)

Kommunalpolitik in den deutschen Ländern

Eine Einführung
2003. 356 S. Br. EUR 29,90
ISBN 3-531-13651-8

Dieser Band behandelt systematisch die Kommunalpolitik und -verfassung in allen deutschen Bundesländern. Neben den Einzeldarstellungen zu den Ländern werden auch allgemeine Aspekte wie kommunale Finanzen in Deutschland, Formen direkter Demokratie und die Kommunalpolitik im politischen System der Bundesrepublik Deutschland behandelt. Damit ist der Band ein unentbehrliches Hilfsmittel für Studium, Beruf und politische Bildung.

Franz Walter

Abschied von der Toskana

Die SPD in der Ära Schröder
2004. 186 S. Br. EUR 19,90
ISBN 3-531-14268-2

Seit 1998 regiert die SPD. Aber einen kraftvollen oder gar stolzen Eindruck machen die Sozialdemokraten nicht. Die Partei wirkt vielmehr verwirrt, oft ratlos, auch ermattet und erschöpft.

Sie verliert massenhaft Wähler und Mitglieder. Vor allem die früheren Kernschichten wenden sich ab. Auch haben die überlieferten Leitbilder keine orientierende Funktion mehr. Führungsnachwuchs ist rar geworden. Was erleben wir also derzeit? Die ganz triviale Depression einer Partei in der Regierung? Oder vielleicht doch die erste Implosion einer Volkspartei in Deutschland? Das ist das Thema dieses Essaybandes.

Antonia Gohr,
Martin Seeleib-Kaiser (Hrsg.)

Sozial- und Wirtschaftspolitik unter Rot-Grün

2003. 361 S. Br. EUR 34,90
ISBN 3-531-14064-7

Dieser Sammelband legt eine empirische Bestandsaufnahme der Wirtschafts- und Sozialpolitik nach fünfjähriger rot-grüner Regierungszeit vor. Gefragt wird nach Kontinuität und Wandel in Programmatik und umgesetzten Maßnahmen in der Sozial- und Wirtschaftspolitik von Rot-Grün im Vergleich zur Regierung Kohl.

Erhältlich im Buchhandel oder beim Verlag.
Änderungen vorbehalten. Stand: Juli 2004.

www.vs-verlag.de

VS VERLAG FÜR SOZIALWISSENSCHAFTEN

Abraham-Lincoln-Straße 46
65189 Wiesbaden
Tel. 0611.7878-722
Fax 0611.7878-400